法治建设与法学理论研究部级科研项目成果

行政抗辩权保障的行政主体义务研究

龚向田◎著

中国社会科学出版社

图书在版编目(CIP)数据

行政抗辩权保障的行政主体义务研究 / 龚向田著 .—北京：中国社会科学出版社，2018. 10

ISBN 978-7-5203-3328-3

Ⅰ. ①行… Ⅱ. ①龚… Ⅲ. ①行政法-研究 Ⅳ. ①D912. 104

中国版本图书馆 CIP 数据核字(2018)第 241428 号

出 版 人　赵剑英
责任编辑　梁剑琴
责任校对　李　莉
责任印制　李寡寡

出　　版　中国社会科学出版社
社　　址　北京鼓楼西大街甲 158 号
邮　　编　100720
网　　址　http：//www. csspw. cn
发 行 部　010-84083685
门 市 部　010-84029450
经　　销　新华书店及其他书店

印　　刷　北京明恒达印务有限公司
装　　订　廊坊市广阳区广增装订厂
版　　次　2018 年 10 月第 1 版
印　　次　2018 年 10 月第 1 次印刷

开　　本　710×1000　1/16
印　　张　13
插　　页　2
字　　数　220 千字
定　　价　65. 00 元

凡购买中国社会科学出版社图书，如有质量问题请与本社营销中心联系调换
电话：010-84083683

目　录

前　言

一　问题之缘起与研究意义

本书以“行政抗辩权保障的行政主体义务研究”作为选题展开研究，主要归因于现代行政法治时代实践的呼唤、行政抗辩权保障的行政主体义务理论的贫困以及制度的缺失。行政抗辩权作为一种核心的行政程序权利，既是行政程序的正当性与有效性的保障，也是参与行政、协商行政及合作行政等富有成效的关键，即“当事人可以对于自己不利的证据提出异议并要求指控方加以证明，同时可以提出有利于自己的证据。当事人通过这种参与、介入对行政行为的事实和理由加以论证，防止了行政专横和自由裁量权的恣意行使，保持了行政权力与相对人权利的平衡”①。

实践表明，行政主体忽视或侵犯行政相对人行政抗辩权的情形颇多，比如，关于“田永诉北京科技大学案”，法院认为：“按退学处理，涉及被处理者的受教育权利，从充分保障当事人权益的原则出发，作出处理决定的单位应当将处理决定直接向被处理者着本人宣布、送达，允许被处理者本人提出申辩意见。北京科技大学没有照此原则办理，忽视当事人的申辩权利，这样的行政管理行为不具有合法性。”② 这就是一个相当典型的行政主体忽视或侵犯行政相对人行政抗辩权的个案。虽然法院对当事人田永的行政实体权利与行政抗辩权给予了救济，但这只是

---

① 湛中乐：《现代行政过程论：法治理念、原则与制度》，北京大学出版 2005 年版，第 208 页。

② 详见《最高人民法院公报》1999 年第 4 期。

一种事后救济，它以国家和个人付出一定的经济成本为代价。如果行政主体在作出不利于行政相对人的决定之前履行了告知相对人享有的抗辩权的义务、听取行政相对人抗辩意见的义务等，那么将有利于行政主体事前、事中纠错，更好地维护行政相对人的权利。

显然，从行政主体义务视角而非行政主体权力视角看待行政抗辩权的保障更有利于行政抗辩权的保障，因为行政主体义务直接渊源于并以相对人的行政抗辩权为目的，而行政主体权力需要通过行政主体义务的中介才能服务于相对人行政抗辩权，而且，从保障技术看，法律作为控制、规范社会的手段，要想达到行政抗辩权保障目的，主要通过义务性规范，而非权力性规范；从保障效果看，行政主体权力运用不当极易侵害相对人的行政抗辩权，而行政主体义务尤其是授益性的促进义务，不仅限定行政主体权力，而且直接保障相对人行政抗辩权。

然而，我国目前关于“行政抗辩权保障的行政主体义务”的理论探究和制度建设方面还很不成熟。就理论探究而言，目前学界对“行政抗辩权保障的行政主体义务”的研究还处于萌芽或幼稚之状，既没有以“行政抗辩权保障的行政主体义务”为专题研究的期刊论文，也没有以“行政抗辩权保障的行政主体义务”为专题研究的硕士、博士学位论文，更没有以“行政抗辩权保障的行政主体义务”为专题研究的专著。相关科研成果除了对行政抗辩权的概念、行政主体义务的概念、行政主体义务的意义等有诸多探讨之外，对行政主体义务保障相对人行政抗辩权的意义、行政抗辩权保障的行政主体义务构造与体系以及行政主体不履行或不完全履行其义务侵犯相对人行政抗辩权时的救济等皆有失系统、深入之研究，而且对行政抗辩权概念本身的界定也是众说纷纭，歧义丛生，较为混乱。对此，在下述的“研究现状”中将做进一步的阐述。

就制度建设而言，在行政立法、行政决策领域法律关于“行政抗辩权保障的行政主体义务”的规定存在严重不足，基本上是有关行政法规、行政规章的规定，而且，后者的规定也有待完善与发展，就行政立法而言，如《行政法规制定程序条例》第12条规定：“起草行政法规，应当深入调查研究，总结实践经验，广泛听取有关机关、组织和公民的意见。听取意见可以采取召开座谈会、论证会、听证会等多种形式。”

第 20 条规定："国务院法制机构应当就行政法规送审稿涉及的主要问题，深入基层进行实地调查研究，听取基层有关机关、组织和公民的意见。"第 22 条规定："行政法规送审稿直接涉及公民、法人或者其他组织的切身利益的，国务院法制机构可以举行听证会，听取有关机关、组织和公民的意见。"显然，需要完善的内容包括相对人行使行政立法抗辩权资格的确定、相对人行使行政立法抗辩权的基础条件以及相对人行使行政立法抗辩权后的回应等方面的规定；就行政决策而言，如《湖南省行政程序规定》第 37 条规定："重大行政决策方案草案公布后，决策承办单位应当根据重大行政决策对公众影响的范围、程度等采用座谈会、协商会、开放式听取意见等方式，广泛听取公众和社会各界的意见和建议。"这里需要完善的内容包括相对人行使行政决策抗辩权资格的确定、相对人行使行政决策抗辩权的基础条件等方面的规定。

与行政立法、行政决策相比，行政执法领域法律关于"行政抗辩权保障的行政主体义务"的规定有较大的进步，我国《行政处罚法》与《行政许可法》都有关于"行政抗辩权保障的行政主体义务"的规定，譬如，《行政处罚法》第 32 条规定："当事人有权进行陈述和申辩。行政机关必须充分听取当事人的意见，对当事人提出的事实、理由和证据，应当进行复核；当事人提出的事实、理由或者证据成立的，行政机关应当采纳。行政机关不得因当事人申辩而加重处罚。"此处规定了行政主体对相对人行政抗辩的听取、回应义务；《行政处罚法》第 41 条规定："行政机关及其执法人员在作出行政处罚决定之前，不依照本法第 31 条、第 32 条的规定向当事人告知给予行政处罚的事实、理由和依据，或者拒绝听取当事人的陈述、申辩，行政处罚决定不能成立；当事人放弃陈述或者申辩的除外。"此处规定了行政主体违反告知、听取相对人行政抗辩义务的法律后果。

《行政许可法》第 47 条规定："行政许可直接涉及申请人与他人之间重大利益关系的，行政机关在作出行政许可决定前，应当告知申请人、利害关系人享有要求听证的权利；申请人、利害关系人在被告知听证权利之日起五日内提出听证申请的，行政机关应当在二十日内组织听证。"此处规定了行政主体对相对人行政抗辩的告知、听取义务。第 48 条规定，听证应当制作笔录，行政主体应当根据听证笔录，作出行政许可决定，此处规定了行政主体对相对人行政抗辩的回应义务。然而，法律在行政执法领域对“行政抗辩权保障的行政主体义务”的规定仍有待完善，一方面，立法者仅在单行法律中规定“行政抗辩权保障的行政主体义务”，这对同样需要抗辩的其他行政行为，但因抗辩权的立法缺位而得不到行政主体的公正保障，因此，应当由行政程序法对“行政抗辩权保障的行政主体义务”作统一规定；另一方面，这两部单行法对“行政抗辩权保障的行政主体义务”的规定本身还存在诸多缺失，如立法者虽然规定了行政主体应该保障相对人行政抗辩权的程序义务，但缺乏行政主体违反程序义务应负何责的具体可行的规定，以致未能树立起应有的法律权威，并基于这种权威切实发挥出规范和制约行政主体与保障相对人行政抗辩权的功效。

综上所述，一方面现代行政法治实践呼唤“行政抗辩权保障的行政主体义务”的制度构建，另一方面我国当下的现状是“行政抗辩权保障的行政主体义务”理论的贫困与制度的缺陷。有鉴于此，本书拟对行政主体义务——行政抗辩权的根本保障、行政抗辩权保障的行政主体规定义务、尊重义务、促进义务以及行政抗辩权保障与行政主体违反义务之救济等问题展开系统、深入之研究。行政主体义务是与行政相对人权利相对应的行政法学基本范畴，相比之下，行政主体义务理论贫乏。改变传统的权利研究范式，从行政主体义务的视角来研究行政抗辩权的保障，是一种全新的视角，因而本选题对推动行政抗辩权的保障及相关问题的研究将具有较强的理论意义。同时，以行政主体义务为视角对行政抗辩权的保障进行研究，将对党的十八大报告、十八届三中全会、十八届四中全会报告以及十九大报告中的公民表达权的保证、协商民主的完善、廉洁政治的建设以及公开公正、廉洁高效、守法诚信的法治政府的建设等深入开展与有效实现具有重要的现实指导意义和参考价值。

二　研究现状与研究创新

（一）研究现状

国内学术界将“行政抗辩权保障的行政主体义务”问题予以直接、系统以及深入研究的成果相当匮乏。绝大部分学者只是在分别研究行政抗辩权概念、行政主体义务类型等问题中间接与本问题有关，关于行政抗辩权概念的探讨，学者赵振华认为：“抗辩权指行政相对人有权对行政主体出示的证据和告知信息进行辩解和质证。”① 学者章志远认为：“抗辩权是指行政相对人针对行政主体所提出的不利指控，享有依据其掌握的事实和法律进行辩解和反驳的权利。”② 章剑生教授认为：“抗辩权是行政相对人针对行政主体提出的不利指控，依据其掌握的事实和法律向行政主体提出反驳，旨在法律上消灭或者减轻行政主体对其提出的不利指控的权利。”③ 显然，上述学者对行政抗辩权概念的界定还局限于行政执法领域。关于行政主体义务类型的探讨，有的学者认为，依行政法律关系的范围可分为概括的义务、对待的义务以及特定的义务三大类。其中概括的义务是指因行政主体的权力具有一般性、广泛性及不特定性，故负有一般性的、广泛的不特定之义务；对待的义务是指行政主体因对于行政相对人享有某种权利，故对于行政相对人负有某种义务；特定的义务是指行政主体对于某种特定事项所负有的义务。④

有的学者认为，依行政主体义务的内容可分为六种：“（一）执法及守法的义务；（二）设备的义务；（三）给付的义务；（四）受理的义务；（五）保护的义务；（六）平等待遇的义务。”⑤ 有的学者认为，从行政主体义务的来源来看，可划分为宪法上的义务与行政法上的义务，“行政主体应具有推行宪法和法律，接受立法和司法监督，改善社会环境和促进社会发展，使国内事务与国际事务接轨等宪法义务；具有为行政相对人提供利益和保护，为行政行为说明理由和承担赔偿责任等行政法义务”⑥。有的学者认为，就行政主体义务的形态而言，可分为积极义务和消极义务。“积极义务是指行政法规范要求行政主体以作为的方式履行其内容的义务。如从相对人的角度而言，行政主体主要以给付、提供物品或待遇以及权利保护或为其权利的实现创造条件为内容的义

---

① 赵振华：《刍议行政相对人的程序对抗权》，《法学论坛》2000 年第 3 期。

② 章志远：《行政相对人程序性权利研究》，《中共长春市委党校学报》2005 年第 1 期。

③ 章剑生：《论行政相对人在行政程序中的参与权》，载浙江大学公法与比较法研究所编《公法研究》（第二辑），商务印书馆 2004 年版；姜明安主编：《行政法与行政诉讼法》，北京大学出版社、高等教育出版社 2007 年版，第 377 页。

④ 管欧：《中国行政法总论》，台湾蓝星打字排版有限公司 1983 年版，第 94—95 页。

⑤ 张家洋：《行政法》，三民书局 1998 年版，第 183 页。

⑥ 关保英：《政主体的义务范畴研究》，《法律科学》（西北政法学院学报）2006 年第 1 期。

务。消极义务是指行政主体容忍、不作为义务。如对相对人而言，行政主体负有不得干预、阻止或侵害的义务。”①

杨解君教授认为行政主体的法定义务主要有：“（1）约束自己的行为，不得非法妨碍、阻挠和剥夺行政相对人的合法权益；（2）保护公民权益不受他人非法侵害的义务；（3）积极为行政相对人提供服务；（4）当基于公益目的而致行政相对人损害的，应为行政相对人提供补偿；对其违法行为应及时纠正或恢复、补救。”② 李牧博士则认为，行政主体的法定义务包括实体义务和程序义务。前者指通过实体法规范为行政主体所设定的义务，主要包括不妨碍、不干涉或侵害相对人合法权益的义务；提供公共服务或公共产品的义务；提供救助和保护的义务；平等对待的义务；合法权益的补救义务。后者指行政主体依法在行政程序中所应遵守的义务，主要包括公示和告知义务；听取意见义务；公正作为义务，说明理由义务。③

极少数学者对“行政抗辩权保障的行政主体义务”问题有较为零星的直接研究，譬如，学者柳砚涛等认为：“基于相对人或者相关人申辩权的行政主体的义务主要有：一是告知申辩权的义务；二是允许行使申辩权、为申辩权行使提供时间、地点和方便的义务；三是申辩理由依法成立的，必须予以采纳的义务；四是记录申辩，为可能出现的诉讼中取证奠定基础的义务。”④ 孙笑侠教授认为，相对人辩论权的保障必须以行政主体兼听意见的义务予以保障，即“在辩论的同时，行政主体应当认真听取并作出相应的分析处理意见，说明不采纳意见的理由”⑤。

国外学术界将“行政抗辩权保障的行政主体义务”问题予以直接、系统以及深入研究的成果也相当匮乏。在国外，尤其是英美法系和大陆法系国家，随着行政程序立法以及其正当程序原则的确立与发展，社会

---

① 李牧：《行政主体义务基本问题研究》，法律出版社 2012 年版，第 161 页。

② 杨解君：《行政法上的义务责任体系及其阐释》，《政法论坛》（中国政法大学学报）2005 年第 6 期。

③ 李牧：《行政主体义务基本问题研究》，法律出版社 2012 年版，第 172—187 页。

④ 柳砚涛、刘宏渭：《行政相对人权利研究》，《黑龙江省政法管理干部学院学报》2005 年第 4 期。

⑤ 孙笑侠：《法律程序设计的若干法理——怎样给行政行为设计正当的程序》，《政治与法律》1998 年第 4 期。

观念随之发生变化，形成了以“程序正义”为核心的一些重要理论，然后在这些理论的指导下学者们提出了许多关于行政程序内容建构的观点或思路以及关于听证或听证制度的理论，在这些理论的阐述中涉及行政抗辩权保障与行政主体义务的关系。如戈尔丁认为程序公正包含“九项”内容，即任何人不能作为有关自己案件的法官；结果中不应包含纠纷解决者个人的利益；纠纷解决者不应有支持或反对某一方的偏见；对各方当事人的意见均给予公平的关注；纠纷解决者应听取双方的辩论和证据；纠纷解决者只应在另一方当事人在场的情况下听取对方的意见；各方当事人应得到公平机会来对另一方提出的辩论和证据作出反应；解决的诸项内容需以理性推演为依据；分析推理应建立于当事人作出的辩论和提出的证据之上。① 显然，戈尔丁的程序公正的九项内容涵盖了行政主体平等或公正对待相对人行政抗辩权的义务。

欧内斯特·盖尔霍恩等认为，“程序性正当程序概念的意思是，正式行政必须符合个人的最低公正标准，如得到充分通知的权利和在作出裁决之前的有意义的听证机会等”②。其中的听证机会，包含了行政主体听取相对人抗辩意见的义务。威廉·韦德认为，自然正义是关于公正行使权力的“最低限度”的程序要求，其核心思想有二：一是公平听证规则，即任何人或团体在行使权力可能使别人受到不利影响时必须听取对方意见，每一个人都有为自己辩护和防卫的权利；二是避免偏私规则，即任何人不能成为自己案件的法官，也就是说某案件的裁决人不得对该案持有偏见和拥有利益。③ 其中的公平听证规则蕴含了行政主体听取相对人抗辩意见的义务。有的学者提出了行政主体回应相对人抗辩权意见的义务，如伯纳德·施瓦茨说：“案件的排他性是受公正审讯的核心……如果没有这一原则，审讯就会成为骗局。行政机关可以走形式，接纳堆积如山的证言和书证，但是，如果行政机关可以依据未在审讯中出示的材料做裁决，那么厚厚的案卷就成了掩盖真相的假面具，秘密的

---

① ［美］马丁·P. 戈尔丁：《法律哲学》，齐海滨译，生活·读书·新知三联书店1987年版，第240页。

② ［美］欧内斯特·盖尔霍恩等：《行政法和行政程序概要》，黄列译，中国社会科学出版社1996年版，第119页。

③ ［英］威廉·韦德：《行政法》，徐炳等译，中国大百科全书出版社1997年版，第95页。

证据或几分钟的秘密会议就可以推翻长时间的审判。”① 又如美国学者理查德·B. 斯图尔特认为，行政机关不仅应根据可定案证据（substantial evidence）进行事实认定，而且如果启动了听证程序，行政机关应严格依据在听证过程中形成的听证记录来决定行政管理事宜。②此外，戴维·M. 沃克、汉斯·J. 沃尔夫、奥托·巴霍夫、罗尔夫·施托贝尔等学者简略谈及了行政主体义务的分类、履行及公职人员责任与义务的关系等。

总之，上述国内外学者的相关研究现状对“行政抗辩权保障的行政主体义务”问题的研究有较好的启发与借鉴意义，但针对行政抗辩权的保障，如何在法治框架下配置、细化及实现行政主体义务的系统且深入的理论尚未出现。

（二）研究创新

基于国内外学界对“行政抗辩权保障的行政主体义务”问题的研究现状与不足，本书在下述五个方面有所突破或创新：

其一，实现了从行政抗辩权相对应的行政主体义务角度研究行政抗辩权，突破行政抗辩权研究的传统范式（以行政权力保障行政抗辩权），创新了权利研究的新视角。

其二，在现有研究成果的基础上对行政抗辩权的概念给予了重构，认为，行政抗辩权作为行政程序中的一种核心权利，源于宪法中的公民表达权，指在行政程序中行政相对人针对行政主体在拟作出的抽象规定、决策或具体决定之前所提出的不利影响，依据其掌握的事实依据和法律依据对行政主体进行辩解、质证或反驳，旨在法律上消灭或减轻行政主体对其提出的不利影响的权利。

其三，对“行政抗辩权保障的行政主体义务”的理论基础进行了较为深入与系统的探讨，认为，近代社会契约论为其得以成立的法哲学基础；德国法上的作为客观规范或客观价值秩序的基本权利理论为其得以成立的宪法哲学基础；“行政主体义务论”为其得以成立的行政法哲学基础。

① ［美］伯纳德·施瓦茨：《行政法》，徐炳译，群众出版社 1986 年版，第 329 页。
② ［美］理查德·B. 斯图尔特：《美国行政法的重构》，沈岿译，商务印书馆 2002 年版，第 8 页。

其四，构建了行政抗辩权保障的行政主体义务体系，将行政主体义务构造概括为规定、尊重及促进三个依次递进的层次。

其五，探讨了行政主体不履行或不完全履行其义务侵犯相对人行政抗辩权时的救济理论，并认为，救济的类型主要表现在行政主体违反义务的立法监督救济、行政主体违反义务的行政复议救济、行政主体违反义务的行政诉讼救济以及行政主体违反义务的行政赔偿救济四个方面。

三　研究方法与研究内容

（一）研究方法

本书以马克思主义基本原理和习近平新时代中国特色社会主义思想为指导，特别是以当前党和国家关于“尊重和保障人权”“民生改善”“以人为本”“和谐社会”等政策和理论为指导，贯彻落实党的十八大、十八届三中全会、十八届四中全会以及十九大关于保障公民表达权、完善协商民主制度、建设廉洁政治等规定，以行政主体义务为视角，运用价值分析方法、实证分析方法、比较分析方法、历史分析方法以及语义分析方法等，对行政抗辩权保障的行政主体义务问题进行系统、深入分析与论证。其中价值分析方法主要体现在对行政主体义务保障行政抗辩权之意义的分析中；实证分析方法主要体现在对行政抗辩权保障的行政主体义务之现状的分析中；比较分析方法主要体现在行政主体权力保障行政抗辩权与行政主体义务保障行政抗辩权之比较、行政主体对相对人行政抗辩权的尊重义务在行政立法、行政决策及行政执法中之比较以及行政主体违反义务侵犯行政抗辩权的行政复议救济、行政诉讼救济以及行政赔偿救济之比较分析中；历史分析方法主要表现在对行政抗辩权保障的行政主体义务的理论基础之分析中；语义分析方法主要表现在对行政抗辩权的界定、行政抗辩权保障的行政主体规定义务、尊重义务以及促进义务等的界定中。

（二）研究内容

本书从行政主体义务视角透析相对人行政抗辩权的保障，即行政主体义务是相对人行政抗辩权的根本保障，进而探究行政抗辩权保障的行政主体义务构造与体系以及行政主体不履行或不完全履行其义务侵犯相对人行政抗辩权时的救济理论，具体内容由下述五章构成。

第一章，行政主体义务：行政抗辩权的根本保障。探讨行政主体义务对行政抗辩权保障的工具性价值，解决为什么要从行政主体义务视角而不是通常的行政主体权力视角研究行政抗辩权保障问题。行政主体对行政抗辩权保障的直接有效手段正是行政主体义务而非行政主体权力，因而行政主体义务是行政抗辩权的根本保障：第一，以行政主体义务保障相对人行政抗辩权的正当性体现在其赖以建立的多维度的理论基础之上。近代社会契约论为其得以成立的法哲学基础；德国法上的作为客观规范或客观价值秩序的基本权利理论为其得以成立的宪法哲学基础；中国目前的“行政主体义务论”为其得以成立的行政法哲学基础。第二，以行政主体义务保障相对人行政抗辩权的主要优势在于：（1）行政主体义务直接渊源于并以相对人行政抗辩权为目的，而行政主体权力需要通过行政主体义务的中介才能服务于相对人行政抗辩权；（2）从保障技术看，法律作为控制、规范社会的手段，要想达到行政抗辩权保障目的，主要通过义务性规范，而非权力性规范；（3）从保障效果看，行政主体权力运用不当极易侵害相对人行政抗辩权，而行政主体义务尤其是授益性的促进义务，不仅限定行政主体权力，而且直接保障相对人行政抗辩权。第三，根据行政主体义务产生历史进程、对应的行政抗辩权以及履行的难易程度，可以将行政主体义务构造概括为规定、尊重及促进三个依次递进的层次。

第二章，行政抗辩权保障的行政主体规定义务。规定义务是行政主体义务中首要的义务。由于法律对行政抗辩权的设定较为宏观或原则性较强，或法律所设定的行政抗辩权随时代的发展需要进一步予以补充或完善等，因而行政主体对行政抗辩权进一步作出具体化的规定成为必然。规定义务之内容主要体现在三个领域：其一，行政主体在行政立法领域中对行政抗辩权的规定，需要完善的内容包括相对人行使行政立法抗辩权资格的确定、相对人行使行政立法抗辩权的基础条件以及相对人行使行政立法抗辩权后的回应等方面的规定；其二，行政主体在行政决策领域中对行政抗辩权的规定，需要完善的内容包括相对人行使行政决策抗辩权资格的确定、相对人行使行政决策抗辩权的基础条件等方面的规定；其三，行政主体在行政执法领域中对行政抗辩权的规定，需要完善的内容包括相对人行使行政执法抗辩权资格的确定、相对人行使行政执法抗辩权的范围以及相对人行使行政执法抗辩权的回应等方面的规定。此外，行政主体对行政抗辩权的规定义务应遵循法律保留、法律优先等原则以及应符合合理规定、有效规定等标准。

第三章，行政抗辩权保障的行政主体尊重义务。行政主体的尊重义务来源于行政抗辩权的防御权功能和抑制行政主体的理念，适用于行政立法、行政决策、行政执法中。其主要体现在两个层面的要求：第一，行政主体应充分尊重相对人的行政抗辩权，不侵害、不干涉相对人享有行政抗辩权的自由；第二，行政主体应抑制自身的权力，将自身权力的行使严格控制在保障相对人行政抗辩权的法定范围和法定程序之内，具体包括对行政抗辩权的平等对待义务、告知义务、听取义务以及回应义务等。其中，平等对待义务包括行政主体对行政抗辩权平等对待义务之内容构造、行政主体对行政抗辩权平等对待义务之法律价值以及行政主体对行政抗辩权平等对待义务之实现途径等内容；告知义务包括行政主体告知相对人享有行政抗辩权资格的义务、行政主体告知相对人抗辩对象的义务以及行政主体告知相对人抗辩方式、时间与地点的义务等内容；听取义务包括行政主体听取行政抗辩权义务的法律意义、行政主体听取行政抗辩权义务的基本方式以及行政主体听取行政抗辩权义务的具体要求等内容；回应义务包括正确对待抗辩笔录的义务、采纳合理抗辩意见的义务、不采纳抗辩意见的说明理由义务以及抗辩禁止不利变更的义务等内容。

第四章，行政抗辩权保障的行政主体促进义务。这是行政抗辩权的积极受益权功能的要求。促进义务是为了保障相对人尤其是通过自身努力不能实现行政抗辩权的相对人及时、有效地行使行政抗辩权。行政主体促进义务可以进一步划分为三个层面的内容：第一，培育相对人抗辩意识的义务，一是通过科学合理的教育以培育相对人抗辩意识；二是创新与完善抗辩渠道以培育相对人抗辩意识。第二，提升相对人抗辩能力的义务，一是推动与完善相对人抗辩的代理或代表制度建设；二是推动与完善相对人抗辩的组织化制度建设。第三，完善自身建设的义务，一是行政主体应塑造尊重相对人的主体性理念；二是行政主体应培养应对行政抗辩的能力；三是行政主体应针对行政公务人员构建合理的惩奖机制。

第五章，行政抗辩权保障与行政主体违反义务之救济。探讨行政主体不履行或不完全履行其义务时的救济理论，解决行政主体义务怎样实现的问题。救济的类型主要表现在四个方面：其一，行政主体违反义务的立法监督救济，包括立法监督救济的主体与方式、立法监督救济的范围与标准等内容；其二，行政主体违反义务的行政复议救济，包括行政复议救济的范围、行政复议救济的主要方式等内容；其三，行政主体违反义务的行政诉讼救济，行政诉讼救济的范围与标准、行政诉讼救济的主要方式等内容；其四，行政主体违反义务的行政赔偿救济，包括行政赔偿救济的范围、行政赔偿救济的形式等内容。此外，三个层次的行政主体义务因性质不同，故可救济性有别，其中，尊重义务是典型的、完全的可救济义务，规定义务仅具有有限的可救济性。由于行政主体对行政抗辩权的促进义务在我国当前经济、政治以及文化尚不发达的背景下还只是一种道德上的义务，因而，还不具有法律上的可救济性。

第一章

行政主体义务：行政抗辩权的根本保障

时代的今天，由于人权观念的树立、宣扬与普及，加之经济的发展与政治、文化制度等的建设与完善，“为权利而斗争”已成为国际国内政治与法律论争中压倒一切的最强音，我国宪法不仅规定了公民的各项具体的基本权利而且还特别以概括性条款规定“国家尊重和保障人权”。然而，究竟怎样才能使国家或政府更有效地保障人权？法学界对这一重大问题的回应还不容乐观：研究的喜好或研究的成果偏重于“公民基本权利的保障应仰仗于国家权力”，而对“公民基本权利真正、彻底的保障应依赖于国家义务”的研究成果则较为贫乏。这主要是“因为近代建立公法制度以来，公民与国家的关系表现为公法上的权利权力关系，规定国家权力的条款比国家义务的条款多得多，公民权利由国家权力来保障，而不是由国家义务来保障；权利权力也成为公法学基本范畴”①。“国家义务保障公民基本权利”与“行政主体义务保障行政相对方权利”的关系密不可分，前者的完整实现必须以后者的实现为必要条件。同理，“行政主体义务保障行政相对方权利”与“行政主体义务保障行政相对方的每一个具体权利，尤其是行政抗辩权”更是利害相关。但法学界针对“行政主体义务保障行政相对方权利”问题的研究凤毛麟角，且从现有的行政主体义务研究成果内容来看，至少存在三个问题：一是思想认识方面，对行政主体义务与行政相对方权利的关系，特别是行政主体义务对于行政相对方权利的价值与意义研究篇幅不多、深度不够；二是“行政主体义务保障行政相对方权利”的体系化或系统

---

① 龚向和：《国家义务是公民权利的根本保障——国家与公民关系新视角》，《法律科学》（西北政法学院学报）2010年第4期。

化研究阙如；三是“行政主体义务保障行政相对方行政抗辩权”的体系化或系统化研究更是无人问津。

我国宪法学、人权法学专家龚向和教授认为：“事实上，从国家与公民关系的历史发展及其在现代民主法治国家的发展趋势来看，国家义务与公民权利的关系已经成为主导国家与公民关系的主轴，国家义务与公民权利相应地应成为现代公法体系的核心内容和现代公法学的基本范畴。国家义务源自公民权利并以公民权利为目的，应当成为公民权利的根本保障。”① 行政法学作为一门重要的公法学，行政主体义务与行政相对方权利也应成为其核心内容和基本范畴；行政主体义务源自行政相对方权利并以行政相对方权利为目的，也应当成为行政相对方权利的根本保障。行政抗辩权作为行政程序中的一种核心权利，源于宪法中的公民表达权，指在行政程序中行政相对人针对行政主体在拟作出的抽象规定、决策或具体决定之前所提出的不利影响，依据其掌握的事实依据和法律依据对行政主体进行辩解、质证或反驳，旨在法律上消灭或减轻行政主体对其提出的不利影响的权利。它不仅是行政相对方实体权利获得保障的后盾，而且是行政相对方其他程序权利有效实现的关键。因此，为明确行政主体与行政相对方之间法律关系的新变化，以促进“行政主体义务保障行政相对方权利”的系统化研究，并进一步完善与发展“国家义务保障公民基本权利”的研究，本书拟先对行政主体义务的价值问题，即相对方行政抗辩权的根本保障，从理论基础、主要优势及结构形式等方面作一初步探讨。

第一节　行政主体义务保障行政抗辩权之理论基础

以行政主体义务保障行政抗辩权的核心理念在于对待行政主体义务、行政抗辩权以及行政主体权力三者的关系应当是：相对方行政抗辩权保障的需要产生行政主体义务，然后，行政主体义务履行的需要再产生行政主体权力。据此，我们认为，以行政主体义务保障行政抗辩权的理论基础可以从法哲学基础、宪法哲学基础以及行政法哲学基础三重维

① 龚向和：《国家义务是公民权利的根本保障——国家与公民关系新视角》，《法律科学》（西北政法学院学报）2010年第4期。

度予以展开说明。

一　行政主体义务保障行政抗辩权的法哲学基础

行政主体义务保障行政抗辩权的法哲学基础主要体现在近代社会契约论中。该论最有影响的倡导者当属霍布斯、洛克以及卢梭。作为近代社会契约论的创始人和系统阐发者，霍布斯认为："如果要建立这样一种能抵御外来侵略和制止相互伤害的共同权力，以便保障大家能通过自己的辛劳和土地的丰产为生并生活得很满意，那就只有一条路：把大家所有的权力和力量付托给某一个人或一个能通过多数的意见把大家的意志化为一个意志的多人组成的集体。……这一点办到之后，像这样统一在一个人格之中的一群人就称为国家，在拉丁文中称为城邦。这就是伟大的利维坦的诞生。"① 同时，霍布斯还认为："国家的本质就是存在于他身上，用一个定义来说，这就是一大群人相互订立信约，每人都对他的行为授权，以便使他能按其有利于大家的平等与共同防卫的方式运用全体的力量和手段的一个人格。"② 作为契约论中的古典的自然权利思想家洛克较为精辟地分析了人们通过契约组建国家或政府的缘由及目的。在他看来，"人类天生都是自由、平等和独立的，如不得本人的同意，不能把任何人置于这种状态之外，使受制于另一个人的政治权力。任何人放弃其自然权利并受制于公民社会的种种限制的唯一的方法，是同其他人协议联合组成为一个共同体，以谋他们彼此间的舒适、安全和和平的生活，以便安稳地享受他们的财产并且有更大的保障来防止共同体外任何人的侵犯"③。那人们为什么不能仅通过自己保障自然权利与安全呢？洛克认为，自然状态存在许多的缺陷，如缺乏一种作为公认的是非标准和裁判纠纷共同尺度的法律；缺乏依照法律裁判一切争执的知名和公正的裁判者；缺乏权力支持和执行正确的判决等，因此，"他们甘愿放弃他们单独行使的惩罚权力。交由他们中间被指定的人来专门加以行使。这就是立法和行政权力的原始权利和这两者之所以产生的缘

① ［英］霍布斯：《利维坦》，黎思复等译，商务印书馆 1985 年版，第 131—132 页。
② 同上书，第 132 页。
③ ［英］洛克：《政府论》（下篇），叶启芳、瞿菊译，商务印书馆 1962 年版，第 59 页。

由，政府和社会本身的起源也在于此”①。

社会契约论者卢梭不仅指出了个人为什么要通过契约组建共同体，而且还说明了个人或共同体在不同场合中的不同称谓。“要寻找出一种结合的形式，使它能以全部共同的力量来卫护和保障每个结合者的人身和财富，并且由于这一结合而使每一个与全体联合的个人又只不过是在服从自己本人，并且仍然像以往一样地自由，这就是社会契约所要解决的根本问题。”②“这一结合行为就产生了一个道德的与集体的共同体，以代替每个订约者的个人；组成共同体的成员数目就等于大会中所有的票数，而共同体就以这同一个行为获得了它的统一性，它的公共的大我、它的生命和它的意志，这一由全体个人的结合所形成的公共人格，以前称为城邦，现在则称为共和国或政治体；当它是被动时，它的成员就称它为国家；当它是主动时，就称它为主权者；而以之和它的同类相比较时，则称它为政权，至于结合者，他们集体地就称为人民；个别地，作为主权权威的参与者，就叫做公民，作为国家法律的服从者，就叫做臣民。”③

从上述社会契约论者霍布斯、洛克以及卢梭的论述中我们完全可以推导出这样的论断：人们为了保障自然权利不受侵犯或获得公正的对待，需要国家或政府履行义务，而为了使国家或政府有力量履行义务以保障人们的自然权利，才进一步产生国家权力。诚如现代社会连带主义法学创始人狄骥所言：“我们承认统治阶级仍然保有着一定的权力；但是，他们如今保有权力的根据不再是他们所享有的权利，而是他们所必须履行的义务。”④“那些统治者们只有出于实施他们的义务的目的，并且只有在实施其义务的范围之内，才能够拥有权力。”⑤作为抽象或整体的国家义务可具体划分为国家立法义务、国家行政义务及国家司法义务三种义务形态；作为抽象或整体的国家权力可具体划分为国家立法权

---

① ［英］洛克：《政府论》（下篇），叶启芳、瞿菊译，商务印书馆1962年版，第77—78页。

② ［法］卢梭：《社会契约论》，何兆武译，商务印书馆1980年版，第23页。

③ 同上书，第25—26页。

④ ［法］莱昂·狄骥：《公法的变迁·法律与国家》，郑戈、冷静译，辽海出版社、春风文艺出版社1999年版，第13页。

⑤ 同上书，第144页。

力、国家行政权力及国家司法权力三种权力形态；在行政法领域，行政主体义务或权力乃国家行政义务或权力的进一步具体化与实施；人们的自然权利既包括实体性的自然权利也包括程序性的自然权利。在现代行政过程中，作为程序性自然权利的行政抗辩权，是指相对人对行政主体拟作出的抽象规定、决策或具体决定享有根据其掌握的事实依据和法律依据进行抗辩的权利。作为程序性自然权利的行政抗辩权要想获得行政主体的有效保障，必须使其法定化，如我国《行政处罚法》第 6 条规定："公民、法人或者其他组织对行政机关所给予的行政处罚，享有陈述权、申辩权；对行政处罚不服的，有权依法申请行政复议或者提起行政诉讼。"第 32 条规定："当事人有权进行陈述和申辩。行政机关必须充分听取当事人的意见，对当事人提出的事实、理由和证据，应当进行复核；当事人提出的事实、理由或者证据成立的，行政机关应当采纳。行政机关不得因当事人申辩而加重处罚。"这样，保障相对人的行政抗辩权需要行政主体履行听取抗辩的义务，而行政主体履行听取抗辩的义务需要行政主体享有组织听取抗辩的权力。显然，近代社会契约论是行政主体义务保障行政抗辩权的法哲学基础。

二　行政主体义务保障行政抗辩权的宪法哲学基础

德国法上的作为客观规范或客观价值秩序的基本权利理论为行政主体义务保障行政抗辩权提供了宪法哲学基础。在德国的宪法理论中，基本权利被认为具有主观权利和客观价值规范或客观价值秩序（又称客观法）的双重属性。关于主观权利和客观法之间的关系，法国著名的宪法学家狄骥做了比较权威或精辟的阐释。他认为："客观法或法律规则即指施加于社会中个人的一种行为规则。在某一确定时期，社会认为对这种规则的遵守能保证公正及大众利益。"但"主观权利是指社会中个人的一切权力。个人有权获得社会对其所追求的结果的认可，条件是其追求目标与行为动机符合客观法"①。"作为个人来到世界上，人就拥有某

① ［法］莱昂·狄骥：《宪法学教程》，王文利等译，辽海出版社、春风文艺出版社 1999 年版，第 3 页。

些权利，某些作为个人自然权利存在的主观权利。”① 然而，“另一方面为了确保所有个人权利，又要限制每个人的权利。这样就从主观权利上升到了客观法，并在主观权利的基础上建立了客观法”②。从狄骥的分析中可以看出：第一，主观权利是与个人权利观念密切相关的先于国家和宪法的权利，而客观法则是与社会共同体观念密切相关的一种价值共识，即需通过立法程序确认的一种规范或者规则；第二，当基本权利客观的价值秩序属性即客观法属性确立时，“基本权利作为客观价值秩序的功能构成了国家一切行为的基础，所有的政治问题都是在基本权利思维之下展开讨论的”③。它要求国家机关（包括立法、行政和司法机关）必须尽到保障公民基本权利之义务，诚如狄骥所言：“国家通过立法职能表述客观法或者法规则；国家制定要求全体公民——统治者和被统治者——都要遵守的法律。该法律是客观精神的表达，客观法要求社会全体成员——统治者与被统治者——都要承担义务。”④

“由于行政法与宪法的关系最为密切，研究公民行政法上的权利不能不从宪法上规定的公民基本权利出发。没有宪法对公民基本权利的规定，行政法上的公民权利便无从产生，或缺乏法定根据；而公民行政法上的权利则是其宪法权利在行政法领域中的具体化，并保障它的实现。”⑤ 因此，行政法中的相对人行政抗辩权来源于宪法中公民的基本权利。如我国《宪法》第 35 条规定：“中华人民共和国公民有言论、出版、集会、结社、游行、示威的自由。”其中的“言论自由”指公民通过语言的方式针对政治和社会生活中的问题表达其思想与见解的自由。⑥ 行政抗辩权指行政相对人对行政主体拟作出的不利决定予以辩解、质证及反驳的权利，显然，它是公民“言论自由权”在行政领域的具体化。《宪法》第 41 条规定：“中华人民共和国公民对于任何国家

---

① ［法］莱昂·狄骥：《宪法学教程》，王文利等译，辽海出版社、春风文艺出版社 1999 年版，第 4 页。

② 同上书，第 5 页。

③ 转引自张翔《基本权利的双重性质》，《法学研究》2005 年第 3 期。

④ ［法］莱昂·狄骥：《宪法学教程》，王文利等译，辽海出版社、春风文艺出版社 1999 年版，第 23 页。

⑤ 周佑勇：《公民行政法权利之宪政思考》，《法制与社会发展》1998 年第 2 期。

⑥ 周叶中主编：《宪法》，高等教育出版社、北京大学出版社 2001 年版，第 263 页。

机关和国家工作人员有提出批评和建议的权利；对于任何国家机关和国家工作人员的违法失职行为，有向有关国家机关提出申诉、控告或者检举的权利，但不得捏造或者歪曲事实进行诬告陷害。”其中的批评权与建议权在行政法领域的集中体现或必然要求则是相对人的行政程序抗辩权，尤其是批评权对程序抗辩权有着直接的指导作用，因为《宪法》中批评权是指“公民对国家机关和国家工作人员在工作中的缺点和错误，有提出批评意见的权利”①。而行政相对人对行政主体拟作出的不利决定进行抗辩的原因是其认为此不利决定存在缺点和错误或违法或欠正当性。作为宪法中公民的基本权利具有客观的价值秩序属性，因而要求国家履行保障义务，而作为行政法中的相对人行政抗辩权乃宪法中公民言论自由权等在行政领域的具体化，逻辑上也具有客观的价值秩序属性，故必然要求行政主体承担保障义务。如《宪法》第 27 条第 2 款规定：“一切国家机关和国家工作人员必须依靠人民的支持，经常保持同人民的密切联系，倾听人民的意见和建议，接受人民的监督，努力为人民服务。”其中“倾听人民的意见和建议”在行政法领域也就是要求行政主体履行听取行政相对人的抗辩意见和建议的义务。因此，德国法上的基本权利客观规范或客观价值秩序理论为行政主体义务保障行政抗辩权提供了宪法哲学基础。

三　行政主体义务保障行政抗辩权的行政法哲学基础

关于什么是行政法哲学，我国著名的中青年行政法学专家周佑勇教授曾做过精辟的概括，即“行政法哲学就是对行政法之一般问题及行政法现象的哲理思辨”②。有鉴于此，我们经常关注、讨论与争执的“控权论”“管理论”和“平衡论”等都可以成为行政法哲学的具体表现形态，但它们都不能成为行政主体义务保障行政抗辩权的行政法哲学基础。“控权理论”以“行政相对方权利—行政主体权力”为思维框架，提出了通过控制行政主体权力以达到保障行政相对人权利的目的，这显然具有某种程度的优越性，诚如戴雪所言：“凡人民不能无故受罚，或被法律处分，以致身体或货财受累。有鉴于此，除非普通法院曾依普通

① 周叶中主编：《宪法》，高等教育出版社、北京大学出版社 2001 年版，第 267 页。

② 周佑勇：《关于行政法的哲学思考》，《现代法学》2000 年第 4 期。

法律手段，证明此人实际破坏法律不可。用在如此之意时，法律主旨与下文所陈一个政制刚相反。这个相反的政体是：在政府中有一人或数人能运用极武断又极强夺的制限权力。”① 但如何实现控权，无非是借助于法律保留、加强程序法治以及司法审查等，即通过以权力制约权力的方式以保障行政相对方权利。“管理论”奉行“行政主体权力—行政相对人权利”的思维模式，强调行政法的功能主要在于保障行政主体的权力，行政相对人处于义务主体地位，这样，行政相对方权利的充分保障只能是一种奢谈。“平衡论”倡导“行政主体权利义务—行政相对方权利义务”的平衡理念，并明确提出了行政主体义务概念，在当代中国产生了较为积极广泛的影响。罗斯科·庞德曾说过：“一个法律制度之所以成功，乃是因为它成功地在专断权力之一端与受限权力之另一端间达到了平衡，并维续了这种平衡。”② 但“平衡论”对行政主体与行政相对方的权利义务配置应符合什么标准，达到什么状态才算是平衡缺乏严格的界定，因而导致“平衡论”具有相当的不确定性，此乃“平衡论”不可忽视的一个弱点。③ 前面我们提到以行政主体义务保障行政抗辩权的核心理念：相对方行政抗辩权保障的需要产生行政主体义务，然后，行政主体义务履行的需要再产生行政主体权力。据此，最近我国出现的“行政主体义务论”可成为行政主体义务保障行政抗辩权的行政法哲学基础。“行政主体义务论”由杨解君教授、关保英教授以及李牧博士等的观点或理念构成，其中关保英教授的研究成果较多，内容也较为丰富，堪称“行政主体义务论”的核心。其一，该论认为，要保障行政相对方的权利，行政法上必须确立统一协调的义务责任体系。如由法定义务、意定义务和承诺义务构成的义务体系以及由法定责任、契约责任和违诺责任构成的责任体系。“这些责任与义务层层相因，形成一个协调一致的约束体系和权利保障体系。”④ 其二，该论认为，为了充分有效保障行政相对方的权利，行政主体义务应作为现代行政法的基石，并

---

① ［英］戴雪：《英宪精义》，雷宾南译，中国法制出版社 2001 年版，第 232 页。

② 转引自罗豪才、宋功德《和谐社会的公法建构》，《中国法学》2004 年第 6 期。

③ 皮纯协、冯军：《关于平衡论的几点思考》，载罗豪才主编《现代行政法的平衡理论》，北京大学出版社 1997 年版，第 76 页。

④ 杨解君：《行政法上的义务责任体系及其阐释》，《政法论坛》（中国政法大学学报）2005 年第 6 期。

应作为行政法的规制始点。这样，行政法规范的制定必然围绕行政主体在行政活动中所承担的义务而展开，把传统行政法规范中主要对行政主体的职权作出规定的方式转换为行政主体在行政过程中应履行哪些义务。① 其三，该论认为，行政主体义务，而非行政主体权利，应是行政法关系的核心内容，因为以行政主体义务为行政法关系的核心，行政主体则不能够对社会提供公共服务的职责作出处分，从而更好地保障行政相对方的权利。② 其四，该论认为，行政主体义务应是行政行为的合理动因。行政行为动因存在内在因素（行政职权与行政责任）与外在因素（法律规则与行政过程），而行政主体义务既可以将法律规则与行政过程结合起来，又可以将行政职权与行政责任结合起来，这必然会促使行政主体在需要作出行政行为时积极作出这样的行为，相反，在不作应当作的行为时承担适当的法律责任。其五，该论对设定行政主体义务以保障行政相对方权利作出了较为科学合理的诠释。该论认为，行政主体义务的设定必须处理好行政主体的义务与权力、行政主体的义务与相对人的权利两对关系，即，行政主体义务的设定既要与行政权力相适应，也要与公民权利相适应。“对前者而言，义务设定的总量应该高于权力的总量。因为，如果权力没有义务的约束就可能变为不受制约的特权。……对后者而言，行政主体的义务设定必须与公民权利的保障及其实现相统一。”③ 总之，“行政主体义务论”以“行政相对方权利—行政主体义务—行政主体权力”为逻辑框架，竭力主张行政相对方权利的保障产生行政主体义务的需要，而行政主体义务的有效履行再产生行政主体权力的需要，其中行政主体义务是整个行政法或行政法学大厦的基石，舍此，则行政相对方权利的保障必将成为幻影。行政抗辩权作为行政相对方的一种重要权利，无疑，它的保障也应产生行政主体的平等对待、公正听取、说明不采纳抗辩意见的理由等具体义务的需要，相应地，行政主体所享有的组织平等对待、公正听取等的具体权力也随之产生。故而，“行政主体义务论”是行政主体义务保障行政抗辩权的行政

① 关保英：《论行政主体义务在行政法中的地位》，《河南省政法管理干部学院学报》2006 年第 1 期。

② 同上。

③ 李牧：《行政主体义务设定问题研究》，《学术交流》2010 年第 8 期。

法哲学基础。

第二节　行政主体义务保障行政抗辩权之主要优势

上述“行政主体义务保障行政抗辩权的理论基础”解决的是以行政主体义务保障行政抗辩权的可能性问题；而解决以行政主体义务保障行政抗辩权的必要性问题可从下述行政主体义务的主要优势中得以充分证成。

一　更新行政主体和行政相对方的行政观念

传统行政和行政法以行政权作为其理论体系与制度体系的核心范畴，与此相应，行政主体和行政相对人对于行政和行政法的观念也以行政主体权力为中心展开。就行政主体而言，行政主体认为自己是行政权力的享有者，在行政活动中习惯于追求权力行使的单方意志性、强制性，而忽视权力的服务性与亲和性。“正是考虑到行政机关的这种统治地位，自由主义者们才一直试图削弱或限制行政权力。不过，这种努力只有在有限的范围内才获得了成功，法律的限制常常是无效的，这既因为制度的要求被公然忽视，又因为社会的发展使得行政无法拘泥于制度的文字规定。当然，有些行政机关是软弱的，而另一些不仅是强大的，而且具有不可遏制的权力。这种差别更多地取决于政治制度的运行特点和社会势力的组合，而较少地取决于法律障碍的有无。”① 就行政相对方而言，不仅认为听从行政主体权力的使唤与安排是天经地义的，而且还存在对行政主体权力的过度迷信和崇拜。“长期以来，历史和现实的因素共同塑造了中国人的人格缺陷——依附性，特别是对权力的依附与屈从。时至今日，尽管公民个人的自主性空间大为扩展，但社会上仍弥漫着浓厚的‘官本位’气息，还存在着权力对各种社会资源的过分控制。”② 行政主体义务范畴的确立与运行将颠覆行政主体和行政相对方关于行政的传统的腐朽观念，并使他们共同树立一种现代的全新的行政

---

① ［英］戴维·米勒、韦农·波格丹诺主编：《布莱克维尔政治学百科全书》，邓正来等译，中国政法大学出版社 2002 年版，第 256 页。

② 杨解君：《行政法平等理念之塑造》，《理论法学》2004 年第 7 期。

观念：其一，行政主体享有权力的目的是满足履行义务的需要；其二，行政主体履行义务的目的是满足保障行政相对方权利，尤其是行政抗辩权的需要。

二　塑造与彰显行政相对方的主体性地位

第一，行政主体义务能有力证成行政法关系各主体之间地位的平等性，尤其是行政主体与行政相对方之间地位的平等性。众所周知，我国行政法学界基本上认同行政法关系的特性是一种不对等关系，尤其是认同行政主体处于主导地位，而行政相对方处于服从地位。譬如叶必丰教授认为："行政主体参加行政法律关系，成为行政法主体是为了实现国家的行政职能，维护和分配公共利益。行政主体同相对人的关系，即使在当代法治社会，仍是一种权力和服从关系。这就是说，行政主体享有国家赋予的、以国家强制力为保障的行政权，其意思表示具有先定力。"① "诚然，行政主体在行政权行使中必须享有行政权威，必须具有一定的独立意志。然而，这种独立意志究竟在什么样的范围内才能存在，在符合什么样的条件时才能成立却是理论界没有给出答案或者给出了一个错误答案的问题。至少在行政法关系中行政主体的这种优越地位是不存在的。"② 根据义务与权利相互关系的理论：一方有权利另一方则有义务。在行政主体与行政相对方所形成的行政法关系中，行政相对方的权利就是行政主体的义务，此时，行政相对方就具有法律上的优越地位，如《行政处罚法》第32条规定："当事人有权进行陈述和申辩。行政机关必须充分听取当事人的意见，对当事人提出的事实、理由和证据，应当进行复核；当事人提出的事实、理由或者证据成立的，行政机关应当采纳。"据此，行政主体在对行政相对方罚款时，行政相对方享有行政抗辩的权利，行政主体则承听取抗辩的义务。如此，则在行政抗辩这一行政法关系中，行政相对方就享有优越地位，即如果行政主体不听取抗辩，行政相对人便有进一步的不服从罚款的权利。因此，行政主体义务概念的确立能充分证明行政主体与行政相对方之间地位的平等性，从而有效保障行政相对方的权利（包含行政抗辩权）。

---

① 叶必丰：《行政法学》，武汉大学出版社1996年版，第31页。

② 关保英：《论行政主体义务的法律意义》，《现代法学》2009年第3期。

第二，行政主体义务作为行政法学的基础性范畴将实现行政法的“权利本位”功能。“任何权利或任何权利享有，要达到充分与真实的地步都应包含充分的三大权能：防御权能、受益权能、救济权能……而每种权能的真正具备和充分化，就在于真正确定相对义务人的相应义务，形成具体权能与义务的充分对应关系。进而言之，权利要作为权利真正存在，或者说权利之所以成为权利，必须首先具有针对国家公权主体的充分权能。充分确认和落实权利的基本权能，根本上说也就是对国家公权主体相关义务的充分确认和落实。权利的基本权能的真实存在，实际上也必然要求国家公权主体承担和履行充分的相应义务。由此决定，权利的充分享有本身就意味着一个充分确认权利基本权能以及公权主体相应义务的法律体系的存在。”① 显然，要真正实现行政相对方在行政法律关系中的主体地位就必须以行政主体义务而非以行政主体权力为主线和核心范畴来构建行政法体系，因为行政主体权力容易滥用且行政主体责任也较难有效追究，而行政主体义务本身便包含着行政主体必须以其行为切实履行的内涵，从而能从根本上防范行政主体违法行为的产生以真正保障行政相对方的权利（包含行政抗辩权）。

三　理性界定行政主体权力目的与范围

第一，从行政主体权力目的来看，传统行政法以“行政主体权力—行政相对方权利”为制度体系，即使宣布行政主体权力只能为行政相对方权利而行使，但行政主体权力的侵略性与自由裁量性以及行政主体权力本身的利益，难免会出现行政主体权力偏离保障行政相对方权利目的之情形。而如果行政主体义务范畴确立，则现代行政法应以“行政主体义务—行政相对方权利”为制度框架，明确行政主体与行政相对方之间的服务与被服务关系，行政主体以其承担的义务为手段去实现行政相对方享有的权利目的，行政主体义务则不仅不会侵害行政相对方权利，而且能迫使行政主体权力服务于公民，因而只能保障行政相对方的权利。

诚如当代著名的公法学家霍尔姆斯和桑斯坦所言：“几乎每一项权利都蕴含着相应的政府义务，而只有当公共权力调用公共资金对玩忽职

① 营从进：《权利制约权力论》，山东人民出版社2008年版，第247—249页。

守施以惩罚时，义务才能被认真地对待。没有法律上可实施的义务，就没有法律上可实施的权利。”①

第二，就行政主体权力范围而言，如果仅从行政主体权力本身来探求其范围的界定，则很难得出科学合理的界定。比如，控权论的基本观点是主张以其他权力，尤其是司法权力控制政府权力的滥用，从而使行政权力运行的空间相当狭窄。在当今社会，行政主体要承担大量的职责，并且其权力范围将随着社会的发展不断拓宽。如托马斯·戴伊指出：“在美国，政府的首要职责是为老、死、无依无靠、丧失劳动力和失业者提供安全保障；为老年人和穷人提供医疗照顾……制定职业训练和劳力安排的规则；净化空气和水；重建中心城市；维持全部就业和稳定货币供应；调整购销企业和劳资关系；消灭种族和性别的歧视。”② 那么，如何才能理性界定行政主体权力的范围呢？无疑，从行政主体义务的角度来理解行政主体权力的范围乃最佳的选择。正如狄骥所说：“他们的权力有一个限度，这个限度就是他们履行义务所必需的权力的最小值。他们必须完成的职能在总体上就构成了政府的事务。”③ 我国学者陈醇通过对权利、国家义务、国家权力三者关系的精辟阐述更具体地说明了国家权力范围的界定。“根据权利的需要确定要得到国家什么样的服务，根据国家的服务授予相应的国家权力。”而且“国家义务是随着权利的需要而不断发展的，相应地，国家权力也是随着国家义务的发展而发展的”④。据此，行政主体的权力范围的界定上，应当以行政主体义务的大小来确定行政主体权力的大小，不能赋予比行政主体义务大的行政主体权力。同时，行政主体的权力也随着行政主体义务的发展而发展。

第三，通过行政主体义务对行政主体权力目的与范围的理性界定必将更好地制约行政主体权力的滥用现象，从而使相对方的权利（包含行

① ［美］斯蒂芬·霍尔姆斯、凯斯·R. 桑斯坦：《权利的成本——为什么自由依赖于税》，毕竞悦译，北京大学出版社2004年版，第26页。

② ［美］托马斯·戴伊：《谁掌管美国》，梅士、王殿衰译，世界知识出版社1980年版，第66页。

③ ［法］莱昂·狄骥：《公法的变迁·法律与国家》，郑戈、冷静译，辽海出版社、春风文艺出版社1999年版，第13页。

④ 陈醇：《论国家的义务》，《法学》2002年第8期。

政抗辩权）获得充分有效的保障。因为权力本质上是不受控制的，“一切有权力的人都要滥用权力，这是万古不易的一条经验。有权力的人使用权力直到遇有界限的地方才休止”①。而“自由就在于把一个国家机关由一个站在社会之上的机关变成完全服从这个社会的机关，而且在今天各种国家形式比较自由或比较不自由，也取决于这些国家形式把‘国家的自由’限制到什么程度”②。

四　科学合理化构建行政责任与行政救济制度

首先，行政主体义务对于我国行政责任制度的科学合理化构建有重要意义。由于我国传统行政法以“行政相对方权利—行政主体职权—行政主体责任”为制度思维模式，即通过行政主体职权的行使与行政主体违反职责应承担责任的方式来保障行政相对方权利（包含行政抗辩权），从而导致“在我国行政法治中，权与责的错位普遍存在，权力清晰化与责任模糊化、高位职权命令化与低位职权服从化、权力占有与义务赦免不一致等是其表现形式”③。一方面，宪法与法律赋予了行政主体较多的职权，另一方面，宪法与法律赋权的同时缺乏相应的为行政主体主体设定责任的条款，或者虽然有责任条款，但较为简单、笼统，缺乏制度细节和可操作性，这就导致我国行政责任追究制度存在严重缺陷。而“法不仅仅是思想，而且是活的力量。因此，正义女神一只手持有衡量权利的天平，另一只手持有为主张权利而准备的宝剑，无天平的宝剑是赤裸裸的暴力，无宝剑的天平则意味着法的软弱可欺。天平与宝剑相互依存，正义女神挥舞宝剑的力量与操作天平的技巧得以均衡之处，恰恰就是健全的法律状态之所在”④。因此，现代行政法应以一种新的思维范式，即“相对人权利—行政主体义务—行政主体职权—行政主体责任”来重构我国的行政责任制度。这样，行政主体的职权来源于行政主体义务的需要；行政主体义务的大小决定行政主体的职权的大小；行政主体失职违反义务的履行，则应承担相应的行政责任。

---

① ［德］孟德斯鸠：《论法的精神》（上），张雁深译，商务印书馆 1961 年版，第154 页。

② 《马克思恩格斯全集》第 19 卷，人民出版社 1963 年版，第 30 页。

③ 关保英：《权责对等的行政法控制研究》，《政治与法律》2002 年第 3 期。

④ ［德］鲁道夫·冯·耶林：《为权利而斗争》，郑永流译，法律出版社 2007 年版，第 2 页。

在政治活动和公共管理中责任有两层含义：第一层含义权力主体享有权力便应负有相应的义务或相应的职责，这是权责对等中责任的主要方面；第二层含义指若权力主体没有采取应当采取的行为而应对自己的行为负责，这种负责可以是对受损失者的补偿或赔偿，这是权责对等中责任的重要含义。[①] 显然，行政责任的第一层含义，即行政主体义务，正如《布莱克维尔政治学百科全书》所解释的："责任最通常、最直接的含义是指与某个特定的职位或机构相连的职责，意味着那些公职人员因自己所担任的职务而必须履行一定的工作和职能。责任通常意味着那些公职人员应当向其他人员或机构承担履行一定职责的责任或义务。"[②] 行政责任的第二层含义，即行政主体违反义务而应承担的行政行为被撤销、补偿或赔偿等责任。因此，以行政主体义务来构建行政责任，能使行政主体的责任清晰化、明朗化，并使责任落到实处。

其次，行政主体义务对于我国行政救济制度的科学合理化构建也有重要意义。目前我国行政救济有《行政复议法》《行政诉讼法》《国家赔偿法》三个法律进行调整，但还存在着诸多不足。传统行政法学或行政法主要以行政主体权力为核心设计行政行为的分类和行政诉讼的受案范围，因虑及抽象行政行为具有普遍意义并有立法机关及上级行政机关的审查，如果对之予以司法审查，则行政秩序就会受到阻滞且不利于行政效率的实现，故抽象行政行为的合法性问题目前仍不能被单独提起行政诉讼。"从某种程度上讲，确定义务的内容比宣示权利更为重要。一是因为没有义务相对应的基本权利只是纲领性的道德宣教，中看不中用；二是基本权利在司法中的适用需要以明确的义务作为前提和基础。"[③] 因此，如果我们以行政主体义务为核心，建构行政救济制度，则我们不是以行为的性质（不管是抽象行为还是具体行为），而是以行政主体义务履行的状态确立救济规则，"只要行政主体不当履行义务或违法履行义务，或者行政主体没有履行义务，我们就可以将这些没有履

① 关保英：《权责对等的行政法控制研究》，《政治与法律》2002 年第 3 期。

② ［英］戴维·米勒、韦农·波格丹诺主编：《布莱克维尔政治学百科全书》，邓正来译，中国政法大学出版社 2002 年版，第 701 页。

③ 徐钢：《论宪法上国家义务的序列与范围——以劳动权为例的规范分析》，《浙江社会科学》2009 年第 3 期。

行义务的主体及其行政过程纳入司法审查之中"①。

总之，现代行政法应以行政主体义务为核心完善与发展我国的行政责任与行政救济制度，从而使抽象行政行为与具体行政行为中相对方的行政抗辩权皆能获得充分有效的保障。

第三节　行政主体义务保障行政抗辩权之结构形式

以行政主体义务保障行政抗辩权既有其可能性又有其必要性，那么保障行政抗辩权的行政主体义务的结构形式（内容及其构成）又是什么，这是我们全面研究"行政主体义务是行政抗辩权的根本保障"问题的必然逻辑。鉴于行政抗辩权保障的行政主体义务的结构形式与国家义务保障基本权利的结构形式以及行政主体义务保障行政相对方权利的结构形式是具体与一般的关系，因此，前者的探讨与分析应建立在对后两者的探讨与分析的基础之上。

一　国家义务保障基本权利的结构形式理论简评

纵观基本权利保障所对应的国家义务，主要存在三种不同的分类方法：传统宪法学消极义务与积极义务理论的二分法、德国宪法学的基本权功能体系理论的三分法以及国际人权法理论的"义务层次"划分法。

传统宪法学消极义务与积极义务理论的二分法和传统宪法学理论关于消极的基本权利与积极的基本权利理论相对应或者与自由权与社会权相对应。对此，我国著名宪法学家王世杰、钱端升做了比较科学、深刻的阐述。他们认为，国家对于消极的基本权利负有不加侵犯与防止侵犯的义务，即国家对于个人的消极义务，这些基本权利包括人身自由、言论自由、信教自由、集会自由等；国家对于积极的基本权利负有积极地履行若干活动的义务，即国家对于个人的积极义务，这些基本权利亦称为受益权，如受国家供给最小限度的教育权利，及失业时或灾害时受国家救济之权利等。② 但随着宪法理论与实践的进一步发展，"自由

① 关保英：《论行政主体义务的法律意义》，《现代法学》2009 年第 3 期。

② 王世杰、钱端升：《比较宪法》，中国政法大学出版社 1997 年版，第 61 页。

权——国家的消极义务”“社会权——国家的积极义务”的分析框架已暴露出无法自圆其说的局限。若国家积极义务履行的缺位，自由权可能无法实现，如言论自由权的行使不仅需要国家完善相关信息公开机制的义务，而且需要履行相关信息反馈机制的义务等；若国家消极义务履行的缺位，社会权也可能无法实现，如受教育者行使作为社会权的受教育权时，其享有选择国内教育或国外教育、选择校内教育或校外教育以及选择何种专业教育等的自由，国家对此不能予以干涉。诚如日本学者大沼保昭所言：“在传统的理解上，社会权使国家负有积极的义务。这种理解只强调满足的义务，而忽视了尊重、保护和促进的义务等其他方面。而且，将自由权理解为国家的消极义务的传统性认识，也只强调了国家对自由权尊重的义务，而忽视了自由权的其他方面。这任何一种认识都忽视了国家为人权综合性实现所负义务的复合性特征。”① “实际上，所有权利既有‘积极’的相关义务，也有‘消极’的相关义务。我们姑且假定，在许多典型环境下，许多权利主要是具有积极的相关义务，或主要具有消极的相关义务。”② 因此，任何一项基本权利都内含消极与积极的因素，其所对应的国家义务也是消极义务与积极义务的有机统一。

德国宪法学的基本权功能体系理论认为，基本权具有“主观权利”与“客观法”的双重性质。其中，作为主观权利的基本权的功能包括“防御权功能”和“受益权功能”。“防御权功能”对应的国家义务为“消极义务”；“受益权功能”对应的国家义务为“给付义务”；作为客观法的基本权的功能则为“客观价值秩序功能”，相应的国家义务为“保护义务”。③ “由于基本权利形成的客观价值秩序所要求的不再仅是国家不得非法侵害人民自由权利，也更进一步地要求国家对人民自由权利侵入行为应不作为，甚至要课予国家要积极地保护基本权不受任何侵

---

① ［日］大沼保昭：《人权、国家与文明：从普遍主义的人权观到文明相容的人权观》，王志安译，生活·读书·新知三联书店2003年版，第221页。

② ［美］杰克·唐纳利：《普遍人权的理论与实践》，王浦劬等译，中国社会科学出版社2001年版，第32—33页。

③ 张翔：《基本权利的受权功能与国家的给付义务——从基本权利分析框架的革新开始》，《中国法学》2006年第1期。

害，这就是国家的保护义务。"① 因而，基本权的三项功能对应于国家的三项义务：消极义务、给付义务及保护义务。显然，基本权功能体系理论的三分法是对传统的消极义务与积极义务理论二分法一定程度上的超越，因为它不仅说明了任何一项基本权利都内含消极与积极的因素，而且对国家的积极义务（给付义务与保护义务）做了进一步的完善与发展。然而，基本权功能体系理论也遭到了法学界的诸多质疑。如它的理论与概念呈现烦琐、混杂的现象，令人难以吃透，"尤其是所谓'客观价值秩序'的内涵以及它与主观权利之间的关系如何，迄今仍未完全厘清，并常使学者陷入抽象概念的争辩之中"②。

国际人权法理论的"义务层次"划分法目前已被国际人权法理论与实践普遍接受。它始于美国学者亨利·舒（Henry Shue）的义务三层次："其一，避免（avoid）剥夺的义务；其二，保护（protect）个人不受剥夺的义务；其三，向被剥夺者提供帮助的义务。"③ 挪威著名的人权法学者艾德教授（Asbjorn Eide）结合国际人权公约的权利分类，提出了国家对所有人权类型有三个层次的一般性国家义务："尊重的义务""保护的义务"和"实现的义务"。其一，"尊重的义务"禁止国家违反公认的权利和自由，不得干涉或限制这些权利与自由的行使；其二，"保护的义务"则要求国家采取措施，包括通过立法或提供有效的救济来防止或阻止他人对个人权利与自由的侵害；其三，"实现的义务"则具有计划性特征并且更多地暗示了一种现实上的长期性。④ 1999 年联合国经济、社会和文化权利委员会所发布的关于食物权的第 12 号一般性意见中确认与发展了国家三个层次的义务：尊重的义务、保护的义务和实现的义务。其中，实现的义务包括提供的义务和促进的义务，前者指要求国家为实现权利直接提供援助或服务；后者指要求国家为全面实现

---

① 陈慈阳：《宪法学》，元照出版有限公司 2005 年版，第 45 页。

② 徐钢：《论宪法上国家义务的序列与范围——以劳动权为例的规范分析》，《浙江社会科学》2009 年第 3 期。

③ Henry Shue, *Basic Rights: Subsistence, Affluence and U. S. Foreign Policy*, Princeton: Princeton University Press, 1996, pp. 52-53.

④ 杜承铭：《论基本权利之国家义务：理论基础、结构形式与中国实践》，《法学评论》2011 年第 2 期。

权利采取适当的法律、行政、预算、司法等措施。[①] 荷兰人权法学家范·霍夫认为，无论是自由权，还是社会权，国家都负有四个层次的义务：尊重（respect）的义务、保护（protect）的义务、确保（ensure）的义务和促进（promote）的义务。[②] 显然，其中的确保（ensure）的义务和促进（promote）的义务相当于上述三层次义务理论中的实现的义务。

综上所述，通过对基本权利保障所对应的国家义务的三种不同的分类方法的比较分析，我们认为，国际人权法理论的“义务三层次”划分法（尊重的义务、保护的义务和实现的义务）是对基本权利保障所对应的国家义务的更科学、更合理的构建。首先，它使我们能比较清晰地看到与理解一项基本权利所对应的国家义务的具体类型与要求；其次，就一项基本权利的充分保障而言，这些国家义务具有层次性、相互依赖性和互补性，如“尊重的义务不能得到实现时，保护义务的必要性就凸显出来了，当保护义务实现有障碍时，促进或提供的实现义务就是不可缺少的”[③]。但其中的“保护的义务”和“实现的义务”仍需进一步完善与发展。

就“保护的义务”而言，“义务层次”理论仅针对公民的基本私权，要求国家采取措施防止或阻止他人对个人权利与自由的侵害，而针对公民的基本公权，国家应如何保护，看不到或推测不出清楚的说明。公民的基本公权，宪法学上的称谓为政治权利，“我们所谓政治权，是指公民参与政府、参与形成国家意志的能力而言。换一句朴实的话来说，这是指公民得参与法律秩序的创立”[④]。政治权利是“构造政府和受治者之间的关系的权利”[⑤]。日本著名法学家美浓部达吉对私权与公

---

① 徐钢：《论宪法上国家义务的序列与范围——以劳动权为例的规范分析》，《浙江社会科学》2009年第3期。

② 转引自杜承铭《论基本权利之国家义务：理论基础、结构形式与中国实践》，《法学评论》2011年第2期。

③ 徐钢：《论宪法上国家义务的序列与范围——以劳动权为例的规范分析》，《浙江社会科学》2009年第3期。

④ ［美］凯尔森：《法律与国家》，转引自《西方法律思想史》编写组《西方法律思想史资料选编》，北京大学出版社1983年版，第625页。

⑤ ［英］A. 米尔恩：《人权与政治》，转引自黄枬森、沈宗灵主编《西方人权学论》（下），四川人民出版社1994年版，第363页。

权的区别做了精辟的阐述，他认为："所谓私权，只是存在于私人相互间的权利，国家对之处于第三者的关系。反之，若为公权，国家或公共团体本身居于当事者或义务者的地位。因此，国家对人民权利的保护方法，因公权或私权而有显著的差异。"① 那国家对公民的基本公权究竟应履行怎样的保护义务呢？对此，国内学者杜承铭教授做了较为科学、合理的阐释，他认为国家既要针对第三人对公民基本私权侵害的可能性提供保护义务，即"国家需要设计并实施确保第三者不违反'尊重义务'和当违反'尊重义务'时应给予的救济制度"。同时，也要针对国家权力自身对公民基本公权侵害的可能性提供保护义务，即"需要设计并实施确保国家不违反'尊重义务'的制度和当违反'尊重义务'时应给予的救济制度"②。换言之，国家对基本公权的保护义务在于要求立法机关在必要时通过立法将基本公权具体化，从而保障基本公权不受国家权力的侵犯，而国家的侵害行为一旦发生，司法机关还要正确适用相关法律规范进行审判。

就"实现的义务"而言，"义务层次"理论针对的是公民的实体性基本权利，即满足（提供或给付）的义务是指国家满足个人最基本的通过努力也不能实现的个人所需、希求和愿望的义务；促进的义务是指国家在整体上促进上述人权而采取相关积极措施的义务。③ 如联合国经济、社会和文化权利委员会要求：为了确保每项权利的实现均达到一个最基本的水平，每个缔约国都有责任承担最低限度的核心义务。④ 日本《宪法》第 25 条第 2 款规定："国家必须在一切生活方面，努力提高与增进社会福利、社会保障以及公共卫生。"而针对公民的程序性基本权利，国家应如何履行满足、促进的义务，几乎找不到相应的答案。我们认为，公民的程序性基本权利不存在类似于实体性基本权利功能上的国家满足的义务，但存在类似于实体性基本权利功能上的国家促进的义

① ［日］美浓部达吉：《公与私法》，黄冯明译，商务印书馆 1937 年版，第 124 页。

② 杜承铭：《论基本权利之国家义务：理论基础、结构形式与中国实践》，《法学评论》2011 年第 2 期。

③ ［日］大沼保昭：《人权：国家与文明》，王志安译，生活·读书·新知三联书店 2003 年版，第 21 页。

④ 转引自杜承铭《论基本权利之国家义务：理论基础、结构形式与中国实践》，《法学评论》2011 年第 2 期。

务，如公民政治参与权的保障需要国家完善公民代表机制；需要为公民参与能力的提升构建知识与技能培训机制等。

总之，国际人权法理论的“义务层次”划分法（尊重的义务、保护的义务和实现的义务）为基本权利保障所对应的国家义务的理想构建做出了历史性的贡献，但保护义务因基本公权与基本私权的区分而应有不同的内容，其中，基本公权功能所对应的国家保护义务内容为：一是要求立法机关通过立法将基本公权具体化，从而保障基本公权不受国家权力的侵犯；二是要求司法机关对国家权力的侵害进行审判以救济基本公权。实现义务因实体性基本权利与程序性基本权利的区分也应有不同的内容，其中，程序性基本权利功能所对应的国家实现义务内容仅为促进义务。此外，需要说明的是，程序性基本权利属于基本公权的范畴，因此，程序性基本权利保障所对应的国家义务层次为：尊重的义务、保护的义务以及促进的义务。

二　行政主体义务保障行政相对方权利的结构形式理论简评

相对于基本权利保障所对应的国家义务结构形式来说，学界目前关于行政相对方权利保障所对应的行政主体义务结构形式的观点或看法还显得较为粗浅、简陋，缺乏公认统一的、具有层次性的义务结构形式。这里介绍若干常见的行政相对方权利保障所对应的行政主体义务结构形式。

第一，依行政法律关系的范围可分为概括的义务、对待的义务以及特定的义务三大类。其中概括的义务是指因行政主体的权力具有一般性、广泛性及不特定性，故负有一般性的、广泛的不特定之义务；对待的义务是指行政主体因对于行政相对人享有某种权利，故对于行政相对人负有某种义务；特定的义务是指行政主体对于某种特定事项所负有的义务。①

第二，依行政主体义务的内容可分为六种：“（一）执法及守法的义务；（二）设备的义务；（三）给付的义务；（四）受理的义务；

① 管欧：《中国行政法总论》，台湾蓝星打字排版有限公司 1983 年版，第 94—95 页。

（五）保护的义务；（六）平等待遇的义务。”①

第三，从行政主体义务的来源来看，可划分为宪法上的义务与行政法上的义务，“行政主体应具有推行宪法和法律，接受立法和司法监督，改善社会环境和促进社会发展，使国内事务与国际事务接轨等宪法义务；具有为行政相对人提供利益和保护，为行政行为说明理由和承担赔偿责任等行政法义务”②。

第四，就行政主体义务的形态而言，可分为积极义务和消极义务。“积极义务是指行政法规范要求行政主体以作为的方式履行其内容的义务。如从相对人的角度而言，行政主体主要以给付、提供物品或待遇以及权利保护或为其权利的实现创造条件为内容的义务。消极义务是指行政主体容忍、不作为义务。如对相对人而言，行政主体负有不得干预、阻止或侵害的义务。”③

第五，根据行政主体义务产生的方式，可划分为法定义务与意定义务，其中，法定义务指通过行政法律规范所产生的义务。杨解君教授认为行政主体的法定义务主要有：“（1）约束自己的行为，不得非法妨碍、阻挠和剥夺行政相对人的合法权益；（2）保护公民权益不受他人非法侵害的义务；（3）积极为行政相对人提供服务；（4）当基于公益目的而致行政相对人损害的，应为行政相对人提供补偿；对其违法行为应及时纠正或恢复、补救。”④ 李牧博士则认为，行政主体的法定义务包括实体义务和程序义务。前者指通过实体法规范为行政主体所设定的义务，主要包括不妨碍、不干涉或侵害相对人合法权益的义务；提供公共服务或公共产品的义务；提供救助和保护的义务；平等对待的义务；合法权益的补救义务。后者指行政主体依法在行政程序中所应遵守的义务，主要包括公示和告知义务；听取意见义务；公正作为义务，说明理由义务。⑤ 行政主体的意定义务包括契约义务与承诺义务。前者是指

---

① 张家洋：《行政法》，三民书局1998年版，第183页。

② 关保英：《行政主体的义务范畴研究》，《法律科学》（西北政法学院学报）2006年第1期。

③ 李牧：《行政主体义务基本问题研究》，法律出版社2012年版，第161页。

④ 杨解君：《行政法上的义务责任体系及其阐释》，《政法论坛》（中国政法大学学报）2005年第6期。

⑤ 李牧：《行政主体义务基本问题研究》，法律出版社2012年版，第172—187页。

“行政主体与行政相对人就某一行政事项达致合意而生成之义务”。显然，行政主体可成为契约义务的承担者。后者是指在行政法律关系中，行政主体若作出承诺，而承诺必须遵守，故而，因承诺也生义务。依承诺之对象是否特定，行政主体的承诺义务可分为抽象的承诺义务与具体的承诺义务。①

无疑，上述五种行政相对方权利保障所对应的行政主体义务结构形式对于行政主体义务结构形式的完善与发展有着重要的前提性或基础性的积极意义，但仍存在些许不足：其一，依行政法律关系的范围划分的概括义务、对待义务以及特定义务与依行政法律关系主体之间的意思表示而产生的契约义务与承诺义务皆过于笼统、模糊。其二，依行政主体义务的内容所划分的六种义务虽然比较具体、清晰，但它未把行政主体对行政相对人的实体性权利保障义务与程序性权利保障义务区分开来，因为对程序性权利保障不存在物质上的给付义务。其三，从行政主体义务的来源所划分的宪法上的义务与行政法上的义务基本上涉及对行政相对人权利的尊重、保护、满足及促进义务，首先，它没有把行政主体对行政相对人的私权保护的义务与公权保护义务区分开来，对公权保护因当事人为公权享有者与行政主体双方而不存在第三者侵害问题。其次，没把行政主体对行政相对人的实体性权利保障义务与程序性权利保障义务区分开来，因为对程序性权利保障不存在物质上的满足义务，此外，该理论对尊重义务的内容的规定过于狭窄，仅涉及行政行为说明理由。其四，从行政主体义务的形态角度所划分的积极义务和消极义务具有较强的优越性，因为它把尊重义务表达得科学且完整，但对相对人程序性权利如何保护，还未提供一个明显、确切的答案。其五，根据行政法律规范所产生的法定义务也涉及对行政相对人权利的尊重、保护、满足及促进义务，但未说明相对人程序性权利的保护问题，而且对程序性权利的保障不存在物质上的满足义务。

综上所述，我们认为，行政主体的义务应具有一种统一的、具有层次性的义务结构形式，鉴于国家义务是行政主体义务产生的源泉或基础，故基本权利保障所对应的国家义务结构形式理论完全能够为行政相

① 杨解君：《行政法上的义务责任体系及其阐释》，《政法论坛》（中国政法大学学报）2005 年第 6 期。

对方权利保障所对应的行政主体义务结构形式理论提供正确的方向。这样上述我们所完善与发展的国际人权法理论的“义务层次”划分法（尊重的义务、保护的义务和实现的义务）为行政相对方权利保障所对应的行政主体义务结构形式提供了理想的参照，即行政相对方权利保障所对应的行政主体义务结构形式应当体现为：尊重的义务、保护的义务和实现的义务。但保护义务因行政相对人公权与私权的区分而应有不同的内容，其中，公权功能所对应的行政主体保护义务内容为：一是要求行政主体通过行政立法将法律上的公权具体化，从而保障公权不受行政权力的侵犯；二是要求行政主体通过行政司法对行政权力的侵害进行裁决以救济公权。实现义务因实体性权利与程序性权利的区分也应有不同的内容，其中，程序性权利功能所对应的行政主体实现义务内容仅为促进义务。此外，需要说明的是，程序性权利属于公权的范畴，因此，程序性权利保障所对应的行政主体义务层次为：尊重的义务、保护的义务以及促进的义务。

三　行政主体义务保障行政抗辩权的结构形式之构建

通过对上述基本权利保障所对应的国家义务结构形式理论与行政相对方权利保障所对应的行政主体义务结构形式理论的反思、批判，我们所得出的结论为：程序性基本权利保障所对应的国家义务层次为：尊重的义务、保护的义务以及促进的义务；程序性权利保障所对应的行政主体义务层次为：尊重的义务、保护的义务以及促进的义务。由于相对人行政抗辩权乃行政法中典型的公权、程序性权利，故行政主体义务保障行政抗辩权的结构形式也应展现为：尊重的义务、保护的义务以及促进义的务。“保护的义务”中的第一层义务：要求行政主体通过行政立法将法律上的公权具体化，从而保障行政抗辩权不受行政权力的侵犯（本书称为行政规定义务）；第二层义务：要求行政主体通过行政司法对行政权力的侵害进行裁决以救济所侵犯的行政抗辩权（本书限定于行政复议），我们认为，把此层义务划分到行政主体违反义务侵犯行政抗辩权之救济部分中去更为妥适，同时，现代行政活动已依次展现为行政立法、行政执法与行政司法三种情形，因此，本书所探讨的“行政主体义务保障行政抗辩权的结构形式”也就演绎为规定义务、尊重义务以及促进义务。

其一，行政抗辩权保障的行政主体规定义务。规定义务是行政主体义务中首要的义务。由于法律对行政抗辩权的设定较为宏观或原则性较强，或法律所设定的行政抗辩权随时代的发展需要进一步予以补充或完善等，因而行政主体对行政抗辩权进一步作出具体化的规定成为必然。规定义务之内容主要表现在三个领域：行政主体在行政立法领域中对行政抗辩权的规定；行政主体在行政决策领域中对行政抗辩权的规定以及行政主体在行政执法领域中对行政抗辩权的规定。

其二，行政抗辩权保障的行政主体尊重义务。“基本权利保障的最原始及主要目的根本在于确保人民的自由与财产免遭受国家干预，此外无他。”① 因此，尊重义务乃首要性义务且来源于行政抗辩权的防御权功能和抑制行政主体的理念，一方面行政主体应充分尊重相对人的行政抗辩权，不侵害、不干涉相对人享有行政抗辩权的自由；另一方面行政主体应抑制自身的权力，将权力的行使严格控制在保障相对人行政抗辩权的法定范围和法定程序之内。进言之，第一，行政主体对相对人行政抗辩权的尊重应遵循平等义务；第二，行政主体对相对人行政抗辩权的尊重应遵循告知义务；第三，行政主体对相对人行政抗辩权的尊重应遵循听取义务以及回应义务等。此外，行政主体对相对人行政抗辩权的尊重义务适用于行政立法、行政决策以及行政执法中。

其三，行政抗辩权保障的行政主体促进义务。这是行政抗辩权的积极受益权功能的要求。促进义务是为了保障相对人尤其是通过自身努力不能实现行政抗辩权的相对人及时、有效地行使行政抗辩权。行政主体促进义务的具体内容体现在：（1）培育相对人的抗辩意识，使相对人知晓享有抗辩权，并主动积极地行使抗辩权；（2）提升相对人的抗辩能力以保障相对人尤其是通过自身努力不能实现行政抗辩权的相对人及时、有效地行使行政抗辩权；（3）行政主体应加强自身建设以促进对行政抗辩权的保障等。

① 转引自许宗力《宪法与法治行政国行政》，元照出版有限公司 2007 年版，第 184 页。

第二章

行政抗辩权保障的行政主体规定义务

需要说明的是，本书所探讨的行政规定义务，即狭义的行政立法义务。规定义务是行政主体义务中的首要义务。由于法律对行政抗辩权的设定较为宏观或原则性较强，或法律所设定的行政抗辩权随时代的发展需要进一步予以补充或完善等，因而行政主体对行政抗辩权进一步作出具体化的规定成为必然。规定义务之内容主要表现在三个领域：行政主体在行政立法领域中对行政抗辩权的规定，行政主体在行政决策领域中对行政抗辩权的规定以及行政主体在行政执法领域中对行政抗辩权的规定。

第一节　行政主体对行政抗辩权的规定义务之缘由

一　法律的局限性促使行政主体对行政抗辩权规定义务的生成

“问题的关键在于行政立法在实践当中是不可缺少的，而不在于理论上难以使其合理化。”① 因此，行政立法的生成有其客观的社会原因。如英国“直到1914年8月，除了邮局和警察以外，一名具有守法意识的英国人可以度过他的一生却几乎没有意识到政府的存在”②。“到

---

① ［英］威廉·韦德：《行政法》，徐炳等译，中国大百科全书出版社1997年版，第558页。

② A. J. P. Taylor, *English History*, Oxford: Clarendon Press, 1965, p. 1. 转引自姜明安主编《行政法与行政诉讼法》，北京大学出版社、高等教育出版社2007年版，第6页。

了1914年，大量的迹象表明政府的概念发生了深刻的变化。这些变化则是20世纪的特征。国家学校的教师、国家的保险官员、职业介绍所、卫生和工厂检查员以及他们必不可少的同事——税收员就是这些外在、可见的变化。”20世纪英国关于公民的行政活动已涉足于“从摇篮到坟墓”的整个领域：“保护他们的生存环境，在不同的时期教育他们，为他们提供就业、培训、住房、医疗机构、养老金，也就是提供衣食住行。”① 据此，议会的立法显得力不从心，委任立法大行其道。如在英国，委任立法的膨胀开始于19世纪晚期。委任立法的另一个高潮起因于第二次世界大战。② 在美国，从1789年到1791年的第一届国会，通过了几个法律委任法院和行政机关行使立法权力，而且立法权力的委任从联邦政府成立时就已存在。③ 1946年《行政程序法》关于法规制定的条款虽然只有若干条，然而，关于行政法规制定事项所做出的决定的数量和重要性都在戏剧性地增加。④

我国以人大为唯一立法主体的立法体制不能适应现实的需要，特别是我国处于改革开放的时代，经历着前所未有的社会变革，新的情况不断地涌现，权力机关的立法根本无法适应改革的需要，需要大量的试验性立法，而权力机关也没有任何经验，不能凭空立法，只好授予行政机关立法权。因此，1982年《宪法》规定国务院享有行政立法权，可以制定行政法规，国务院各部委可以制定规章。后来全国人大及其常委会通过地方组织法、专门决议以及《立法法》等形式，确立了国务院直属机构、省级人民政府、国务院批准的较大市、经济特区所在地的市等的规章制定权。⑤

当然，关于法律的局限性从而需要行政主体进行立法的理论或观点较多，总结起来，主要体现在：其一，现代国家活动范围扩大，立法数量的增加，国家的立法任务繁重，导致立法机关不可能有充足的时间详

---

① ［英］威廉·韦德：《行政法》，徐炳等译，中国大百科全书出版社1997年版，第1—3页。

② ［英］同上书，第560—561页。

③ 参见王名扬《美国行政法》，中国法制出版社1995年版，第292页。

④ 转引自曾祥华《行政立法的正当性研究》，博士学位论文，苏州大学，2005年。

⑤ 参见曾祥华《行政立法的正当性研究》，中国人民公安大学出版社2007年版，第59—60页。

细讨论所有的问题，授权行政机关立法是理性的选择。其二，制定法律的事项有时需要技术性，议会或人大不适宜对这些过于技术化的事项制定法律。议员或代表可能是最好的政治家，但是不能要求他们处理只有专家才能处理的高技术问题。其三，授权立法的实行，使行政机关能够进行试验。能够使被授权机关与可能被某个特别法律影响的利益团体协商，必要时进行实际试验和利用最可能的方法来运用调查和试验的结果。其四，紧急情况和战争状态，授权立法是唯一方便的救济办法。行政机关被授予特别而广泛的权力以处理各种情况，如在两次世界大战中，授权立法有了实质的增长。其五，立法机关的立法程序烦琐，法律的地位、权威较高，不易也不应经常修改，而现实情况错综复杂、千变万化，法律不能满足社会发展的要求，而行政立法简便易行、更注重效率，可以及时制定、修改、补充，容易适应社会变迁。①

综上所述，因社会的发展或议会、人民代表大会自身的特点等，法律存在不可避免的局限性，授权行政主体进行立法已成为不可逆转的趋势。行政立法涉及行政相对人诸多权利义务，行政抗辩权作为行政相对人的一项重要权利当然就纳入了行政立法的视野。

二　法律的具体化促使行政主体对行政抗辩权规定义务的生成

需要说明的是，此处的法律包含宪法与其他法律。首先，宪法的具体化需要行政主体对行政抗辩权作出规定。行政立法的权力或义务来源有两种情形：一是职权立法，“指行政机关直接依据宪法和组织法所赋予的立法权并在宪法和法律所规定的职权范围内进行的立法活动”。二是授权立法，“指行政机关依据特定法律的授权或者有立法权的国家权力机关或者行政机关的委托并在授权或委托的范围内遵照一定的程序进行的制定规范性法律文件的活动”②。这两类行政立法既是宪法所规定的，同时也是对宪法规定的具体化。行政抗辩权是行政法（当然包括行政法规与规章）所规定的权利之一，而行政法所规定的权利与宪法所

① 参见陈伯礼《授权众法研究》，法律出版社2000年版，第69—74页。

② 应松年主编：《行政法学新论》，中国方正出版社1998年版，第140页。

规定的公民的基本权利不同，“公民的宪法权利属于公民的基本权利，具有母体性，能派生出公民的一般权利。公民的行政法权利则是公民之一般的具体权利，由作为普通法的行政法所确认，并以宪法所规定的公民基本权利为立法依据，是公民的宪法权利在行政管理领域中的具体化。其产生的目的和价值也在于维护和实现宪法上的公民基本权利”①。

因此，作为行政法上的行政程序抗辩权应当派生于宪法上的公民基本权利，是对宪法上的公民基本权利的具体化。如我国《宪法》第35条规定：“中华人民共和国公民有言论、出版、集会、结社、游行、示威的自由。”其中的“言论自由”指公民通过语言的方式针对政治和社会生活中的问题表达其思想与见解的自由。② 行政程序抗辩权指行政相对人对行政主体拟作出的不利决定予以辩解、质证及反驳的权利，显然，它是公民“言论自由权”在行政领域的具体化；《宪法》第27条第2款规定：“一切国家机关和国家工作人员必须依靠人民的支持，经常保持同人民的密切联系，倾听人民的意见和建议，接受人民的监督，努力为人民服务。”其中“倾听人民的意见和建议”在行政法领域也就是要求行政主体听取行政相对人的抗辩意见；《宪法》第41条规定：“中华人民共和国公民对于任何国家机关和国家工作人员有提出批评和建议的权利；对于任何国家机关和国家工作人员的违法失职行为，有向有关国家机关提出申诉、控告或者检举的权利，但不得捏造或者歪曲事实进行诬告陷害。”其中的批评权与建议权在行政法领域的集中体现或必然要求则是相对人的行政抗辩权，尤其是批评权对行政抗辩权有着直接的指导作用，因为宪法中批评权是指“公民对国家机关和国家工作人员在工作中的缺点和错误，有提出批评意见的权利”③。而行政相对人对行政主体拟作出的不利决定进行抗辩的原因是其认为此不利决定存在缺点和错误或违法或欠正当性。行政立法对宪法中公民“言论自由权”“倾听人民的意见和建议”以及“批评权与建议权”等的具体化的表现形式很多，如《湖南省行政程序规定》第37条规定：“重大行政决策方案草案公布后，决策承办单位应当根据重大行政决策对公众影响的范

① 周佑勇：《公民行政法权利之宪政思考》，《法制与社会发展》1998年第2期。
② 周叶中主编：《宪法》，高等教育出版社、北京大学出版社2001年版，第263页。
③ 同上书，第267页。

围、程度等采用座谈会、协商会、开放式听取意见等方式，广泛听取公众和社会各界的意见和建议。公众参与的范围、代表的选择应当保障受影响公众的意见能够获得公平的表达。”第 73 条规定：“行政机关在作出行政执法决定之前，应当告知当事人、利害关系人享有陈述意见、申辩的权利，并听取其陈述和申辩。”

其次，其他法律的具体化也需要行政主体对行政抗辩权作出规定。《立法法》第 65 条第 1 款规定：“国务院根据宪法和法律，制定行政法规。”第 65 条第 2 款第 1 项规定：“为执行法律的规定需要制定行政法规的事项。”第 65 条第 2 款第 2 项规定：“宪法第八十九条规定的国务院行政管理职权的事项。”第 80 条第 2 款规定：“部门规章规定的事项应当属于执行法律或者国务院的行政法规、决定、命令的事项……”第 82 条第 2 款规定：地方规章可以规定“属于本行政区域内的具体行政管理事项”。上列规定对行政立法与法律规则的关系作了初步规定。关于行政立法与法律规则的关系，有学者提出行政立法具有补充法律规则的价值，并认为补充应遵循四个层面的标准：一是立法留有空隙而属于次级性的事务；二是立法留有空隙而属于行政性的事项；三是立法留有空隙而属于具体性的事项；四是立法留有空隙而属于实施性的事项。[①] 笔者认为第三与第四层面的标准是关于行政立法对法律规则具体化的要求。就行政抗辩权的规定而言，法律规则与行政立法都可以进行规范，但后者规范应是对前者规范的进一步具体化。如我国《行政处罚法》第 31 条规定：“行政机关在作出行政处罚决定之前，应当告知当事人作出行政处罚决定的事实、理由和依据，并告知当事人依法享有的权利。”第 32 条规定：“当事人有权进行陈述和申辩。行政机关必须充分听取当事人的意见，对当事人提出的事实、理由和证据，应当进行复核；当事人提出的事实、理由或者证据成立的，行政机关应当采纳。行政机关不得因当事人申辩而加重处罚。”《教育行政处罚暂行实施办法》第 25 条规定：“在作出处罚决定之前，教育行政部门应当发出《教育行政处罚告知书》，告知当事人作出处罚决定的事实、理由和依据，并告知当事人依法享有的陈述权、申辩权和其他权利。当事人在收到告知书后 7 日

---

① 参见张淑芳《论行政立法的价值选择》，《中国法学》2003 年第 4 期。

内，有权向教育行政部门以书面方式提出陈述、申辩意见以及相应的事实、理由和证据。教育行政部门必须充分听取当事人的意见对当事人提出的事实、理由和证据应进行复核，当事人提出的事实、理由或证据成立的，教育行政部门应当采纳。”显然，《教育行政处罚暂行实施办法》关于行政相对人的申辩权即抗辩权的规定是对《行政处罚法》关于行政相对人的申辩权在教育行政处罚领域的进一步具体化。

三　法律的完善与发展促使行政主体对行政抗辩权规定义务的生成

法律对行政抗辩权的规定不是完美的，因诸多因素的影响还存在些许不足，因此，行政立法的重要价值之一就在于完善与发展法律对行政抗辩权规定。

我国行政抗辩权的法律规定现状，就具体的行政执法程序而言，主要体现在 1996 年的《行政处罚法》与 2003 年的《行政许可法》所规定的听证程序中，包括正式行政听证程序与非正式行政听证程序。其一，就听证的参与人而言，即抗辩的参与人，《行政处罚法》仅规定了当事人的参与权，《行政许可法》则扩展至申请人和利害关系人。其二，就正式听证的范围而言，即正式抗辩的范围，我国法律也采用了明确规定的方式，基本上是遵循法定主义原则。如《行政处罚法》第 42 条规定：“行政主体作出责令停产停业、吊销许可证或者执照、较大数额罚款等行政处罚决定之前，应当告知当事人有要求举行听证的权利；当事人要求听证的，行政主体应当组织听证。”《行政许可法》第 46 条规定：“法律、法规、规章规定实施行政许可应当听证的事项，或者行政主体认为需要听证的其他涉及公共利益的重大行政许可事项，行政主体应当向社会公告，并举行听证。”其三，就听证类型而言，即抗辩的类型，两部单行法律都明确建立了相当于美国、德国等的正式听证制度，但法律中的陈述、申辩制度没有直接说明是非正式听证制度，我们可以认为它相当于其他国家行政程序法中的非正式听证制度。此外，《行政处罚法》第 42 条规定：“当事人可以亲自参加听证，也可以委托 1—2 人代理。”这是对行政相对人直接抗辩与间接抗辩的规定。其四，就正式听证的主持人而言，即正式抗辩的主持人，《行政处罚法》和

《行政许可法》都强调了主持人的相对独立性，规定由本案调查人员、审查人员以外的工作人员担任主持人。其五，就抗辩的客体而言，两部法律都有所规定，如《行政处罚法》第 42 条规定："举行听证时，调查人员提出当事人违法的事实、证据和行政处罚建议；当事人进行申辩和质证。"《行政许可法》第 48 条规定："举行听证时，审核该行政许可申请的工作人员应当提供审查意见的证据、理由，申请人、利害关系人可以提出证据，并进行申辩和质证。"其六，就正式听证笔录对行政决定的效力而言，即包含抗辩的笔录对行政决定的效力，《行政处罚法》没有规定，《行政许可法》则明确规定"行政机关应当根据听证笔录，作出行政许可决定"。

显然，上述我国行政抗辩权的法律保障制度对于推进行政民主、行政法治及保障相对人权利有着不可忽视的价值，但与西方发达国家的行政程序法对行政程序抗辩权的保障相比，亟须解决的问题还很多，具体表现在下述几个方面：

1. 宪法和法律中缺少有关现代行政程序基本原则的一般性规定，譬如，不存在类似于普通法传统中的自然正义原则，也没有类似于美国宪法中正当程序条款的规定，致使我国的行政程序立法未能在明确的法律原则的指导下进行，从而导致行政程序往往逃不出服务于强化国家行政管理目的的窠臼，缺乏对行政相对人程序性权利之应有的尊重与保障。

2. 我国缺乏统一的行政程序法立法规划，立法内容散乱，不成体系，加之，各行政部门往往从部门利益出发，对众多且各不相同的行政行为，自然就有许多套行政程序，从而导致不同部门法律之间、不同单行法律之间的冲突和矛盾，严重削弱了行政程序的控制、约束作用，造成了行政活动的混乱和无序。

3. 就我国《行政处罚法》与《行政许可法》所规定的保障行政相对人抗辩权的听证程序制度而言，还很不健全。举其要者有：（1）行政程序抗辩权的主体没统一，《行政处罚法》所规定的行政程序抗辩权的主体仅指直接行政相对人，而《行政许可法》所规定的行政程序抗辩权的主体包括直接行政相对人与间接行政相对人（利害关系人）。（2）行政程序抗辩的范围有待改善，虽然两部法律对正式行政程序抗辩的范围有所规定，但还不太明确，而且对于没收较大数额的“非法所得”或“非法财物”、限制人身自由等的行政处罚没有规定可以抗辩，也没有类似于有些西方国家规定的排除抗辩的特殊范围；对非正式行政程序抗辩的范围更是没有明确提及。（3）无明确的行政程序抗辩权分类，虽然两部法律都规定了类似于西方发达国家的正式行政程序抗辩权，但对于非正式行政程序抗辩权没有指明，我们只能通过推导认为陈述、申辩制度中申辩权与质证权是非正式行政程序抗辩权的具体表现。（4）正式抗辩笔录的效力没统一，《行政处罚法》规定行政决定可以不依照听证笔录作出，而《行政许可法》则规定行政机关应当依据听证笔录，作出行政许可决定。此外，行政听证程序中保障行政程序抗辩权的一些具体制度严重缺乏详细说明，致使具体制度对行政程序抗辩权的保障缺乏具体的可操作性。如侵犯相对人抗辩权的法律责任制度、抗辩之前的告知制度、抗辩之中的听取抗辩制度以及抗辩之后的说明理由制度等均无详细规定。

针对上述法律对相对人行政抗辩权规定的缺陷，行政主体通过行政规定（行政立法）的形式对行政抗辩权制度进行了一定的完善与发展。如关于正式行政抗辩的适用范围，《深圳经济特区行政处罚听证程序试行规定》第3条规定：“行政机关对行政违法行为拟作出责令停产停业、吊销许可证或执照、较大数额罚款、没收等重大行政处罚的，应当依照有关行政处罚法律、法规和本规定实施听证程序。”其中没收较大数额的非法所得或非法财物的行政处罚被纳入正式听证范围，即正式行政抗辩的适用范围（听证的核心是抗辩，故正式听证适用范围必包含正式行政抗辩的适用范围），这是对《行政处罚法》第42条规定的正式听证适用范围的完善。关于行政抗辩的代理，《深圳经济特区行政处罚听证程序试行规定》第20条规定：“律师或其他公民，均可以被委托为听证代理人。拟作出的行政处罚影响当事人的重大利益而当事人无力聘请律师为代理人的，行政机关应当指定律师为其代理人，当事人不愿接受的，可以拒绝。指派律师的代理费由行政机关承担。”这是对《行政处罚法》第42条规定的抗辩代理的完善，因律师代理的明确规范化，从而使相对人抗辩权的保障更为有力。

关于抗辩的效力，《行政处罚法》没有规定听证笔录（包含抗辩笔录）的效力，而《劳动行政处罚听证程序规定》第16条规定："劳动行政部门不得以未经听证认定的证据作为行政处罚的依据。"《国土资源听证规定》第33条规定："主管部门应当根据听证笔录，作出行政许可决定，依法作出行政处罚决定；在报批拟定的拟征地项目的补偿标准和安置方案、非农业建设占用基本农田方案时，应当附具听证笔录。"关于行政主体侵犯相对人抗辩权时相关人员的责任，《行政处罚法》与《行政许可法》都没有明确、合理的规定。《国土资源听证规定》第34条规定："法律、法规和规章规定应当听证的事项，当事人要求听证而未组织的，对直接负责的主管人员和其他直接责任人员依法给予行政处分。"第35条规定："主管部门的拟听证事项经办机构指派人员、听证员、记录员在听证时玩忽职守、滥用职权、徇私舞弊的，依法给予行政处分；构成犯罪的，依法追究刑事责任。"从而明确了听证（包含抗辩）是相对人的法定权利，国土资源管理部门必须履行法定职责和必须遵循的法定程序，否则就是程序违法，应当追究法律责任。

此外，2003年9月1日起施行的《环境影响评价法》规定了环境影响评价的公众抗辩权。第21条规定："除国家规定需要保密的情形外，对环境可能造成重大影响、应当编制环境影响报告书的建设项目，建设单位应当在报批建设项目环境影响报告书前，举行论证会、听证会，或者采取其他形式，征求有关单位、专家和公众的意见。建设单位报批的环境影响报告书应当附具对有关单位、专家和公众的意见采纳或者不采纳的说明。"2006年2月22日，国家环保总局又发布了《环境影响评价公众参与暂行办法》，对涉及公众抗辩权的公开环境信息、征求公众意见、公众抗辩的组织形式等问题做了详细的规定，进一步完善了我国环境决策中的公众抗辩制度。

第二节　行政主体对行政抗辩权的规定义务之内容

行政主体对行政抗辩权的规定义务之内容主要表现在三个领域：行政立法领域中行政抗辩权的规定；行政决策领域中行政抗辩权的规定；行政执法领域中行政抗辩权的规定。需要说明的是，行政抗辩权与听证制度有着天然的密切联系，因为无论是正式听证制度还是非正式听证制度，必然蕴含行政抗辩权这一核心权利在内，否则，所谓听证制度只是一种无效的或毫无意义的摆设。目前，行政立法还缺乏对行政抗辩权专门的、系统的、全面的规定，行政抗辩权的诸内容散见于各类行政法规、规章中，尤其是散见于行政法规、规章对各类行政听证（正式听证与非正式听证）的规定中。如此，行政主体对行政抗辩权的规定义务之内容也基本上是从行政主体对行政听证制度（主要包含于行政立法领域、行政决策领域以及行政执法领域中）的规定中去挖掘与提炼。

一　行政主体在行政立法领域中对行政抗辩权的规定

行政主体在行政立法领域中对行政抗辩权的规定主要体现在《行政法规制定程序条例》与《规章制定程序条例》中。就《行政法规制定程序条例》而言，行政主体对行政抗辩权的规定蕴含于行政法规的起草与送审两个阶段。第一，行政法规的起草阶段：（1）行政主体规定了行政抗辩权行使的主体，即有关组织和公民；（2）行政主体规定了行政抗辩权行使所针对的对象，即拟作出的可能对行政相对人产生不利影响的行政法规草案；（3）行政主体规定了行政抗辩权行使的途径：正式行政立法听证与非正式行政立法听证。以行政抗辩权所运行的行政立法听证程序是否正式、严格为标准，可划分为正式行政立法听证中的行政抗辩权与非正式行政立法听证中的行政抗辩权。正式行政立法听证中的行政抗辩权指行政相对人因行政主体拟作出的抽象规定对其合法利益将产生严重影响而在正式行政立法听证程序中予以辩解、质证及反驳的权利。非正式行政立法听证中的行政抗辩权指行政相对人因行政主体拟作出的抽象规定对其合法利益将产生的影响较小而在非正式行政立法听证程序中予以辩解、质证及反驳的权利。其中，非正式行政立法听证程序的特点是不要求举行听证会，仅要求行政主体在作出不利规定之前采取一定方式听取相对人的陈述或申辩，即给予相对人一个说话和表示异议的机会，相对人的抗辩一般以书面形式进行。关于行政法规的起草阶段行政主体对行政抗辩权规定的具体条文，《行政法规制定程序条例》第 12 条规定：“起草行政法规，应当深入调查研究，总结实践经验，广泛听取有关机关、组织和公民的意见。听取意见可以采取召开座谈会、论证会、听证会等多种形式。”其中，听取有关机关、组织和公民的意见，必然包含抗辩意见；座谈会、论证会为行政抗辩权行使的非正式行政立法听证的途径；听证会为行政抗辩权行使的正式行政立法听证的途径。

第二，行政法规草案送审稿送审阶段：（1）行政主体规定了行政抗辩权行使的主体，即基层有关组织和公民以及切身利益与行政法规草案送审稿直接相关的公民、法人或者其他组织；（2）行政主体规定了行政抗辩权行使所针对的对象，即已作出的对行政相对人将产生不利影响的行政法规草案送审稿；（3）行政主体规定了行政抗辩权行使的途径：正式行政立法听证与非正式行政立法听证。关于行政法规草案送审稿送审阶段行政主体对行政抗辩权规定的具体条文，《行政法规制定程序条例》第20条规定："国务院法制机构应当就行政法规送审稿涉及的主要问题，深入基层进行实地调查研究，听取基层有关机关、组织和公民的意见。"第22条规定："行政法规送审稿直接涉及公民、法人或者其他组织的切身利益的，国务院法制机构可以举行听证会，听取有关机关、组织和公民的意见。"

就《规章制定程序条例》而言，行政主体对行政抗辩权的规定亦蕴含于行政规章的起草与送审两个阶段。（1）行政规章的起草阶段：行政主体规定了行政抗辩权行使的主体，即基层有关组织和公民以及切身利益与行政规章的起草直接相关的公民、法人或者其他组织；（2）行政主体规定了行政抗辩权行使所针对的对象，即拟作出的可能对行政相对人产生不利影响的行政规章草案；（3）行政主体规定了行政抗辩权行使的途径：正式行政立法听证与非正式行政立法听证。相较于行政法规的起草，在行政规章的起草阶段，行政主体对行政抗辩权行使的途径——正式行政立法听证的规定做了具体的展开说明：规定了行政相对人抗辩的时间、地点和内容；抗辩的笔录；行政主体听取抗辩的义务；行政主体说明对抗辩意见的处理情况及其理由的义务等。如第15条规定，听证会依照下列程序组织：其一，听证会公开举行，起草单位应当在举行听证会的30日前公布听证会的时间、地点和内容；其二，参加听证会的有关机关、组织和公民对起草的规章，有权提问和发表意见；其三，听证会应当制作笔录，如实记录发言人的主要观点和理由；其四，起草单位应当认真研究听证会反映的各种意见，起草的规章在报送审查时，应当说明对听证会意见的处理情况及其理由。

第三，行政规章草案送审稿送审阶段：（1）行政主体规定了行政抗辩权行使的主体，即基层有关组织和公民以及切身利益与行政规章草案送审稿直接相关的公民、法人或者其他组织；（2）行政主体规定了行政抗辩权行使所针对的对象，即已作出的对行政相对人将产生不利影响的行政规章草案送审稿；（3）行政主体规定了行政抗辩权行使的途径：正式行政立法听证与非正式行政立法听证。关于行政规章草案送审稿送审阶段行政主体对行政抗辩权规定的具体条文，《规章制定程序条例》第21条规定："法制机构应当就规章送审稿涉及的主要问题，深入基层进行实地调查研究，听取基层有关机关、组织和公民的意见。"第23条规定："规章送审稿直接涉及公民、法人或者其他组织切身利益，有关机关、组织或者公民对其有重大意见分歧，起草单位在起草过程中未向社会公布，也未举行听证会的，法制机构经本部门或者本级人民政府批准，可以向社会公布，也可以举行听证会。"

二 行政主体在行政决策领域中对行政抗辩权的规定

行政主体在行政决策领域中对行政抗辩权的规定体现在诸多的行政法规与行政规章中，这里，我们着重以《湖南省行政程序规定》与《政府制定价格听证办法》为例予以阐述。就《湖南省行政程序规定》而言，行政主体对行政抗辩权的规定如下：（1）规定了行政抗辩权行使的主体，即受行政决策不利影响的公众。（2）规定了行政抗辩权行使所针对的对象，即行政决策方案草案或拟作出的行政决策。（3）规定了行政抗辩权行使的途径：行政决策非正式听证与行政决策正式听证，如第37条规定："重大行政决策方案草案公布后，决策承办单位应当根据重大行政决策对公众影响的范围、程度等采用座谈会、协商会、开放式听取意见等方式，广泛听取公众和社会各界的意见和建议。"其中，座谈会、协商会、开放式听取意见等就是非正式听证的方式。（4）规定了行政决策正式听证中行政抗辩权行使的范围，如第38条规定，重大行政决策有下列情形之一的，应当举行听证会：其一，涉及公众重大利益的；其二，公众对决策方案有重大分歧的；其三，可能影响社会稳定的；其四，法律、法规、规章规定应当听证的。（5）规定了行政决策正式听证中行政抗辩权行使的具体步骤，如第 137 条第 5 款规定："听证会参加人之间、听证会参加人与决策承办单位工作人员之间围绕听证事项进行辩论。"（6）规定了行政抗辩权保障的诸方式，如第 139 条规定，听证会应当制作笔录，且应当经听证会参加人确认无误后签字或者盖章；行政机关应当充分考虑、采纳听证公众的合理意见；如不予采纳的，则应当说明理由。第 131 条与第 134 条分别规定，行政机关直接参与行政决策方案制定的人员不得担任该行政决策听证主持人；听证主持人不得与当事人、利害关系人及其他听证参与人单方接触。第 134 条还规定，行政机关以及有关单位和个人不得采取欺骗、贿赂、胁迫等不正当手段，操纵听证结果。如果采取欺骗、贿赂、胁迫等不正当手段操纵听证结果的，其听证无效，应当重新听证。

关于《政府制定价格听证办法》，行政主体对行政抗辩权的规定主要表现在：（1）规定了行政抗辩权行使的主体，即消费者、经营者以及与定价听证项目有关的其他利益相关方或消费者、经营者（适用于制定在局部地区执行的价格或者降低价格的情形）。（2）规定了行政抗辩权行使所针对的对象，即定价听证方案，并对定价听证方案的内容作了具体说明，如第 17 条规定，定价听证方案应当包括的内容：拟制定价格的具体项目；现行价格和拟制定的价格，单位调价额和调价幅度；拟制定价格的依据和理由；拟制定价格对经济、社会影响的分析；其他与制定价格有关的资料。（3）规定了行政抗辩权行使的途径：价格决策正式听证与价格决策非正式听证，并具体说明了各自适用的范围，如第 3 条规定："制定关系群众切身利益的公用事业价格、公益性服务价格和自然垄断经营的商品价格等政府指导价、政府定价，应当实行定价听证。听证的具体项目通过定价听证目录确定，但容易引发抢购、囤积，造成市场异常波动的商品价格，通过其他方式征求意见，不纳入定价听证目录。"（4）规定了价格决策正式听证中行政抗辩权行使的具体步骤，如第 22 条第 4 款规定："听证会参加人对定价听证方案发表意见，进行询问。"（5）规定了行政抗辩权保障的诸方式，如第 24 条规定，听证人应当根据听证笔录制作听证报告，以及听证人对听证会参加人意见的处理建议应当包括对听证会参加人主要意见采纳与不采纳的建议和理由说明；第 31 条规定："定价机关制定定价听证目录内商品和服务价格，未举行听证会的，由本级人民政府或者上级政府价格主管部门宣布定价无效，责令改正；对直接负责的主管人员和其他直接责任人员，依法给予行政处分。”

三　行政主体在行政执法领域中对行政抗辩权的规定

行政主体在行政执法领域中对行政抗辩权的规定亦体现在诸多的行政法规与行政规章中，这里，我们着重以《湖南省行政程序规定》与《工商行政管理机关行政处罚案件听证规则》为例予以阐述。就《湖南省行政程序规定》而言，行政主体对行政抗辩权的规定如下：（1）规定了行政抗辩权行使的主体，即当事人、利害关系人。（2）规定了行政抗辩权行使所针对的对象，即行政机关拟作出的行政执法决定。（3）规定了行政抗辩权行使的途径：行政执法正式听证与行政执法非正式听证，并具体说明了各自适用的范围，如第74条规定了行政机关在作出行政执法决定前应当举行听证会的情形：其一，法律、法规、规章规定应当举行听证会的；其二，行政机关依法告知听证权利后，当事人、利害关系人申请听证的；其三，行政机关认为必要的；其四，当事人、利害关系人申请，行政机关认为确有必要的。这里需要说明的是，行政执法正式听证类似于司法性程序，具体表现在：其一，要求由无偏见的行政官员主持听证的权利；其二，受到行政决定不利影响的当事人在行政决定之前得到通知的权利，通知书中一般应包括听证所要涉及的主要事实和法律问题，以及听证的时间和地点；其三，提出证据和进行辩护的权利；其四，通过互相质问及其他正当手段驳斥不利证据的权利；其五，委托律师参加辩护的权利；其六，要求行政决定根据听证案卷作出的权利；其七，阅览卷宗以及取得全部档案副本的权利。① 而第73条与第88条的规定是针对行政执法非正式听证情形，前者规定，行政机关在作出行政执法决定之前，应当告知当事人、利害关系人享有申辩的权利，并听取其申辩；后者规定，行政机关对适用简易程序的事项可以口头告知当事人行政执法决定的事实、依据和理由，并当场听取当事人的申辩。（4）规定了行政执法正式听证中行政抗辩权行使的具体步骤，

---

① 王名扬：《美国行政法》，中国法制出版社1995年版，第384页。

如第 142 条第 4 款规定："出示证据，进行质证。"第 5 款规定："调查人员、当事人、利害关系人对争议的事实进行辩论。"（5）规定了行政抗辩权保障的诸方式，如关于主持人的公正性要求，第 131 条规定："行政机关调查人员不得担任该行政执法听证主持人。"第 134 条规定："听证主持人不得与当事人、利害关系人及其他听证参与人单方接触。"关于行政机关的公正性要求，如第 134 条规定，行政机关不得采取欺骗、贿赂、胁迫等不正当手段，操纵听证结果，否则，其听证无效，应当重新听证。关于行政机关对抗辩意见的合理对待要求，如第 73 条规定，对于当事人、利害关系人的抗辩意见，行政机关应予以记录并归入案卷，而且行政机关应当进行审查，并采纳其合理的抗辩意见；不予采纳的，应当说明理由。第 143 条规定，行政机关应当根据抗辩笔录，作出行政执法决定。未经听证会质证的证据，不能作为作出行政执法决定的依据。

关于《工商行政管理机关行政处罚案件听证规则》，行政主体对行政抗辩权的规定如下：（1）规定了行政抗辩权行使的主体，即当事人、利害关系人，如第 17 条规定："要求举行听证的公民、法人或者其他组织是听证的当事人。"第 18 条规定："与听证案件有利害关系的其他公民、法人或者其他组织，可以作为第三人向听证主持人申请参加听证，或者由听证主持人通知其参加听证。"（2）规定了行政抗辩权行使所针对的对象，即工商行政管理机关拟作出的行政惩罚决定。（3）规定了行政抗辩权行使的途径：行政惩罚正式听证，并具体说明了其适用的范围，如第 6 条规定了应当举行听证会的情形：其一，责令停业整顿、责令停止营业、责令停止广告业务等；其二，吊销、收缴或者扣缴营业执照、吊销广告经营许可证、撤销商标注册、撤销特殊标志登记等；其三，对公民处以三千元、对法人或者其他组织处以三万元以上罚款；其四，对公民、法人或者其他组织作出没收违法所得和非法财物达到第三项所列数额的行政处罚。（4）规定了行政惩罚正式听证中行政抗辩权行使的具体步骤，如第 32 条第 2 款规定，当事人及其委托代理人进行申辩；第 4 款规定了参加人的互相辩论；第 33 条规定，当事人可以当场提出证明自己主张的证据以及经听证主持人允许可以就有关证据与案件调查人员进行质证。（5）规定了行政抗辩权保障的诸方式，如关于主持人的公正性要求及违反公正性要求的后果，第 10 条规定：“案件调查人员不得担任听证主持人。”第 12 条规定了听证主持人应当回避的情形：其一，是案件的当事人或者当事人的近亲属；其二，与案件有利害关系；其三，与案件当事人有其他关系，可能影响对案件的公正听证的。第 15 条规定：“听证主持人应当公开、公正地履行主持听证的职责，不得妨碍听证参加人行使陈述权、申辩权和质证权，不得徇私枉法，包庇纵容违法行为。”第 16 条规定：“听证主持人违反本规则规定，徇私枉法，包庇纵容违法行为的，给予行政处分；构成犯罪的，依法追究刑事责任。”

第三节　行政主体对行政抗辩权的规定义务之完善

如前所述，行政主体关于行政抗辩权的规定义务内容对于宪法、法律关于行政抗辩权的规定具有进一步具体化、完善与发展的重要意义，然而，行政立法本身并非十全十美，其对行政抗辩权的规定义务内容还有诸多需要完善与发展的地方。“关于授权立法的必要性，当前已经达成普遍共识；真正的问题在于如何使此种立法与民主协商过程、严格审查过程和控制过程保持一致。”①

法治的内容是“反对滥用行政权力的保护措施；获得法律的忠告、帮助和保护的大量的和平等的机会，对个人和团体各种权利和自由的正当保护……它不是强调政府要维护和执行法及秩序，而是说政府本身要服从法律制度，而不能不顾法律或重新制定适应本身利益的法律”②。因此，如何完善行政主体关于行政抗辩权的规定义务是我们不可回避的、应作出合理回答的一个重要话题。我们认为，行政主体关于行政抗辩权规定义务的完善主要涉及行政立法、行政决策以及行政执法三个领域。

---

① 转引自［美］理查德·B. 斯图尔特《美国行政法的重构》，沈岿译，商务印书馆 2011 年版，第 1 页。

② ［英］戴维·M. 沃克：《牛津法律大辞典》，北京社会与科技发展研究所组织编译，光明日报出版社 1988 年版，第 790 页。

一 行政立法领域中行政抗辩权规定的完善

行政主体在行政立法领域中关于行政抗辩权的规定内容，在相对人行使行政立法抗辩权资格的确定、相对人行使行政立法抗辩权的基础条件以及相对人行使行政立法抗辩权后的回应等方面亟须完善。

1. 相对人行使行政立法抗辩权资格的确定，是指行政主体规定特定的行政相对人或不特定的行政相对人通过行政主体提供的条件、途径等进入行政立法过程并享有提出行政立法抗辩意见的资格。根据不同的行政立法事项，行政相对人中的各个成员有的与某项行政立法有特定利害关系，则只有该类有利害关系的公民、组织才具有参与资格，对此，行政主体应通知这类特定的相对人参加行政立法，确认并赋予其行政立法抗辩的资格；有的则并无特定利害关系，不特定的相对人即社会公众都具有参与的资格，这是社会公众以其公民或组织机构的身份取得参与资格，对此，行政主体应通过公告的方式告知不特定的相对人参加行政立法，确认并赋予社会公众都具有行政立法抗辩的资格。[①] 如《规章制定程序条例》第 15 条规定："起草的规章直接涉及公民、法人或者其他组织切身利益，有关机关、组织或者公民对其有重大意见分歧的，应当向社会公布，征求社会各界的意见。" 第 23 条规定："规章送审稿直接涉及公民、法人或者其他组织切身利益，有关机关、组织或者公民对其有重大意见分歧，起草单位在起草过程中未向社会公布，也未举行听证会的，法制机构经本部门或者本级人民政府批准，可以向社会公布，也可以举行听证会。"

该两项规定都规定了参与行政立法抗辩的特定相对人：与起草的规章或规章送审稿有直接利害关系的公民、法人或者其他组织以及参与行政立法抗辩的不特定相对人：社会公众。但至少存在三个方面的缺陷：第一，缺乏以通知的形式告知特定相对人参与行政立法抗辩；第二，虽然规定了以公告或公布的方式告知不特定相对人参与行政立法抗辩，但公布的具体形式阙如；第三，对行政主体不履行通知或公布的义务缺乏相应的责任条款，从而使相对人参与行政立法抗辩的资格难以真正获得

① 方世荣：《论行政立法参与权的权能》，《中国法学》2014 年第 3 期。

保障。对此，行政主体的规定应予以完善的路径如下：（1）对于特定的相对人应以易于知晓、接收的通知告知其参与行政立法抗辩；（2）对于不特定的相对人应在政府公报、重要报纸、电视等媒体以及政府门户网站上发布公告告知其参与行政立法抗辩；（3）应规定行政主体不履行通知或公布的义务所应承担的相应的责任，如责令补正、对主管人员和直接责任人员给予行政处分等。

2. 相对人行使行政立法抗辩权的基础条件，是指相对人获得行使行政抗辩权的资格后进入行政立法过程中顺利提出抗辩意见所需要告知的抗辩时间、抗辩对象以及抗辩途径等条件。关于抗辩时间，行政主体欠缺对行政立法非正式听证中抗辩时间的规定，仅规定行政立法正式听证中抗辩的时间，如《规章制定程序条例》第 15 条第 1 款规定："听证会公开举行，起草单位应当在举行听证会的 30 日前公布听证会的时间、地点和内容。"因此，为了保障相对人在行政立法非正式听证中进行有效抗辩，行政主体应规定给予相对人抗辩前充分的准备时间。

关于抗辩对象，《行政法规制定程序条例》与《规章制定程序条例》都作了规定，如拟作出的可能对行政相对人产生不利影响的行政法规草案与已作出的对行政相对人将产生不利影响的行政法规草案送审稿、拟作出的可能对行政相对人产生不利影响的行政规章草案与已作出的对行政相对人将产生不利影响的行政规章草案送审稿，然而，对于拟作出的行政法规、规章草案及行政法规、规章送审稿的依据（法律依据与事实依据）以及理由说明（合法性理由说明与正当性理由说明）等信息未告知行政相对人，从而使相对人的有效抗辩大打折扣。此外，值得一提的是，行政主体没有规定哪些情形不属于相对人抗辩的对象，这也对相对人的有效抗辩带来了困惑。因此，行政主体一方面应完善政府信息公开制度，告知行政法规、规章草案及行政法规、规章送审稿的依据与理由说明等信息。开放的信息是相对人有效抗辩的前提，如果没有合理的信息，参与者知识的运用就会变得非常困难，将极大地约束参与者的抗辩能力。[①] 美国著名行政法学者戴维斯教授也曾说："公开是专

① 王锡锌：《行政正当性需求的回归——中国新行政法概念的提出、逻辑与制度框架》，《清华法学》2009 年第 2 期。

横独断的自然敌人，也是对抗不公的自然盟友。”① 另外，为了使相对人的抗辩有的放矢，行政主体也应明确规定行政立法不适用相对人抗辩的情形：其一，与公民、法人或其他组织的权利义务无涉的行政立法；其二，紧急事项，国家或某一地区因紧急情况而及时进行的行政立法，可根据行政法的应急性原则，不由公众参与；其三，行政机关有正当理由认定由公众参与没有必要或违背公共利益，可不由公众参与。②

关于抗辩的途径，即相对人在行政立法过程中抗辩的平台，对此，《行政法规制定程序条例》与《规章制定程序条例》都作了规定，如听取相对人抗辩意见可以采取书面征求意见、座谈会、论证会、听证会等形式。但在何种情况下采取书面征求意见、座谈会、论证会等行政立法非正式听证平台、在何种情况下采取听证会这样的行政立法正式听证平台来听取相对人的抗辩没有具体、明确的规定，这意味着听取相对人抗辩意见的平台由行政立法机关自由裁量。在有关规定缺乏何种情况采取何种平台听取相对人抗辩的强制性规定的情况下，行政主体必然尽可能地选取操作简便、开放性低、约束力较小的平台，如座谈会和论证会等。诚如英国著名法学家戴雪指出，自由裁量权不受限制的地方，就是专横滋生的地方。③ 因此，为避免行政主体在行政立法过程中仅从行政效率、成本甚至仅从自身利益出发“自由”地选择听取相对人抗辩意见的平台，行政主体对平台的选择应有硬性的规定。对特定相对人或公众利益影响较少的行政立法，可以采取通信、舆论评论、口头评论、座谈会、论证会等平台听取抗辩意见；对特定相对人或公众利益影响重大的行政立法，特别是纳入听证范围的重点事项则必须采取听证会这样较为正式、严肃的平台充分听取抗辩意见。④

3. 相对人行使行政立法抗辩权后的回应，是指相对人提出了立法抗辩意见后，行政主体有义务对抗辩意见予以相应的反馈，包括公布提出抗辩意见的情况和行政主体处理抗辩意见的情况等。上述相对人行使

---

① 转引自应松年《行政程序立法研究》，中国法制出版社 2001 年版，第 111 页。

② 段红柳：《论行政立法过程中的公众参与》，《湖南社会科学》2002 年第 5 期。

③ Albert Venn Dicey, *Introduction to the Study of the Law of the Constitution*, London: Macmillan Education Ltd., 1959, p. 95.

④ 段红柳：《论行政立法过程中的公众参与》，《湖南社会科学》2002 年第 5 期。

行政抗辩权资格的确定以及行使行政抗辩权基础条件的满足还只是保障相对人在立法过程中顺利地提出抗辩，不足以约束行政主体能真正听取抗辩意见以及合理、合法对待抗辩意见。“回应性是民主自身正当性的理由。”① 相对人享有对行政主体的获回应权的重要意义不仅在于要求行政主体应当对相对人的抗辩主体地位和人格尊严充分尊重，而且在于规制行政主体认真对待相对人抗辩意见以免自由裁量权的滥用。2004年国务院发布的《全面推进依法行政实施纲要》中曾明确规定“积极探索建立对听取和采纳意见情况的说明制度”，这昭示了行政主体应尊重相对人的抗辩意见。目前《行政法规制定程序条例》规定了起草行政法规应广泛听取相对人的抗辩意见；《规章制定程序条例》除了规定起草规章应广泛听取相对人的抗辩意见外，还规定了“起草的规章在报送审查时，应当说明对听证会意见的处理情况及其理由”。这无疑对相对人抗辩意见的回应具有一定的积极意义。但行政主体的这些规定还过于抽象、笼统，达不到对相对人抗辩意见的有效回应。因此，行政主体的回应规定应予以科学合理的完善：第一，回应的时间既可以在起草阶段，也可以在审查阶段。第二，回应的方法一般应通过政府网站等重要媒体作出，但对于受立法内容影响较大的特殊群体，必要时也可单独对代表其利益的社团组织（如协会、联合会等）作出书面回复。第三，回应的内容应包括向社会公布对立法抗辩意见的收集、整理和分类等信息；对切身利益受立法内容直接影响群体的抗辩意见采纳与否，应说明理由；对立法内容中分歧较大的抗辩意见作提示说明以引导公众理性看待各自的抗辩意见；对因误解而形成并在社会上产生较大影响的抗辩意见，需及时加以澄清。②

二　行政决策领域中行政抗辩权规定的完善

行政主体在行政决策领域中关于行政抗辩权的规定，与行政立法领域中关于行政抗辩权的规定相比较有所进步，但关于相对人行使行政决策抗辩权资格的确定、相对人行使行政决策抗辩权的基础条件等方面的

---

① Robert A. Dahl, *Democracy and Its Critics*, New Haven: Yale University Press, 1989, p. 95.

② 方世荣：《论行政立法参与权的权能》，《中国法学》2014年第3期。

规定仍需进一步完善。

1. 相对人行使行政决策抗辩权资格的确定，是指行政主体规定行政相对人通过行政主体提供的条件、途径等进入行政决策过程并享有提出行政决策抗辩意见的资格。对此，《湖南省行政程序规定》与《政府制定价格听证办法》都有所规定，如《湖南省行政程序规定》第135条规定，行政机关举行行政决策听证会，应当在听证会举行前15日公告的事项之一为相对人参加听证会的报名时间、报名方式。而第136条规定了相对人参加听证会的报名方式为自愿报名，并应具有广泛的代表性，还规定："报名参加听证会的公众人数较多，需要选择听证会代表的，行政机关应当随机选择公众代表参加听证会。报名参加听证会的人数不多的，行政机关应当让所有报名者参加听证会，行政机关也可以邀请有关公众代表参加听证会。"《政府制定价格听证办法》第18条规定："听证会举行30日前，政府价格主管部门应当通过政府网站、新闻媒体向社会公告听证会参加人、旁听人员、新闻媒体的名额、产生方式及具体报名办法。"而第10条规定了作为相对人的听证会参加人的产生方式：第一，消费者采取自愿报名、随机选取方式，也可以由政府价格主管部门委托消费者组织或者其他群众组织推荐；第二，经营者、与定价听证项目有关的其他利益相关方采取自愿报名、随机选取方式，也可以由政府价格主管部门委托行业组织、政府主管部门推荐。

显然，上述行政主体关于相对人行使行政决策抗辩权资格确定的规定存在些许缺憾：既无法保障所有的利益主体都能取得平等的代表权，也无法保证遴选的代表能够独立自主地表达其所代表利益主体的抗辩意见。因此，完善行政主体关于相对人行使行政决策抗辩权资格确定的规定的关键在于构建一种由政府与各利益集团、社会中介组织等双向互动、共同协商遴选听证代表的机制：就政府而言，其职责不是直接插手具体的遴选事务而是"定规则、当裁判"；就各利益主体而言，其职责就是严格按照事先公布的听证代表遴选规则具体组织实施遴选事务，并及时将自行产生的能够代表本集团利益提出抗辩意见的合适人选报政府部门进行资格审查。通过这种科学合理的遴选机制的实际运作，决策主管部门的超脱性、中立性将更加凸显，而听证代表的平等性、广泛性、代表性和独立性也将获得切实保障。①

2. 相对人行使行政决策抗辩权的基础条件，是指相对人获得行使行政抗辩权的资格后进入行政决策过程中顺利提出抗辩意见所需要的充分知情、平等抗辩以及充分抗辩等条件。充分知情是相对人在行政决策过程中有效提出抗辩意见的前提，《湖南省行政程序规定》第 136 条规定："听证举行前 10 日，应当告知听证代表拟作出行政决策的内容、理由、依据和背景资料。"《政府制定价格听证办法》第 20 条规定，听证会举行 15 日前，政府价格主管部门应当向听证会参加人送达的材料包括听证会通知、定价听证方案、定价成本监审结论、听证会议程以及听证会纪律。显然，行政主体的这些规定还无法保障相对人的充分知情。因为听证代表或听证会参加人在这么短的时间内一般要完成三个方面的工作：一是翻阅上百页甚至数百页的专业资料；二是要进行充分的考察调研；三是要撰写好或准备好会上的发言内容。无疑，短时间内相对人充分了解与把握拟作出的行政决策方案（包括定价听证方案）是不太现实的。公众所关注的全国铁路票价听证会和民航国内航空价格听证会的召开，作为参会的普通消费者代表在接受新闻媒体采访时直言没时间准备，无法充分了解有关信息。因此，为了保障相对人的充分知情以便在行政决策过程中有效提出抗辩意见，行政主体应规定将向听证会代表或参加人送达有关材料的时间提前到"至少在举行听证会的 30 日前"。

平等抗辩以及充分抗辩是相对人在行政决策过程中有效抗辩的关键。如果相对人没有机会提出抗辩意见或者不能充分地表达自己的抗辩意见，那么他们即使在抗辩前获取并把握了大量信息也会变得毫无价值可言。《政府制定价格听证办法》第 7 条规定，听证人是指代表政府价格主管部门专门听取听证会意见的人员；听证会设三至五名听证人；听证人由政府价格主管部门指定的工作人员担任，部分听证人也可以由政府价格主管部门聘请社会知名人士担任；听证会主持人由听证人中的政府价格主管部门的工作人员兼任。由于政府价格主管部门与垄断行业的经营者有千丝万缕的复杂关系，故行政主体所作出的由政府价格主管部门指定的工作人员或聘请社会知名人士担任听证人的规定以及听证主持

① 章志远：《价格听证困境的解决之道》，《法商研究》2005 年第 2 期。

人从听证人中产生的规定能否促使听证人或听证主持人平等对待消费者代表的抗辩权，令人十分怀疑。2002 年在广东省政府大院举行的广东省春运公路客运价格听证会所呈现的场面就说明了行使抗辩权的消费者代表遭到歧视的情形。如整个听证会的时间为 3 个小时；听证会上留给包括消费者代表在内的所有代表发言的时间只有 100 分钟；31 位代表出席了这次听证会，很多消费者代表都没有机会发言，有的消费者代表虽获得了发言的机会，但被多次打断。① 显然，此听证会不仅侵犯了相对人的平等抗辩权，而且侵犯了相对人的充分抗辩权。据此，行政主体的规定应在两个方面予以完善：一是听证人或听证主持人的设置应具有超脱性或中立性，可由政府与各利益集团共同设置；二是相对人抗辩的时间应有充分保障，可以根据不同的行政决策事项决定相应的科学合理的抗辩时间。

三　行政执法领域中行政抗辩权规定的完善

行政主体在行政执法领域中关于行政抗辩权的规定，与行政立法领域以及行政决策领域中关于行政抗辩权的规定相比较，总体而言，很多方面有所进步，但关于相对人行使行政执法抗辩权资格的确定、相对人行使行政执法抗辩权的范围以及相对人行使行政执法抗辩权的回应等方面的规定仍需进一步完善。

1. 相对人行使行政执法抗辩权资格的确定。相对人欲参与行政执法抗辩，首先，应获享抗辩的资格，但行政主体的规定有的忽视或排斥了相对人的抗辩资格；有的虽然赋予了相对人的抗辩资格，但规定不太合理。就前者而言，2013 年公安部修订的《机动车驾驶证申领和使用规定》规定，机动车闯黄灯将被罚扣 6 分，因为其同属不按交通信号灯指示通行的违法行为。这被称为“史上最严厉”的新交规，受到许多公众或专家的质疑，如有专家指出：“造成争议的另一个主要原因是新规缺乏足够的调研和听证。”② 不久，公安部因“一些群众比较集中地对

① 赵承、徐清扬：《请大众参与——广东春运公路客运价格听证会透视》（http：//www.news. xinhuanet. com/news/2001-12/08/content 153581. htm）。

② 卢国强、刘景洋：《中国“史上最严”交规遭遇“黄灯”争议》（http：//news.xinhuanet.com/2013-01/05/c_ 114253287.html）。

‘闯黄灯’的相关处罚规定提出了意见和建议”而下发通知要求对违反黄灯信号的暂不处罚而应以教育为主。① 显然，公安部在执法领域拟作出“机动车闯黄灯将被罚扣 6 分”这一规定时排斥了相对人的抗辩权资格，从而导致了执法过程中的困境。因此，行政主体在执法领域拟作出对相对人的不利决定的规定时，应赋予相对人抗辩资格，并应以适当的方式通知其参与抗辩。

就后者而言，《湖南省行政程序规定》第 140 条规定：“举行涉及重大公共利益的行政执法听证会，应当有一定比例的公众代表参加，公众代表的产生适用行政决策听证会的有关规定。”而《湖南省行政程序规定》第 136 条规定：“报名参加听证会的公众人数较多，需要选择听证会代表的，行政机关应当随机选择公众代表参加听证会。报名参加听证会的人数不多的，行政机关应当让所有报名者参加听证会，行政机关也可以邀请有关公众代表参加听证会。”显然，行政主体关于行政决策领域中相对人抗辩资格的规定存在一定的缺陷：仅凭行政机关单独决定参与抗辩的代表。如果行政主体对行政执法领域中抗辩代表资格的规定也适用行政决策领域的规定，那么将既无法保障所有的利益主体都能取得平等的代表权，也无法保证遴选的代表能够独立自主地表达其所代表利益主体的抗辩意见。因此，完善行政主体关于确定行政执法抗辩代表资格的规定的关键在于构建一种由政府与各利益集团、社会中介组织等双向互动、共同协商遴选抗辩代表的机制，从而使抗辩代表的平等性、广泛性和独立性获得切实保障。

2. 相对人行使行政执法抗辩权的范围。目前，行政主体对行政执法抗辩权范围的有些规定还比较具体、明确，甚至对法律、法规的规定还有完善与发展的地方，但有的规定还有待进一步完善。如《湖南省行政程序规定》第 74 条规定了相对人可以通过参与听证会抗辩的事项：其一，法律、法规、规章规定应当举行听证会的；其二，行政机关依法告知听证权利后，当事人、利害关系人申请听证的；其三，行政机关认为必要的；其四，当事人、利害关系人申请，行政机关认为确有必要的。其中，行政机关认为“必要的”或“确有必要的”过于含糊、笼

① 公安部交管局：《违反黄灯信号以教育为主暂不处罚》（http://www.gov.cn/gzdt/2013-01/06/content_2305977.htm）。

统，给行政主体滥用自由裁量权提供了较大的空间。我国法律对相对人可以通过参与听证会抗辩的事项规定还存在着一定的不足，如《行政处罚法》没有规定没收较大数额的非法所得或非法财物、限制人身自由的行政处罚相对人可以参与听证会抗辩。这不符合“最低限度的公正”的要求，无论从立法目的还是法理角度来说都是行不通的，因此，《湖南省行政程序规定》第 74 条第 3 款可以改为：“行政机关认为必要的，如没收较大数额的非法所得或非法财物、限制人身自由的行政处罚等”，这不仅是对法律的完善与发展，也是行政主体对自身规定的完善，而且不违背法律保留原则。

以行政立法的功能为标准，行政立法可以分为执行性立法和创制性立法两种情形，前者指行政主体为了执行或实现特定的法律、法规的规定或是上级行政主体其他行政规范性文件的规定而进行的立法；后者指行政主体为了填补法律或法规的空白，或变通法律和法规的个别规定以实现行政职能而进行的立法。① 执行性立法应遵循法律优先原则，即“以法律形式出现的国家意志依法优先于以其他形式表达的国家意志；法律只能以法律形式才能废止，而法律却能废止所有与之相冲突的意志表达，或使之根本不起作用”②。创制性立法应遵循法律保留原则，即“合乎宪法的法律只是对一些特别重要的国家事务而言是必要基础。在其他所有方面对执行权则无此限制，行政依自有的力量作用，而不是依据法律。我们把这个在特定范围内对行政自行作用的排除称为法律保留”③。我国《立法法》第 9 条规定：“本法第八条规定的事项尚未制定法律的，全国人民代表大会及其常务委员会有权作出决定，授权国务院可以根据实际需要，对其中的部分事项先制定行政法规，但是关于犯罪和刑罚、对公民政治权利的剥夺和限制人身自由的强制措施和处罚、司法制度等事项除外。”显然，上述《湖南省行政程序规定》所创制的内容并没有违反法律保留的原则，因为它规定行政主体对限制人身自由的处罚应通过听证会听取相对人的抗辩，是为了更好地保护相对人的人身自由。

3. 相对人行使行政执法抗辩权的回应。我国行政主体在行政执法

---

① 方世荣：《行政法与行政诉讼法学》，中国政法大学出版 2010 年版，第 154 页。

② ［德］奥托・迈耶：《德国行政法》，刘飞译，商务印书馆 2002 年版，第 70 页。

③ 同上书，第 72 页。

听证尤其是正式听证领域对行政执法抗辩权的回应的规定仍亟须完善，如《湖南省行政程序规定》第143条规定：“行政机关应当根据听证笔录，作出行政执法决定。未经听证会质证的证据，不能作为作出行政执法决定的依据。”听证笔录当然包含相对人的抗辩意见，行政主体最终根据听证笔录作出行政执法决定，这无疑是对相对人抗辩意见的尊重与重要回应，因为“如果行政机关的裁决不以案卷为根据，则听证程序只是一种欺骗行为，毫无实际意义”①。“在依法举行的听证中，行政法庭作出裁决时，不得考虑审讯记录以外的任何材料……若不遵守这一原则，受审讯的权利就毫无价值了。”②“如果行政机关可以依据未在审讯中出示的材料做裁决，那么厚厚的案卷就成了掩盖真相的假面具，秘密的证据或几分钟的秘密会议就可以推翻长时间的审判。”③然而，行政主体有的规定缺乏听证笔录的内容，如《工商行政管理机关行政处罚案件听证规则》第40条规定：“听证结束后，听证主持人应当在五个工作日内写出听证报告并签名，连同听证笔录一并上报本机关负责人。”但后面没有规定工商行政管理机关应依据听证笔录作出行政处罚决定，从而使行政主体对相对人抗辩意见的回应缺位。

行政主体根据听证笔录作出行政执法决定，是对相对人抗辩意见的回应，但还不是完整或全部的回应，因此，行政主体的回应规定应予以科学合理的完善：第一，回应的时间既可以在听证进行阶段，也可以在听证结束阶段；第二，回应的方法一般应通过政府网站等重要媒体作出，但对于受行政执法内容影响较大的特殊群体或人数众多的相对人，必要时也可单独对代表其利益的社团组织（如协会、联合会等）作出书面回复；第三，回应的内容应包括向社会公布对拟作出的行政执法决定所做的抗辩意见的收集、整理和分类等信息；对切身利益受行政执法内容直接影响相对人的抗辩意见，如果是正确的应予以采纳，不采纳的，应说明理由；对行政执法内容中分歧较大的抗辩意见应予以分析与说明以引导相对人理性看待各自的抗辩意见；对因误解或错误而形成并在社会上产生较大影响的抗辩意见，需及时加以澄清或修正。

① 王名扬：《美国行政法》（上册），中国法制出版社1995年版，第493页。
② ［美］伯纳德·施瓦茨：《行政法》，徐炳译，群众出版社1986年版，第303页。
③ 同上书，第309页。

第三章

行政抗辩权保障的行政主体尊重义务

行政主体的尊重义务来源于行政抗辩权的防御权功能和抑制行政主体的理念，适用于行政立法、行政决策、行政执法中。其主要体现在两个层面的要求：第一，行政主体应充分尊重相对人的行政抗辩权，不侵害、不干涉相对人享有行政抗辩权的自由；第二，行政主体应抑制自身的权力，将自身权力的行使严格控制在保障相对人行政抗辩权的法定范围和法定程序之内，具体包括对行政抗辩权的平等对待义务、告知义务、听取义务以及回应义务等。由于第一方面的尊重义务要求简单明了，无须赘述，这里着重对第二方面的尊重义务要求予以全面、系统及深入之阐述。

第一节　行政主体对行政抗辩权的平等对待义务

一　行政主体对行政抗辩权平等对待义务之内容构造

行政主体对行政抗辩权的平等对待义务是行政主体尊重行政相对人行政抗辩权所要求的必然的、首要的义务。“政府必须不仅关怀和尊重人民，而且要平等地关怀和尊重人民。”① “行政法的平等原则，是宪法平等原则在行政法中的延伸与具体化，它与平等概念、平等观念和平等精神一起，共同构成了行政法平等理念的基本内涵。”② 它不仅适用于

---

① ［美］罗纳德·德沃金：《认真对待权利》，哈佛大学出版社 1977 年版，第 272—273 页。

② 杨解君：《行政法平等原则的局限及其克服》，《江海学刊》2004 年第 5 期。

行政主体与行政相对人之间的法律关系中，而且适用于行政主体处理行政相对人之间的相互关系时所体现的法律关系中。关于前者，行政法的平等原则要求行政主体履行平等相待行政相对人权利的义务，即行政主体与行政相对人都享有独立平等的主体资格；行政主体与行政相对人双方的地位平等；行政主体与行政相对人双方平等地守法。① 关于后者，行政法的平等原则要求行政主体履行平等对待行政相对人之间权利的义务，毋庸置疑，行政抗辩权作为行政相对人的一种重要权利，行政主体对相对人之间的行政抗辩权应履行平等对待的义务。

行政相对人行政抗辩权受平等对待源自公民宪法上的平等权利。如1776年美国的《独立宣言》规定："一切人生而平等，上帝赋予他们某些不可割让的权利，包括生存、自由、追求幸福的权利。" 1789年法国的《人权宣言》第1条规定："人民生而权利平等。" 1919年德国的《魏玛宪法》第109条旗帜鲜明地提出，公民在法律面前一律平等。我国《宪法》第33条也规定："中华人民共和国公民在法律面前一律平等。" 当前在一些国际条约中也规定了国际法主体有义务对公民进行平等保护的条款，譬如1948年联合国大会通过的《世界人权宣言》第7条规定："法律面前人人平等，并有权享受平等保护，不受任何歧视。人人有权享受平等保护，以免受违反本宣言的任何歧视行为以及煽动这种歧视的任何行为之害。" 2004年我国制定的《全面推进依法行政实施纲要》规定："行政机关实施行政管理，应当遵循公平、公正的原则。要平等对待行政相对人，不偏私、不歧视。行使自由裁量权应当符合法律目的，排除不相关因素的干扰。" 诚如卡恩所言："行政法设计的是政府歧视，而不是私人歧视。有志向的公共行政官员应该对平等保护法的整体有所熟悉。"②

"受平等对待的权利是指各个行政相对人在行政活动中应当得到行政主体的平等对待。"③ 以平等待遇的义务而论，指"国家机关处理业务应恪守法治行政原则，对于人民或各种公私团体机构授予权利或课予

---

① 杨解君：《行政法平等原则的局限及其克服》，《江海学刊》2004年第5期。

② ［美］史蒂文·J. 卡恩：《行政法原理与案例》，张梦中等译，中山大学出版社2004年版，第452页。

③ 方世荣：《对当代行政法主体双方地位平等的认知——从行政相对人的视角》，《法商研究》2002年第6期。

义务，在法定条件下应作平等对待的处置，以求符合宪法有关人民平等权的规定，且方便进一步促成社会生活各方面积极性平等思想的实现”①。据此，行政主体对行政抗辩权的平等对待义务在适用对象上，适用于各个行政相对人的抗辩权；在适用范围上，适用于行政立法、行政决策以及行政执法等行政活动中。英国《牛津法律大辞典》关于平等对待（equal treatment）的诠释：同样的情形，禁止不同对待；不同的情形，禁止同样对待。除非这种差别对待具有客观合理的根据（objective and reasonable justification）。② 由此可知，行政主体对行政抗辩权的平等对待义务的内容构造包括同等对待义务与差别对待义务两种情形。

1. 行政主体对行政抗辩权的同等对待义务。“凡属法律上的人，就对法律规则的公正适用享有权利并因此有权获得为一切遵从法律的人提供的平等保护。”③ 在行政法领域，每个行政相对人都是平等的道德主体和法律主体，在与行政主体形成的公法关系中，每个行政相对人都有权要求行政主体给予自己平等的对待，否则，行政主体应告知必须差别对待的理由。正如牛津大学著名的行政法学者 Denis Galligan 所言，在行政程序中，行政相对人要求行政主体给予他们平等对待的权利可以细化为两个层面的要求：一是复数以上的相对人在程序中应当具有同等的权利；二是行政主体对相同的情况应当作出相同的处理，否则必须说明理由。④ 因此，行政主体对相对人行政抗辩权的同等对待义务又可以划分为以下两个方面：

第一，行政主体在同时面对多个相对人的抗辩权时应一视同仁，平等适用法律，不得歧视。葡萄牙《行政程序法》第 5 条明确规定：“与私人建立关系时，公共行政当局应遵循平等原则，不得因被管理者的血统、性别、种族、语言、原居地、宗教、政治信仰或意识形态信仰、教

---

① 张家洋：《行政法》，三民书局 1998 年版，第 183 页。

② ［英］戴维·M. 沃克：《牛津法律大辞典》，北京社会与科技发展研究所译，光明日报出版社 1988 年版，第 303 页。

③ ［英］A. J. M. 米尔恩：《人的权利与人的多样性——人权哲学》，夏勇、张志铭译，中国大百科全书出版社 1995 年版，第 195 页。

④ Denis Galligan, *Procedural Rights in Social Welfare*, London: Rivers Oram Press, 1992, pp. 60-61.

育、经济状况、社会地位，而使之享有特权、受惠、受损害，或者剥夺其任何权利或免除其任何义务。”我国《行政处罚法》第6条规定：“公民、法人或者其他组织对行政机关所给予的行政处罚，享有陈述权、申辩权；对行政处罚不服的，有权依法申请行政复议或者提起行政诉讼。”第32条规定：“当事人有权进行陈述和申辩。行政机关必须充分听取当事人的意见，对当事人提出的事实、理由和证据，应当进行复核；当事人提出的事实、理由或者证据成立的，行政机关应当采纳。行政机关不得因当事人申辩而加重处罚。”假如甲和乙（其中，甲经济实力雄厚、社会地位高，乙则相反）都被行政主体认为同时违反了社会治安管理，并应受到相同的惩罚，而行政主体只告知甲享有抗辩权，那么与甲相比较而言，乙显然受到了不公平的对待；或者虽然行政主体告知甲和乙都享有抗辩权，但甲和乙在行使抗辩权时，行政主体只听取了甲的抗辩意见，对乙的抗辩不予理睬，那么，乙同样也受到了不公平的对待。WTO时代后的今天，行政主体对相对人行政抗辩权的同等对待义务已打破传统的国内相对人的范围。其不仅要平等对待国内相对人的行政抗辩权，而且还要平等对待国外相对人的行政抗辩权。

第二，在先后面对多个相对人的抗辩权时行政主体的处理应当前后一致，不得反复无常。我国《行政处罚法》第42条规定：“行政机关作出责令停产停业、吊销许可证或者执照、较大数额罚款等行政处罚决定之前，应当告知当事人有要求举行听证的权利；当事人要求听证的，行政机关应当组织听证。”据此，我们可以认为，关于作出责令停产停业、吊销许可证或者执照、较大数额罚款等行政处罚决定行政机关有义务告知行政相对人享有通过听证这一平台进行抗辩的权利。如果张三、李四先后违反了行政法所禁止的同类事项，并遭到了行政机关同样的责令停产停业、吊销许可证的处罚，但行政机关在作出此类处罚之前，仅告知张三享有通过听证这一平台进行抗辩的权利。显然，这违反了一致性原则，侵犯了李四的抗辩受平等对待的权利。与一致性原则紧密相关的是遵守先例原则，因为遵守先例实际上意味着一致性原则在时间上的体现，即现在的情况与以前相同的情况同样对待。① 遵守先例原则，具

① 参见王锡锌《行政过程中相对人程序性权利研究》，《中国法学》2001年第4期。

有重要的意义：其一，遵守先例有助于促使法律的一致性；其二，遵守先例有助于保证法的确定性和可预测性；其三，遵守先例有助于效率的提升，此外，人们处理当下的事情在一定程度上依赖于过去的经验。①因此，遵守先例原则有助于行政主体合法、正当地履行平等对待相对人抗辩权的义务。

2. 行政主体对行政抗辩权的差别对待义务。差别对待奠基于实质平等原理的基础之上。20 世纪以来各国宪法、法律及国际人权法对公民的平等权的规定，已逐渐从形式规则上的正义转向追求“实质正义”，承认“合理的差别对待”，以实现实质的平等。②“既然现实中人们必然客观地存在着许多差别，如果在法律上完全无视这些差别而加以机械地均一化，则反而是不合理的和非现实的。为此，实质上的平等原则在一定的方面和程度上允许合理的差别。”③ 当行政相对人不同或其所处情况不同时，行政主体就应针对相对人抗辩权作出不同对待。行政主体对行政抗辩权的差别对待义务也可以表现在两个方面：一是实现强弱相对人之间的比例平等，即给予弱相对人的抗辩权更多的保护从而形成弱相对人与强相对人具有相同起点的平等，如对于作为文盲或法盲的相对人行政主体应允许其通过口头表达抗辩意见，并对其意见做好相应的笔录；如果其口头表达抗辩意见不清楚，行政主体还应做适当的引导；如果其压根儿不知道怎么提出抗辩意见，行政主体还可以为其安排适当的代理人等。二是在行政活动中，针对行政相对人所涉的不同情况，行政主体对相对人的抗辩权也应做区别对待。如我国《行政处罚法》第 42 条规定：“行政机关作出责令停产停业、吊销许可证或者执照、较大数额罚款等行政处罚决定之前，应当告知当事人有要求举行听证的权利。”对此，如果相对人要求举行听证，则行政主体应采取听证会的形式听取相对人的抗辩意见。而我国《行政处罚法》第 33 条规定的行政处罚简易程序：“违法事实确凿并有法定依据，对公民处以五十元以下，对法人或其他组织处以一千元以下罚款或警告的行政处罚的，

---

① David Lyons, “Formal Justice and Judicial Precedent”, *Vanderbilt Law Review* , Vol. 38, 1985, pp. 495–512.

② 参见杨解君《行政法平等原则的局限及其克服》，《江海学刊》2004 年第 5 期。

③ 林来梵：《从宪法规范到规范宪法：规范宪法学的一种前言》，法律出版社 2001 年版，第 116 页。

可以当场作出行政处罚决定。”对此，如果相对人提出抗辩意见，则行政主体不需要采取听证会的形式听取相对人的抗辩意见，即只需给予相对人一个说话和表示异议的机会，相对人的抗辩一般以书面形式进行。

二　行政主体对行政抗辩权平等对待义务之法律价值

相对人平等抗辩权的确立，具有重要的意义，它有助于提高相对人在行政程序中的地位，加强对行政主体依法行政的监督，实现行政立法、行政决策以及行政执法等活动的公平与公正，增进行政主体与相对人间的合作关系以及提升行政效能。具体来说，行政主体对行政抗辩权平等对待义务之法律价值主要体现在下述诸方面：

1. 凸显相对人的主体地位，促进行政民主。“民主意味着形式上承认公民一律平等，承认大家都有决定国家制度和管理国家的平等权利。”① 民主可以分解为“哲理性民主”与“程序性民主”，前者反对世袭的、专横的等级差别，尊重每个人的人格价值，要求每一个人都具有平等的、充分的自由权利，注重每个人的自由民主权利，倾向于一种社会理想的追求；后者注重政治技术上的制度化建设，要求设计和建立切实的法律程序、畅通的参与途径、完善的制度体系来保障每个人的自由民主权利的充分实现和选择，反映了人类对有效国家和社会管理方式的追求。② 在行政领域，为了保证行政主体权力的行使符合民主精神，当某种不利行政决定作出之前，必须为每个相对人提供一个平等抗辩的机会。行政过程中相对人平等抗辩是行政民主的核心内容和主要标志。相对人平等参与行政抗辩意味着公共行政的开放性和服务性、行政的非武断性和协商性的统一性以及实现了对相对人的主体性和自尊性的保障。③ 反之，如果行政主体在行政过程中对相对人的抗辩权存歧视态度与践行歧视行为，则所谓的行政民主性与人的主体性的实现只能成为幻影。因此，行政主体对行政抗辩权的平等对待义务是实现相对人的主体性与行政民主化的必然要求。

---

① 《列宁全集》第 31 卷，人民出版社 1980 年版，第 96 页。

② 周少来：《多重视角下的民主体认方式》，《青海师范大学学报》（社会科学版）1996 年第 1 期。

③ 叶必丰：《行政法的人文精神》，湖北人民出版社 1999 年版，第 209 页。

2. 强化权利对权力的制约，体现行政法治的精神。法治的基本精神必然表现为专断权力必须受到约束，公民或者公众的权利用来制约有关主体手上握有的国家权力。① “使用绝对的专断权力，或不以确定的、经常有效的法律来进行统治，两者都是与社会和政府的目的不相符合的。如果不是为了保护他们的生命、权利和财产起见，如果没有关于权利和财产的经常有效的规定来保障他们的和平与安定，人们就不会舍弃自然状态的自由而加入社会和甘受它的约束……因为，既然政府所有的一切权力，只是为社会谋幸福，因而不应该是专断的和凭一时高兴的，而是应该根据既定的和公布的法律来行使；这样，一方面使人们可以知道他们的责任并在法律范围内得到安全和保障，另一方面，也使统治者被限制在他们的适当范围之内……”② 众所周知，行政权力是最容易膨胀、最容易被滥用的权力，因此，法治精神的核心是行政权力要受到法律的控制。“行政相对人是依法行政的最大受益者，同时也是行政违法的最大受害者，应当说行政相对人对依法行政问题最为关心和重视，但作为与依法行政具有这种最重要利害关系的主体，如果他们对实现依法行政没有参与能力或积极作用，则是一种制度的缺陷。”③ 显然，参与行政主体不利决定的核心是抗辩，当行政主体行使权力的恣意和任性受到来自相对人的依法抗辩时，就会减少违法行政行为的发生，就有助于行政法治目标的实现。具体而言，行政主体对相对人行政抗辩权履行平等对待义务所体现的法治行政精神至少可从两个方面加以说明：一是相对人的平等抗辩权本身就体现了宪法的平等理念与法治的基本精神，因此，在行政领域，行政主体平等对待相对人的抗辩权，必然也就体现了法治行政精神；二是相对人在特定的行政活动中行使平等抗辩权，不仅能够预防行政主体违法行政，而且能够纠正行政主体拟作出的不合理或违法的行政决定，促使最终正式的行政决定趋于合法化、正当化。

3. 增强行政决定的可接受性，减少实施的阻力。“通过以一种公众认为公平的方式作出决定，当政者可以获得对这些决定的更大认可，就

---

① 关保英：《论行政不歧视义务》，《法律科学》（西北政法学院学报）2016 年第 2 期。

② ［美］布雷恩・Z. 塔玛纳哈：《论法治——历史、政治和理论》，李桂林译，武汉大学出版社 2010 年版，第 62—63 页。

③ 方世荣：《论行政相对人》，中国政法大学出版社 2000 年版，第 171 页。

使得决定涉及的各方更容易服从。”① 在行政领域，无论是行政立法、行政决策抑或是行政执法，只要行政主体拟作出的抽象决定或具体决定对相对人有不利情形，就应告知相对人享有平等抗辩权并应充分听取其抗辩意见，否则，行政主体最终的决定很难使相对人心悦诚服，从而不利于其实施的有效性。个中缘由可从两个相反的角度予以诠释：一方面，如果行政主体拟作出某种不利的抽象决定或具体决定之前，所针对的行政相对人为复数以上，但只告知其中一个或部分相对人享有抗辩权或虽然告知了与案情有关的所有相对人享有抗辩权，但只充分听取了其中一个或部分相对人的抗辩意见，这样很可能会导致最终的决定无法实施。因为没有被告知享有抗辩权的相对人，很可能就没有参与对不利的行政决定的抗辩，对整个行政决定的过程一无所知，那么即使不利的行政决定是合法的，很可能会遭到排斥；而有的相对人虽然被告知享有抗辩权，但在参与行政抗辩的过程中，行政主体不充分听取其抗辩意见，从而使所作出的决定也可能遭到排斥。另一方面，行政主体拟作出某种不利决定之前，如果告知所有相对人享有平等抗辩权并充分听取了其抗辩意见，则相对人不仅会认可最终所作出的决定，而且还会积极协助行政主体对这种决定的实施。因为有了相对人平等地参与抗辩，行政过程不再仅是行政主体内部的工作流程，而表现为行政主体与相对人之间的联系纽带；行政决定不再只是行政主体的单方意志，而是融入了相对人的意志成为行政主体与行政相对人共同作用的结果。“这种反复沟通和交流，可以将行政意志融化为相对人意志，也可以将相对人意志吸收到行政意志中，从而使行政法关系真正具有双方性，使相对人真正成为行政法关系的主体。”② 总之，在行政法治领域，增强行政决定的可接受性，减少实施的阻力，离不开行政主体对相对人抗辩权平等对待义务的有效履行。

三　行政主体对行政抗辩权平等对待义务之实现途径

当前我国行政法治实践中还存在着行政主体违反对行政抗辩权平等

---

① ［日］谷口安平：《程序的正义与诉讼》，王亚新、刘荣军译，中国政法大学出版社1996年版，第235页。

② 叶必丰：《行政法的人文精神》，湖北人民出版社1999年版，第212页。

对待义务的各种情形：（1）因相对人身份地位的不同，对其行政抗辩权采取不平等对待。“社会归根到底是由个人组成的。每个人都在社会上占据着由社会规定的一个或更多的位置——女人、木匠、教师、儿子、老人等等。”① 而且人类社会中因社会主体的身份地位的不同而受到不平等的对待一直存在着，正如美国学者所指出的：“美国人总是坚定地相信抽象的平等理想。从《独立宣言》里鼓舞人心的语句断言人人生而平等是不言自明的真理，到今天的种种政治言论，都可以为我们文化中这一根本的价值观找到充分的证据。然而，过去和现在的现实，以及仍然延续的不平等模式却与这种明确的理想背道而驰。”② 在行政法治领域，行政主体针对身份地位不同的相对人的抗辩权，也表现了不平等对待的情形，如对于“富二代”与“官二代”的抗辩予以虚心、充分听取，而对于“穷二代”与“民二代”的抗辩则不予理睬，甚至还加重处罚等。（2）因相对人态度的不同，对其行政抗辩权采取不平等对待。在我国行政法治实践中，有的行政相对人对行政主体的抗辩态度不好，如抗辩的语气较重、抗辩的语言不中听以及抗辩的表情难看等，时常导致行政主体在作出某种决定的过程中不听取此类相对人的抗辩意见，甚至最终作出的行政决定有加重的情形。然而，在行政主体拟作出某种行政决定之前，相对人的抗辩“可以非常理性地面对行政主体及其行政行为，也可以非理性地面对行政主体及其行政行为，只要行政相对人不存在违反行政法的行为，他的任何态度都是合法的，也许是不合理的，而这样的不合理性还不足以使行政主体的行政行为发生改变”③。（3）因相对人亲疏关系的不同，对其行政抗辩权采取不平等对待。此种情形在我国行政法治实践中表现为宏观与微观两个层面：就宏观层面而言，指在行政主体与本地区或者其所辖地区的行政相对人的行政抗辩权法律关系中，行政主体偏向于更尊重与保障此类相对人的抗辩权，而在行政主体与本地区外或者其所辖地区外的行政相对人的行政抗辩权法律关系中，行政主体则忽视甚至侵害此类相对人的抗辩权。就微

---

① ［美］伊恩·罗伯逊：《社会学》（上册），黄育馥译，商务印书馆1994年版，第104页。

② ［美］文森特·帕里罗等：《当代社会问题》，周兵等译，华夏出版社2002年版，第172页。

③ 关保英：《论行政不歧视义务》，《法律科学》（西北政法学院学报）2016年第2期。

观层面而言，指在行政主体与自己有亲属关系或其他较为亲近的利害关系的行政相对人的行政抗辩权法律关系中，行政主体偏向于更尊重与保障此类相对人的抗辩权，而在行政主体与普通行政相对人的行政抗辩权法律关系中，行政主体则忽视甚至侵害此类相对人的抗辩权。因此，为了有效实现行政主体对相对人行政抗辩权的平等对待义务，我们必须在立法上与行政活动中作出下述回应：

1. 立法上应明确规定行政主体对行政抗辩权的平等对待义务。目前我国行政法还未明确规定行政主体对行政抗辩权的平等对待义务。如《行政处罚法》第 6 条规定："公民、法人或者其他组织对行政机关所给予的行政处罚，享有陈述权、申辩权；对行政处罚不服的，有权依法申请行政复议或者提起行政诉讼。公民、法人或者其他组织因行政机关违法给予行政处罚受到损害的，有权依法提出赔偿要求。"这里只赋予相对人针对行政主体的行政处罚享有抗辩权（此处的申辩权，即抗辩权），但未明确规定相对人是否享有平等的抗辩权。《行政处罚法》第 32 条规定："当事人有权进行陈述和申辩。行政机关必须充分听取当事人的意见，对当事人提出的事实、理由和证据，应当进行复核；当事人提出的事实、理由或者证据成立的，行政机关应当采纳。行政机关不得因当事人申辩而加重处罚。"相较于上述规定，本规定有所完善与发展，因为它不仅赋予了相对人享有抗辩权，而且课以行政主体应充分听取相对人的抗辩意见，应当采纳正确的抗辩意见以及不应当因相对人的抗辩而加重处罚的义务，但仍未能明确看出行政主体对行政抗辩权的平等对待义务。此外，《行政许可法》虽然赋予相对人有对行政许可不利的情形享有抗辩权以及行政主体有义务听取相对人的抗辩意见，但同样未能明确规定行政主体对行政抗辩权的平等对待义务，如《行政许可法》第 7 条规定："公民、法人或者其他组织对行政机关实施行政许可，享有陈述权、申辩权；有权依法申请行政复议或者提起行政诉讼；其合法权益因行政机关违法实施行政许可受到损害的，有权依法要求赔偿。"第 36 条规定："行政机关对行政许可申请进行审查时，发现行政许可事项直接关系他人重大利益的，应当告知该利害关系人。申请人、利害关系人有权进行陈述和申辩。行政机关应当听取申请人、利害关系人的意见。"

由于行政法缺失关于行政主体对行政抗辩权的平等对待义务的明确规定，从而导致了我国行政法治实践中诸多侵犯相对人平等抗辩权的情形。邓小平同志早已指出："制度好可使坏人无法任意横行，制度不好可以使好人无法充分做好事，甚至会走向反面。不是说个人没有责任，而是说制度带有根本性、全面性、稳定性和长期性。"① 因此，立法上应明确规定行政主体对行政抗辩权的同等对待义务以及行政主体对行政抗辩权的差别对待义务。此类义务属于行政主体的程序义务，"程序是法律的生命形式，因而也是法律的内部生命的表现"②。故而，行政法律制度的内容不能仅有实体性权利义务的规定，"制度仅有实体的权利义务规范是不够的，是程序性规范作为线索和链条将不同权利义务相连成为活的制度"③。当前必须尽快出台一部适合我国国情的《行政程序法》，其中明确规定行政主体应平等对待包括相对人抗辩权在内的所有权利的义务，并对违反此类义务所应承担的责任作出明确规定，从而使相对人的平等抗辩权获得有效尊重。

2. 行政活动中应遵循若干重要制度。前述立法明确规定行政主体应平等对待相对人抗辩权的义务，为相对人平等抗辩权的保护提供了基础，但行政主体究竟应当怎样活动，才能防范对平等抗辩权的侵犯，这是应予以正视的一个重要问题。我们认为，行政主体除了遵守前面所提到的统一的《行政程序法》之外，还应遵循行政回避、行政职能分离以及行政不单方面接触等配套制度。回避制度起源于人类应得到公平对待的自然本性，该制度最早产生于司法程序中，指"法官在某个案件中拒绝行使审判权的一种特权和义务。由于法官与某一方当事人存在亲属关系或因案件的结果可能产生与其有关的金钱或其他利益，他可能被怀疑带有某种偏见，因而不参加该案的审理"④。近代行政程序法的发展，借用诉讼法上的回避制度而建立了行政程序法上的回避制度。回避的事由主要包括"偏私"和"利害关系"两种情形，对于前者，美国行政

---

① 《邓小平文选》第3卷，人民出版社1994年版，第333页。

② 《马克思恩格斯全集》第1卷，人民出版社1995年版，第178页。

③ ［奥］凯尔森：《法治国家的一般理论》，沈宗灵译，中国大百科全书出版社1984年版，第56页。

④ ［英］戴维·M. 沃克：《牛津法律大辞典》，北京社会与科技发展研究所组织编译，光明日报出版社1989年版，第247页。

学者K. C. 戴维斯曾经指出程序活动中的偏私可能有三种情形：（1）对法律和政策理解上的某种偏好；（2）对特定情况下事实认定的偏好；（3）对特定当事人的偏爱。① 后者指“案件处理的结果会影响到负责处理案件的行政机关工作人员的金钱、名誉、友情、亲情等增加或减损”②。显然，行政主体遵守行政回避制度有利于在作出某种不利决定之前平等对待相对人的抗辩权。

关于行政回避，我国的一些重要单行法有所规定，如《行政处罚法》第37条规定：“执法人员与当事人有直接利害关系的，应当回避”，第42条规定：“听证由行政机关指定的非本案调查人员主持；当事人认为主持人与本案有直接利害关系的，有权申请回避。”《行政许可法》第48条规定：“行政机关应当指定审查该行政许可的工作人员以外的人员为听证主持人，申请人、利害关系人认为主持人与该行政许可事项有直接利害关系的，有权申请回避。”但同西方发达国家的行政回避制度相比，还有诸多不足，比如回避的人员范围不明确、回避的程序有所缺失以及违反回避制度的法律后果不明确等。对此，立法应当予以完善。例如关于行政机关工作人员回避的范围，应当体现在下述几方面：（1）当事人中有其亲属的；（2）与当事人的代理人有亲属关系的；（3）在与本案有关的程序中担任过证人、鉴定人的；（4）与当事人之间有监护关系的；（5）当事人为社团法人，行政机关工作人员作为其成员之一的；（6）与当事人有公开敌意或者亲密友谊的；（7）其他有充分证据可以证明行政机关工作人员不能公正处理案件的。③

行政职能分离，简单地讲，主要是指行政主体的调查、指控的职能与裁决职能的分离。“程序上的职能混合，特别是调查、指控的职能与裁决职能的混合，不论是在实质上还是在形式上都可能影响裁判者的中立性。如果主持调查或指控的主体同时又是作出决定的主体，那么作出决定的主体就很难独立地、不受影响地作决定，因为他很难避免调查或

---

① Martin H. Redish and Lawrence C. Marshall，“Adjudicatory Independence and the Value of Procedural Due Process”，*Journal of yale Law*，Vol. 95，1986，p. 492. 转引自王锡锌《行政过程中相对人程序性权利研究》，《中国法学》2001年第4期。

② 姜明安主编：《行政法与行政诉讼法》，北京大学出版社、高等教育出版社2007年版，第381页。

③ 同上书，第382—383页。

指控所赋予他的职能的影响。”[1] 因此，行政主体遵守行政职能分离制度也有利于在作出某种不利决定之前平等对待相对人的抗辩权。美国行政程序法与标准州行政程序法都规定了调查职能与裁决职能的分离，我国《行政处罚法》也规定了行政处罚实施中的调查权与决定权分离的原则。“职能分离制度作为权力制约机制，可以防止职能合并引发的行政专制主义，有利于防止执法人员的先入为主，保证行政决定公正准确，有利于消除公众对行政机关偏私的疑虑。”[2] 行政不单方面接触，主要指行政主体在做出某种裁决之前，不能在一方相对人不在场的情况下单独与另一方相对人接触，听取其陈述，甚至接受和采纳其证据等。美国《联邦行政程序法》第554条规定，行政机关进行裁决应为所有利害关系当事人提供机会，使他们能提出各种事实、证据和解决办法，主持接收证据的职员不能向某个当事人单独征询意见，如需征询意见，必须向各方当事人发出通知，使所有当事人都有机会参加。行政不单方接触“主要在于防止行政腐败，减少私下权钱交易，同时防止行政工作人员受一方相对人情绪化陈述及虚假片面性证据的影响而形成偏见，导致对其他当事人不利，损害其他当事人的合法权益”[3]。因此，行政主体遵守行政不单方接触制度也有利于在作出某种不利决定之前平等对待相对人的抗辩权。

第二节　行政主体对行政抗辩权的告知义务

一　行政主体对行政抗辩权告知义务的法律意义

关于行政主体的告知义务的界定，学界存在诸多探讨，见仁见智，学者石佑启认为，行政主体的告知义务是指行政主体在实施行政行为的过程中，除法律规定的不予公开的情形外，应将行政行为的依据、过程、结果以及情报信息资料等方面的内容向相对人公开，让其知晓和了

① 王锡锌：《行政过程中相对人程序性权利研究》，《中国法学》2001年第4期。
② 张引：《行政程序法的基本原则及相应制度》，《行政法学研究》2003年第2期。
③ 同上。

解相关情况的一种制度。[①] 又如学者汤德宗认为，台湾行政程序法上的行政主体告知包括三种：第一种指为了使程序权利人及时采取程序行为、行使程序权利（例如“陈述意见”），名曰“预告”（prior/advanced notice）。第二种指行政机关作成终局行政决定后，将决定之内容告知程序当事人与利害关系人，使其知悉并生效，名曰“决定告知”。第三种指在终局行政决定中一并告知当事人不服该决定时，所得利用之救济方法、期间及其受理机关，协助其维护权益，名曰“救济途径之教示”。[②] 行政抗辩权作为行政法中的一种核心的程序权利，源于宪法中的公民表达权，指在行政程序中行政相对方针对行政主体在拟作出的抽象规定、决策或具体决定之前所提出的不利影响，依据其掌握的事实依据和法律依据对行政主体进行辩解、质证或反驳，旨在法律上消灭或减轻行政主体对其提出的不利影响的权利。因此，本书认为，行政主体对行政抗辩权的告知义务，是一种行政事前告知义务，指行政主体对行政相对人拟作出不利的抽象决定或具体决定之前，应当告知其享有行政抗辩权资格、行政抗辩的对象、方式、时间以及地点等的一种法律制度。

行政告知义务是公开原则在行政程序中的必然要求，“阳光是最好的防腐剂，电光是最好的警察”[③]。“一切肮脏的事都是在阴暗的角落里完成的。明辨是非，追求正义的法律过程必须是透明的。”[④] 美国著名学者戴维斯教授指出：“公开是专横独断的自然敌人，也是对抗不公的自然盟友。”[⑤] “如果一个政府是真正的民有、民治、民享的政府的话，人们必须能够详细地知道政府的活动。没有任何东西比秘密更能损害民主，公众没有了解情况，所谓自治、所谓公民最大限度地参与国家事务都只是一句空话。如果我们不知道我们怎样受管理，我们又怎么能够管理自己呢。”[⑥] 因此，行政主体履行告知义务的法理基础应为“相对人在行政法律关系中的所处的主体性法律地位，而行政相对人获得这种主

① 石佑启：《论平等参与权及其行政法制保障》，《湖南社会科学》2008 年第 8 期。
② 参见汤德宗《行政程序法论》，元照出版公司 2000 年版，第 82—83 页。
③ ［美］伯纳德·施瓦茨：《行政法》，徐炳译，群众出版社 1983 年版，第 39 页。
④ 陈端洪：《法律程序价值观》，《中外法学》1997 年第 6 期。
⑤ 转引自罗传贤《行政程序法基础理论》，五南图书出版公司 1993 年版，第 111 页。
⑥ 王名扬：《美国行政法》（下卷），中国法制出版社 1995 年版，第 959—960 页。

体性法律地位直接导源于现代宪法中国家对公民权利和自由的尊重和保护的理念”①。行政告知义务之于行政抗辩权而言，可谓是水与鱼的关系，密不可分，因此，行政主体对行政抗辩权的告知义务具有重要的法律意义。英国的丹宁勋爵曾言：“如果被听取意见的权利要成为有价值的真正的权利，它必须包括让被控诉人了解针对他而提出的案情的权利。他必须知道提出了什么证据，有些什么损害他的说法；然后他必须得到纠正或驳斥这些说法的公平机会。”② 日本学者芝池义一也赞同获得行政主体的事前告知对于行政相对人有效地行使抗辩权具有重要法律意义，他认为，在听证程序的开始部分设置事前通知的环节，其价值在于行政厅通过履行该项程序规定，可以告知行政处分的当事人听证程序的内容，使当事人以及其他程序参加人在听证期日能够有效地陈述意见、提交证据以及进行其他相应的活动。③ 我国学者章剑生认为：“抗辩权是以获得通知权利为前提的。获得通知权利的实现可以使行政相对人了解行政主体对其作出不利决定的依据，从而使行政相对人可以找到反驳的目标。如果行政主体没有将作出不利决定的依据通知给行政相对人，行政相对人的抗辩权就会因此而丧失抗辩对象。”④ 申言之，行政主体对行政抗辩权的告知义务的法律意义主要体现在下述两个维度：

第一，有利于保障相对人的尊严或主体性地位，从法律程序“本位性价值”角度看，当政府行使权力可能影响个人权利时，告知该个人有关的信息（享有抗辩的资格，抗辩的对象、方式等）不仅体现了程序对个人尊严的承认和尊重，而且还意味着程序将个人当作值得尊重的主体来对待。⑤ 法律程序“本位性价值”立足于程序本身是否具有某些独立于结果的“内在品质”，诸如个人尊严、理性、程序公平及正义等。学者城仲模认为人性尊严具有下述本质：（1）人的最后目的性，即人

---

① 章剑生：《论行政程序法上的行政公开原则》，《浙江大学学报》（人文社会科学版）2000 年第 6 期。

② ［英］威廉·韦德：《行政法》，徐炳等译，中国大百科全书出版社 1997 年版，第 181 页。

③ 转引自朱芒《行政程序中正当化装置的基本构成——关于日本行政程序法中意见陈述程序的考察》，《比较法研究》2007 年第 1 期。

④ 章剑生：《论行政相对人在行政程序中的参与权》，载浙江大学公法与比较法研究所编《公法研究》（第二辑），商务印书馆 2004 年版。

⑤ ［美］罗伯特·诺奇克：《无政府、国家与乌托邦》，中国社会科学出版社 1991 年版，第 330 页。

的存在，本身就是目的，而且是最高最后的目的；（2）宪法中人性尊严的核心内涵是自治与自决；（3）人性尊严的权利主体是每个人。[①] 毋庸置疑，作为一种法律程序，“行政主体对行政抗辩权的告知义务”能促进相对人的尊严或主体性地位的保障。“一些学者的心理学研究证实，一个人在对自己的利益有着有利或不利影响的决定制作过程中，如果不能向决定者提出自己的观点，不能与其他各方及决定者展开有意义的论证、说服和交涉，就会产生强烈的不公平感。这种感觉源于其权益受到忽视、其人格主体地位遭到否定的这样一种现实。”[②]

在行政程序中对行政主体拟作出的不利决定行政相对人不仅可以进行辩解，而且可以质疑行政主体所出示的证据并提出对自己有利的证据，甚至可以反驳对方的主张，显然，行政程序抗辩权的行使，是行政相对人主体地位的体现，是人性尊严被尊重的标志。因此，如果行政主体作出不利决定之前没有及时告知行政相对人有抗辩的权利无疑是对相对人的理智与尊严的冷漠，因为这种态度不但无助于塑造一个自律、自主的相对人，而且也使相对人难以找到令人幸福的自我价值感。贝勒斯教授认为：“一个人在对自己利益有影响的判决制作之前，如果不能向法庭提出自己的主张和证据，不能与其他各方及法官展开有意义的辩论、证明和说服，就会产生强烈的不公正感，这种感觉源于制裁者对其利益的忽视，他的道德主体地位遭到法官的否定，他的人格尊严遭到贬损。”[③] 这虽然是说诉讼程序辩论权的缺失会导致人的尊严权利遭践踏，但同样在行政程序领域，如果行政主体没有告知相对人享有行政抗辩权，从而导致相对人的行政抗辩权不能有效行使，也必然使相对人的尊严或主体性地位荡然无存。

第二，有利于保障相对人的实体性权利，从法律程序“工具性价值”角度看，程序是借以实现实体权利的工具或手段。如功利主义法学创始人边沁认为：“对于实体部分来说唯一值得捍卫的对象或目的是社会最大多数成员的最大幸福。而对于实体法的附属部分，唯一值得捍卫的对象或目的，就是最大限度地把实体法付诸实施……程序的最终有效

① 城仲模主编：《行政法之一般法律原则》，三民书局1994年版，第13页。
② 徐亚文：《程序正义论》，山东人民出版社2004年版，第218页。
③ 转引自孙笑侠《程序的法理》，商务印书馆2005年版，第107—108页。

性要取决于实体法的有效性。”① “只有当程序性权利与实体性权利相适应、相佐证、相协调时，权利才能得到完整的表现，才会有实现的可能。”② 因此，作为一种法律程序，“行政主体对行政抗辩权的告知义务”能促进相对人实体性权利的保障。美国宪法上的“正当法律程序”主要是一个程序性条款，其主要目的就是为特定的实体权利提供“正当程序”的保障。当然，适用“正当程序”条款的前提是个人的“生命、自由或财产”等实体权利可能受政府权力作用的影响。换言之，只要个人所享有的某些实体权利可能受侵害，无论侵害之大小，个人都有权主张正当程序所要求的程序保障。同理，行政程序抗辩权的启动也是以行政主体拟作出的决定对行政相对人的实体权益有不利影响为前提，无疑，行政主体履行告知相对人享有行政抗辩权的义务，使相对人在行政程序中对行政主体拟作出的不利决定之理由予以抗辩，对合法、正当的意见，行政主体应当采纳，从而能有效保障相对人现有的实体权益。

二　行政主体告知相对人享有行政抗辩权资格的义务

行政主体的活动若处于内部封闭状态，相对人在程序之外不能知晓、不能参加抗辩也就无从表达抗辩意见，这是无法实现相对人抗辩目的的。相对人享有行政抗辩权资格与行使行政抗辩权有一定区别。行使行政抗辩权意味着相对人能自由地表达意愿，而享有行政抗辩权资格意味着相对人有资格并获得有效表达的特定时机和条件，没有后者作保障，前者就失去有效行使的机会而不能发挥应有作用。实践中，许多相对人不知道自己享有行政抗辩权资格，而通过行政主体的告知可以弥补此缺失，因此，行政主体在拟作出不利决定之前履行告知相对人享有行政抗辩权资格的义务具有不可或缺的价值。我国《行政处罚法》第 31 条规定：“行政机关在作出行政处罚决定之前，应当告知当事人作出行政处罚决定的事实、理由及依据，并告知当事人依法享有的权利。”其中的“告知当事人依法享有的权利”没有明确规定是否包括抗辩权，我们认为应该包括抗辩权。因此，行政主体具有告知相对人享有行政抗

① 转引自王锡锌《行政程序法理念与制度研究》，中国民主法制出版社 2007 年版，第 73 页。

② 孙笑侠：《论法律程序中的人权》，《中国法学》1992 年第 3 期。

辩权资格的法定义务。当然，行政主体在告知相对人享有行政抗辩权资格之前应当对相对人是否享有行政抗辩权资格进行确认。

确认相对人享有行政抗辩权资格的标准是相对人与行政主体的某种行政活动（行政立法、行政决策或行政执法等）有利害关系，即行政主体拟作出的某种决定（行政立法决定、行政决策决定或行政执法决定等）对相对人将带来不利影响。如国务院拟制定一个关于私人企业所得税实施条例的行政法规，那么这里的私人企业就具有参与行政立法抗辩资格，因为它们与国务院拟制定的私人企业所得税实施条例有利害关系。再如某县政府为加强对本县中巴车的管理，维护城市良好的交通秩序，准备重新作出对中巴车运价的决策，那么本县境内乘坐中巴车的消费者与中巴车的经营者就具有参与行政决策的抗辩资格，因为他们与县政府拟重新作出对中巴车运价的决策有利害关系。行政主体确定了相对人的行政抗辩权资格后，接下来就是怎样有效告知具有行政抗辩权资格的相对人，从而使某个、某类甚至作为公众的相对人知晓自己享有行政抗辩权资格。针对不同情形的相对人，行政主体应当履行不同的告知方式，如行政活动所不利影响的相对人不特定或人数众多，则行政主体应在政府公报、重要报纸、电视等媒体以及政府门户网站上通过公告的方式告知其享有行政抗辩权资格；如行政活动所不利影响的相对人是特定的或人数较少，则行政主体应以口头或书面通知的方式告知其享有行政抗辩权资格。

三　行政主体告知相对人抗辩对象的义务

上述行政主体履行告知相对人抗辩资格的义务，还只是为相对人行使抗辩权提供可能性，要促进相对人逐渐实现抗辩权的行使，还需要行政主体履行一个核心的义务，即告知相对人抗辩对象的义务。此义务可以进一步划分为告知相对人抗辩对象的内容、形式及要求三个部分。

行政主体告知相对人抗辩对象的内容，我国法律有所规定，如我国《行政处罚法》第31条规定：“行政机关在作出行政处罚决定之前，应当告知当事人作出行政处罚决定的事实、理由及依据，并告知当事人依法享有的权利。”其中，“行政处罚决定的事实、理由及依据”，即行政主体应告知相对人抗辩对象的内容，但此规定一方面还过于抽象，另一方面还不太周延，从而在实践中导致行政主体违法告知或不合理告知的情形时有发生。我们认为，不管行政主体拟作出的是行政处罚决定还是其他行政决定，都应向相对人告知决定的“事实、理由及依据”，因此，我国未来统一的行政程序法典应规定所有的行政决定（抽象的或具体的）只要在作出之前将对相对人造成不利影响，行政主体就应履行告知相对人“事实、理由及依据”的抗辩对象的义务，除此之外，还应履行告知应有的其他抗辩对象内容的义务。为了清晰、完整地阐述行政主体告知相对人抗辩对象的内容，我们可以从两个方面加以说明：一是关于“事实、理由及依据”的说明，众所周知，“事实”有客观事实和法律事实之分，后者指的是依照法定的程序和标准确认的事实，而行政主体告知相对人抗辩对象的事实应该是法律事实。“理由”不是指拟作出的行政决定的事实依据和法律依据，“而是指行政主体之执法人员对于法律依据的解释、演绎、对案件事实的归纳、法律定性以及做出决定时所考虑的在法律上应当考虑的各种因素。即执法人员对于整个案件中所涉主要证据、要件事实和法律适用的推理过程”①。“依据”应解释为行政主体拟作出的行政决定的法律依据，但此处的法律应作广义解释，包括宪法、法律、行政法规、地方性法规、规章等。如《湖北省行政执法条例》第15条规定：“行政执法的依据：（一）宪法、法律、行政法规、地方性法规和地方民族法规；（二）国务院各部委和国务院授权的直属机构制定、发布的部委规章；（三）省人民政府以及省会市的人民政府制定、发布的行政规章。”

二是行政主体应告知的其他抗辩对象内容，即除了“事实、理由及依据”之外，还应包括“主体资格、行政证据、自由裁量的主要因素”等内容。“主体资格”指拟作出某种行政决定的行政主体应是具有法定职权的主体，如美国《联邦行政程序法》第552条规定，每个机关都应使公众可以获得下列信息：机关的组织状况、职权范围……第554条规定，行政听证告知采用书面形式，在听证通知书中包括举行听证的法律依据与管辖权。日本《行政程序法》第15条规定了主管听证事项的组织名称和地址。“行政证据”指证明行政案件事实的根据，对于拟作出

① 蔺耀昌：《行政行为说明理由制度比较研究》，《行政论坛》2005年第3期。

的行政决定是否具有正当性与合法性有着重要的作用，因此，行政主体也应把行政证据告知相对人，以利于相对人的有效抗辩。自由裁量权是指“在法律规定的条件下，行政机关根据其合理的判断，决定作为或不作为，以及如何作为的权力”①。行政自由裁量权是一把双刃剑，如果被滥用则会危及相对人的合法权益。因此，行政主体应把“自由裁量的主要因素”告知行政相对人，而相对人可以依据事实与法律等判断其是否合法正当，进而提出自己有效的抗辩意见。

行政主体告知相对人抗辩对象的形式，主要包括主动告知与被动告知两种形式。前者指行政主体依职权主动告知相对人抗辩的对象，如葡萄牙《行政程序法》第55条规定“由行政当局依职权开展程序时，如在该程序内将作出的行为可能损害某人的权利或受法律保护的利益，且即时可得到该人的身份资料，则须将该程序的开展告知该人”。后者指行政主体依相对人的申请或要求而告知相对人抗辩的对象，如韩国《行政程序法》第37条规定“当事人可向行政主体要求阅览或复印关于案件调查结果的文书及与处分相关的文书，除其他法令限制公开的情况外，行政主体不得拒绝”；瑞士《行政程序法》第26条规定“当事人或其代理人有权……请求阅览卷宗：当事人之书状及官署之讯问笔录、所有作为证据之文件、已宣示之行政处分之笔录”等。我国《行政许可法》既规定了行政主体的主动告知义务，也规定了行政主体的被动告知义务，如第30条规定了行政许可的事前告知的内容，“行政主体应当将法律、法规、规章规定的有关行政许可的事项、依据、条件、数量、程序、期限以及需要提交的全部材料的目录和申请书示范文本等在办公场所公示。申请人要求行政主体对公示内容予以说明、解释的，行政主体应当说明、解释，提供准确、可靠的信息”。

关于行政主体告知相对人抗辩对象的要求，大致体现在“全面、充分、准确”等方面，“全面”是指行政主体应当对抗辩对象的全部情况予以告知，如对于法律事实，行政法治实践中，行政主体通常“所公开的事实只是大前提式的事实或者结论性事实，而对于支持和演绎这些大

① 罗豪才主编：《行政法学》，北京大学出版社1996年版，第102页。

前提和结论的具体事实则不予公开”[①]。因此，“全面”告知的法律事实既应包括大前提式的事实、结论性事实，又应包括大前提和结论的具体事实。再如法律依据，从广义的角度来看，某种拟作出的行政决定的法律依据包括法律、法规、规章以及其他行政管理规范性文件，“无论如何行政主体对其作出行政行为时所依据的规范性文件有绝对的公开化的义务”。因此，“全面”告知的法律依据也应包含其他行政管理规范性文件。“充分”指行政主体应当对抗辩对象予以充分告知，正如德·史密斯所说，由于告知的目的就是让当事人能够及时作出有针对性的表述，[②] 所以，告知必须包含足够的必要信息以使当事人能够充分地准备相关的证据以支持自己的观点或立场。[③]“准确”是指行政主体对相对人所告知的抗辩对象应充分核实，认定无误后才告知。

四　行政主体告知相对人抗辩方式、时间与地点的义务

行政主体履行了告知相对人抗辩资格、对象的义务之后，相对人欲最终顺利地或正常地行使抗辩权，行政主体还需履行告知相对人抗辩方式、时间与地点的义务。关于抗辩方式，即相对人应借助一个什么样的平台来发挥抗辩的机会，一般来说，相对人的抗辩有正式抗辩与非正式抗辩两种方式，前者指相对人因行政主体拟作出的决定对其合法利益将产生严重影响而在正式行政听证程序中予以辩解、质证及反驳。据此，相对人的正式抗辩的行使必须具备两个条件：一是所运行的程序为正式行政听证程序；二是所运行的范围是行政主体拟作出的决定对其合法利益将产生严重影响。日本《行政程序法》中，正式抗辩方式适用的对象是撤销许可认可，或者直接剥夺当事人的资格或地位等使当事人遭受特别重大的不利益处分，即当行政厅作出这些特定不利益处分时，当事人或参加人有权以口头方式表述意见，提交证据文件和向行政厅的职

① 关保英：《政主体信息义务的行政法理析解》，《法律科学》（西北政法学院学报）2003 年第 2 期。

② S. A. De Smith, *Judicial Review of Administraive Action*, London: Stevens and Sons, 1980, p. 196.

③ Geoffrey A.Flick, *NaturalJustice: Principles and Practical Application*, Sydney: Buttewroths, 1984, p.51.

员提问。①我国法律在行政处罚、行政许可等行政活动中规定了行政主体应履行告知相对人正式抗辩的方式，如《行政处罚法》第42条规定："行政机关作出责令停产停业、吊销许可证或者执照、较大数额罚款等行政处罚决定之前，应当告知当事人有要求举行听证的权利。"《行政许可法》第46条规定："法律、法规、规章规定实施行政许可应当听证的事项，或者行政机关认为需要听证的其他涉及公共利益的重大行政许可事项，应当向社会公告，并举行听证。"第47条规定："行政许可直接涉及申请人与他人之间重大利益关系的，行政机关在作出行政许可决定前，应当告知申请人、利害关系人享有要求听证的权利；申请人、利害关系人在被告知听证权利之日起五日内提出听证申请的，行政机关应当在二十日内组织听证。"

非正式抗辩是指相对人因行政主体拟作出的决定对其合法利益将产生的影响较小而在非正式行政听证程序中予以辩解、质证及反驳。其中，非正式行政听证程序的特点指不要求举行听证会，仅要求行政机关在作出不利决定前采取一定方式听取相对人抗辩，即给予相对人一个说话和表示异议的机会，相对人的抗辩一般以书面形式进行。譬如我国《行政处罚法》第31条规定："行政机关在作出行政处罚决定之前，应当告知当事人作出行政处罚决定的事实、理由和依据，并告知当事人依法享有的权利。"《行政许可法》第7条规定："公民、法人或者其他组织对行政机关实施行政许可，享有陈述权、申辩权。""行政主体拟作出的决定对相对人合法利益将产生的影响较小"主要指一些较轻的处罚如警告、小额罚款等。如《行政处罚法》第33条规定的行政处罚简易程序："违法事实确凿并有法定依据，对公民处以五十元以下，对法人或其他组织处以一千元以下罚款或警告的行政处罚的，可以当场作出行政处罚决定。"因此，对于适用相对人非正式抗辩的情形，行政主体应履行告知义务。

关于相对人抗辩的时间与地点的告知，其重要性也不言而喻，首先，行政主体告知相对人抗辩对象之后，相对人要花一定的时间对抗辩

① 朱芒：《行政程序中正当化装置的基本构成——关于日本行政程序法中意见陈述程序的考察》，《比较法研究》2007年第1期。

对象进行消化，因此，行政主体只有给予相对人一个充分准备抗辩的时间，相对人才能有效行使抗辩权。其次，相对人要有效行使抗辩权，行政主体还应该告知一个合理的地点。我国法律在行政处罚、行政许可等行政活动中规定了行政主体告知相对人正式抗辩的时间与地点，如《行政处罚法》第42条规定："行政机关作出责令停产停业、吊销许可证或者执照、较大数额罚款等行政处罚决定之前……行政机应当在听证的七日前通知当事人举行听证的时间、地点。"《行政许可法》48条规定："行政机应当于举行听证的七日前将举行听证的时间、地点通知申请人、利害关系人，必要时予以公告。"但这些规定还存在不足，第一，对于"在听证或抗辩的七日前通知"是否可行，值得慎重考虑，因为时间太仓促有碍于行政相对人积极准备抗辩所必需的时间，这就要求行政主体应当"公开指控内容及对方理由必须在合理时间完成，以便让利害关系人准备他的辩护状或评议。他必须公正地获知对他的任何指控，这通常包括在公平审讯权之内，称为'通知与受理'权"①。据此，日本学者指出，听证或抗辩期日不能由行政主体单方面作出决定，其中也应该反映出行政相对人的意愿。② 第二，对于听证或抗辩的地点应当有明确合理的规定。行政相对人参与听证或抗辩的场所包括行政主体机构、行政行为发生地以及行政主体指定地点，但一般而言，行政相对人在行政行为发生地参与抗辩要比在行政主体机构所在地参与抗辩更加有利。"这是因为一者能减轻行政相对人的心理压力；二者由于行政相对人对地理环境熟悉，更有利于全面提供翔实的材料等。"③

第三节　行政主体对行政抗辩权的听取义务

一　行政主体听取行政抗辩权义务的法律意义

听取行政抗辩权义务是指行政主体在行政立法、行政决策、行政执

---

① ［英］威廉·韦德：《行政法》，徐炳等译，中国大百科全书出版社1997年版，第184页。

② 转引自朱芒《行政程序中正当化装置的基本构成——关于日本行政程序法中意见陈述程序的考察》，《比较法研究》2007年第1期。

③ 张晓光：《行政相对人在行政程序中的参与权》，《行政法学研究》2000年第3期。

法等行政活动过程中，为保障相对人行政抗辩权的有效实现，通过适当的方式倾听相对人抗辩意见的一种程序义务。听取行政抗辩权义务是行政听证制度的核心内容，“任何参与裁判争端或裁判某人行为的个人或机构，都不应该只听取起诉人一方的说明，而且要听取另一方的陈述：在未听取另一方陈述的情况下，不得对其施行惩罚”①。听证程序的制度化最早可以追溯到英国1215年《自由大宪章》第39条的规定：“凡自由民，如未经其同级贵族之依法裁判，或经国法判决，皆不得被逮捕、监禁、没收财产、剥夺法律保护权、流放或加以任何其他损害。”当代世界许多国家都规定了行政听证制度，如美国《联邦行政程序法》第554条规定，对于裁决行为“机关应向所有利害关系人提供在当事人之间不能通过协商解决纠纷的情况下……获得听证和通知后裁定的机会”。德国《行政程序法》第26条、西班牙《行政程序法》第91条、日本《行政程序法》第13条等都确立了行政听证制度。我国台湾地区“行政程序法”第57—66条也规定了行政听证制度，大陆地区的行政听证制度始于1996年的《行政处罚法》，此后1998年的《价格法》、2000年的《立法法》、2002年的《行政法规制定程序条例》《规章制定程序条例》和2003年的《行政许可法》等皆对行政听证制度有所规定。

作为行政听证制度核心的听取相对人行政抗辩权义务具有重要的法律意义。首先，有利于保障相对人的抗辩权与相关的实体权利，“对当事人及参加人的提问权的保障，同时意味着当事人或参加人拥有要求行政厅的职员出席听证，回答提问的请求权。换而言之，行政厅方面负有使其职员出席听证的义务。因为如果承担调查的职员等相关的人员不出席听证，则提问权就没有任何实际的意义”②。显然，在抗辩权行使的过程中，行政主体应当积极听取行政相对人的抗辩意见，否则，抗辩权将得不到应有的保障。此外，相对人抗辩的重要目的之一是保护自身的实体性权利，如人身权或财产权，因此，行政主体对行政抗辩权的直接

① ［英］戴维·M. 沃克：《牛津法律大辞典》，北京社会与科技发展研究所组织翻译，光明日报出版社1989年版，第69页。

② 转引自朱芒《行政程序中正当化装置的基本构成——关于日本行政程序法中意见陈述程序的考察》，《比较法研究》2007年第1期。

保障，也就间接保障了相对人合法的实体性权利。其次，有利于促进行政主体相关决定的合法性与正当性。比利时著名的学者凡·豪埃克曾提出："法律人之间的理性对话是'正确'地解释和适用法律的最终保证。"① 一般来说，行政主体在行政立法、行政决策、行政执法等行政活动过程中如果认定的法律事实或适用的法律依据不正确，对相对人将造成不利影响，相对人都会有较强的诉求或抗辩欲望，因此，行政主体及时听取相对人的抗辩意见，有助于查清事实，准确适用法律，从而保证某种行政决定的合法性与正当性。

二 行政主体听取行政抗辩权义务的基本方式

行政主体采用科学合理的方式听取相对人抗辩权意见，这是有效保障相对人抗辩权行使的题中之义。对此，各国行政听证理论与制度皆有所涉及，通常的看法为非正式听取抗辩与正式听取抗辩两种方式。我国已故著名行政法专家王名扬认为非正式听取抗辩蕴含在最低限度的正当法律程序中，如（1）事先得到通知权；（2）口头或书面提出意见的机会；（3）决定应该说明理由；（4）作出决定者应该无偏见。② 非正式听取抗辩有两个特点：一是行政主体拟作出的行政决定对相对人的不利影响较小，如我国《行政处罚法》第 33 条规定："违法事实确凿并有法定依据，对公民处以五十元以下，对法人或其他组织处以一千元以下罚款或警告的行政处罚的，可以当场作出行政处罚决定。"二是具有灵活性、适应性、有利于提高行政效率，因而适用范围较为广泛，如美国大概 90%以上的行政活动采取非正式听取抗辩。"如同在普通法中一样，在德国法中，也不存在任何要求口头听审的情况。如果给予当事人双方书面表达其意见的机会，也符合听审要件的原则及其惯例。"③

正式听取抗辩蕴含于正式的行政听证程序中，后者的具体内容表现在：其一，要求由无偏见的行政官员主持听证的权利；其二，受到行政决定不利影响的当事人在行政决定之前得到通知的权利，通知书中一般

① 转引自徐亚文、孙国东《"沟通理性"与全球化时代的法律哲学——凡·豪埃克〈作为沟通的法律〉述要》，《法制与社会发展》2006 年第 1 期。

② 王名扬：《美国行政法》，中国法制出版社 1995 年版，第 539 页。

③ ［印］M. P. 塞夫：《德国行政法——普通法的分析》，周伟译，台湾五南图书出版公司 1991 年版，第 95 页。

应包括听证所要涉及的主要事实和法律问题，以及听证的时间和地点；其三，提出证据和进行辩护的权利；其四，通过互相质问及其他正当手段驳斥不利证据的权利；其五，委托律师参加辩护的权利；其六，要求行政决定根据听证案卷作出的权利；其七，阅览卷宗以及取得全部档案副本的权利。① 正式听取抗辩的显著特征如下：一是行政主体拟作出的行政决定对相对人的不利影响较大或较严重；二是以听证会的形式听取抗辩，如《价格法》第 23 条规定：“制定关系群众切身利益的公用事业价格、公益性服务价格、自然垄断经营的商品价格等政府指导价、政府定价，应当建立听证会制度，由政府价格主管部门主持，征求消费者、经营者和有关方面的意见，论证其必要性、可行性。”

目前我国相关法律、行政法规等文本中既有对非正式听取抗辩方式的规定，又有对正式听取抗辩方式的规定，如《环境影响评价法》第 11 条规定：“专项规划的编制机关对可能造成不良环境影响并直接涉及公众环境权益的规划，应当在该规划草案报送审批前，举行论证会、听证会，或者采取其他形式，征求有关单位、专家和公众对环境影响报告书草案的意见。但是，国家规定需要保密的情形除外。”《立法法》第 58 条规定：“行政法规在起草过程中，应当广泛听取有关机关、组织和公民的意见。听取意见可以采取座谈会、论证会、听证会等多种形式。”《规章制定程序条例》第 14 条规定：“起草规章，应当深入调查研究，总结实践经验，广泛听取有关机关、组织和公民的意见。听取意见可以采取书面征求意见、座谈会、论证会、听证会等多种形式。”这些法律制度中的“座谈会”“论证会”即非正式听取抗辩的方式，而“听证会”即正式听取抗辩的方式。

正式听取抗辩的方式具体又可以划分为依职权正式听取抗辩的方式与依申请正式听取抗辩的方式两种情形，前者指行政主体主动启动听证会来听取相对人的抗辩意见，如《行政许可法》第 46 条规定：“法律、法规、规章规定实施行政许可应当听证的事项，或者行政主体认为需要听证的其他涉及公共利益的重大行政许可事项，行政主体应当向社会公告，并举行听证。”后者指行政主体根据相对人的申请或根据相对人的

① 王名扬：《美国行政法》，中国法制出版社 1995 年版，第 384 页。

要求启动听证会来听取相对人的抗辩意见，如《行政处罚法》第42条规定："行政主体作出责令停产停业、吊销许可证或者执照、较大数额罚款等行政处罚决定之前，应当告知当事人有要求举行听证的权利；当事人要求听证的，行政主体应当组织听证。"

三 行政主体听取行政抗辩权义务的具体要求

尊重相对人的行政抗辩权的行使，行政主体除了采取基本的方式听取抗辩意见之外，还需满足对相对人抗辩意见的认真充分听取、公正听取等具体要求。关于认真充分听取的要求：第一，要保障相对人的抗辩"知无不言言无不尽"，不应随便打断相对人的抗辩，更不能无端制止相对人的抗辩。第二，行政主体应做到耐心倾听，因为有的相对人在抗辩时，"会因为心理紧张或表达能力差等原因，出现概念不清、词不达意、语言啰唆、重复跑题等情况"①。第三，当相对人的抗辩态度不好，表情呆滞、语言表达比较粗鲁等情况出现时，行政主体应做适当的引导，使相对人的抗辩能够圆满地完成。

行政主体采取正式听取抗辩的方式时，为了保障行政主体公正地听取相对人的抗辩意见，还必须要求听证主持人保持独立性或中立性。听证主持人是整个听证过程的实际掌控者，假设其他所有的程序设计都很合理，但如果听证主持人不能独立地组织整个听证过程，那么，其他的程序也就无法得以正常实施。所以，听证主持人的独立性或中立性的要求对于确保公正听取相对人的抗辩意见不可或缺。② 听证主持人的独立地位的主要表征有：其一，在任用、工资、任职、晋升、奖惩、考核、罢免等方面不受所属机关的直接控制；其二，仅以执行听证职务为限而不得从事与听证不相容的工作；其三，应当拥有主持听证所必需的权力以及获得行使这些权力的相应保障；其四，他的意见或建议应当得到行政机关首长的充分尊重，除非有足够相反的证据并重新经过听证，不得随意推翻经听证确认的证据资料以及依据这些证据资料所作的建议或

① 栾盈菊：《论听取陈述和申辩制度》，《前沿》2006年第12期。

② 龚向田：《论相对人抗辩权在行政听证过程中的保障》，《广州大学学报》（社会科学版）2013年第3期。

决定。①

在实践中，我国目前还没有固定的行政听证主持人，当某个案件需要采取正式听证听取相对人抗辩时，就由行政首长临时委托非本案调查人员的其他工作人员进行或委托法制机构的工作人员担任，其独立性遭到质疑。如《行政处罚法》规定“听证由行政机关指定的非本案调查人员主持”。《湖南省行政处罚听证程序规定》第 9 条第 2 款规定：“听证主持人一般由行政机关的法制机构或者承担法制工作的机构的工作人员担任。法制机构或者承担法制工作的机构的工作人员是案件调查人员的，行政机关应当指定其他非本案调查人员主持。”从国外的相关实践来看，英国的听证主持人隶属于行政裁判所，但行政裁判所独立于普通法院与行政机关。美国对专门从事听证工作的行政法官的产生有两方面的要求：一是听证审查官原则上要具有律师资格和行政经验；二是具有独立于行政机关的一系列制度保障。如“行政法官在法律上具有相对独立性，不受行政机关长官的直接控制，没有试用期，每个行政法官轮流主持听证，他们不能执行与主持听证工作不相容的职务。行政法官在编制上是所在的行政机关的工作人员，但在任免、工资、待遇上都受文官委员会的控制”②。无疑，这更有利于保证行政相对人的抗辩被公正听取。借鉴国外的先进经验，从我国各级政府中的法制机构工作人员、律师等中选任有经验的人员建立起一支相对独立的、稳定的听证主持人队伍乃保障公正听取相对人抗辩的明智之举。听证主持人的编制可以属于所在的行政机关，但工资、考核、任免除外，而是归于统一的某个机构管辖，如此，则听证主持人的独立地位方能真正得以告成，从而使相对人的抗辩得以被真正公正地听取。③

当然，有的学者提出，根据我国目前的国情，尽可能保障听证主持人公正听取相对人抗辩意见的途径有两种选择：一是“在法制部门设置固定的听证人员，赋予其相对超脱的权利等，不仅有利于听证主持人熟

① 王克稳：《略论行政听证》，《中国法学》1996 年第 5 期。

② 沈世娟、章进：《浅谈我国行政听证程序的健全》，《行政与法》2005 年第 4 期。

③ 参见桂步祥《行政裁量的正义：一个听证程序的视角分析》，《金陵法律评论》2006 年秋季卷。

悉法律和相关业务，而且有利于积累经验，同时还能相对地保证其能公正、公平地主持听证，按听证程序的规定办事”。二是“对于没有法制机构的行政机关，听证工作可以由其他的非本案调查机构组织实施并指定专人负责实施”[①]。对此，我们认为符合我国当前的国情，但随着公民抗辩权利意识的不断增强以及行政法治的不断完善与发展，听证主持人的独立地位制度化规范必须不断加强。

第四节 行政主体对行政抗辩权的回应义务

行政主体对行政抗辩权的回应义务是其对行政抗辩权听取义务的必然延伸，行政主体听取抗辩意见的目的是最终理性地回应相对人的抗辩，因此，没有对行政抗辩权的最终回应，听取义务就是一种摆设，毫无意义。同时，相对人的抗辩权也就缺乏完整意义上的尊重或保障。相对人在行政立法、行政决策以及行政执法等活动中行使行政抗辩权表达的各种意见有赖于行政主体的认真了解、消化、整合并将合理的抗辩意见吸收至某类抽象的或具体的行政决定内容中去，而这一收集和处理过程通常是行政主体的内部工作过程，其能否认真、公正地对待各类行政活动的抗辩意见，相对人在外部难以知晓，这便需要行政主体履行对相对人抗辩意见的回应义务，建立行政主体对相对人抗辩意见处理的公开反馈机制以形成制度约束。由此可知，行政主体对行政抗辩权的回应义务至少存在两个方面的法律意义：一是体现了对相对人主体地位和人格尊严的充分尊重，因为缺少这项义务，单一的“行政抗辩权”可能变异成既不知抗辩意见是否被听取或阅知，也不知是否有正当或合理价值，更不知如何作处理的被冷漠或被虚置的权利；二是有利于促进行政主体各类行政决定的民主性，防范行政主体行使自由裁量权时的恣意和专断，诚如美国著名政治学家罗伯特·达尔所言：“回应性是民主自身正当性的理由。”[②] 行政主体对行政抗辩权的回应义务可具体划分为正确对待抗辩笔录的义务、采纳合理抗辩意见的义务、不采纳抗辩意见的

---

① 谢生华：《论行政处罚中当事人的申辩权——对行政处罚听证程序的几点思考》，《甘肃政法学院学报》2003 年第 5 期。

② Robert A. Dahl, *Democracy and Its Critics*, New Haven: Yale University Press, 1989, p. 95.

说明理由义务以及禁止因抗辩而不利变更的义务四种情形。

一　正确对待抗辩笔录的义务

行政抗辩笔录是行政听证笔录的主要的或核心的组成部分，目前，学术界对行政听证笔录的界定基本上是聚焦于行政执法听证笔录。譬如，有的学者认为，行政听证笔录是指“由听证主持人或记录人代表行政机关在正式听证过程中对整个听证活动所作的客观记载，是确定行政机关是否听取当事人的陈述与申辩的凭据”①。有的学者认为，行政听证笔录是指“听证主持人（非本案调查人员）在听证过程中对调查取证人员（追诉人）、案件当事人陈述的意见和提供的证据所作的一种书面记载”②。有的学者认为，行政听证笔录“并不是记载于听证笔录本中的所有文字，而是在听证中，经双方当事人或第三人质证、辩论，并经过听证主持人核实认定为证据的那部分听证笔录”③。还有学者从行政许可领域界定了行政许可听证笔录：“是指行政许可机关在举行行政许可听证过程中，对听证参加人针对听证事项的举证、质证和辩论等具体活动过程及内容所做的客观性记录。”④ 毋庸置疑，学术界的这些看法对促进行政听证笔录含义的探讨有着积极的意义，但现代行政的疆域已超出了行政执法的范围，已扩展到行政立法、行政决策等领域，因此，借鉴学术界现有的研究成果，我们认为，完整意义上的行政听证笔录是指在行政立法、行政决策或行政执法等听证活动中听证主持人或记录人代表行政主体对整个听证活动所作的客观记载，尤其是对行政相对人的陈述、辩解、质证及反驳等内容的记载。

相对人行政抗辩权的内容包括行政辩解权、行政质证权以及行政反驳权三项，而行政抗辩笔录又是行政听证笔录的核心内容，因此，行政抗辩笔录可以界定为：在行政立法、行政决策或行政执法等听证活动中，听证主持人或记录人代表行政主体对行政相对人的辩解、质证及反

① 石佑启：《行政听证笔录的法律效力分析》，《法学》2004 年第 4 期。

② 戚建刚、孙铁峰：《听证笔录的法律思考》，《法学》1998 年第 12 期。

③ 叶必丰、贾秀彦：《从行政许可法看行政听证笔录的法律效力》，《法学评论》2005 年第 3 期。

④ 饶雷际：《行政许可听证笔录记载事项初探》，《江南大学学报》（人文社会科学版）2007 年第 6 期。

驳等内容的记载。行政主体有义务正确对待行政抗辩笔录，基本要求体现在下述两个方面：

1. 行政主体应制作好抗辩笔录，这是一个关于抗辩笔录内容质量的问题，它的重要的意义在于：其一，有助于加强抗辩记录员制作抗辩笔录的义务；其二，进一步规范抗辩记录权，限制抗辩记录权的自由裁量权和防范抗辩记录权的滥用；其三，有助于加强行政主体依据抗辩笔录作出行政决定的法律地位；其四，有效尊重相对人抗辩权的行使；其五，为事后行政救济提供完整的依据。[①] 抗辩笔录内容的质量应符合全面、客观真实、合法关联以及充分等标准。“全面”标准就是行政主体应当督促抗辩笔录员完整地记录应该记录的内容，不能少记或漏记，尤其是应记录好行政主体与相对人之间辩解、质证及反驳的证据事实。国外有些国家的法律关于听证笔录内容的规定较为完整，如德国《行政程序法》第 68 条第 4 款规定：“有关口头审理应作笔录。笔录应包括下列内容：a. 审理的地点和日期；b. 审理主持人、到场参与人、证人和鉴定人的姓名；c. 审理的行政程序事宜及提出的申请；d. 证人和鉴定人的主要陈述；e. 目检结果。笔录应由审理主持人签名，笔录由书记员完成的，也应由其签名。审理笔录内容与作为并指明为其附件的内容效力等同；有关附件应在审理笔录中注明。”美国《联邦行政程序法》第 556 条和第 557 条涉及听证笔录的内容有：其一，听证程序中双方当事人提出的全部文书和申请书；其二，行政主体拟定的事实的裁定和法律结论的裁决；其三，任何口头的、书面的或其他形式证据的记录。[②] 我国法律法规对听证笔录内容的规定有较多的缺失，如《行政许可法》第 48 条仅规定：“听证应当制作笔录，听证笔录应当交听证参加人确认无误后签字或者盖章。”但部分规章对听证笔录的规定已逐渐趋向完整，如《北京市实施行政许可听证程序规定》第 16 条规定：“听证笔录应当载明下列内容：（1）行政许可申请事项；（2）听证主持人的姓名、职务；（3）听证记录人的姓名、职务；（4）听证参加人姓名或者名称、

---

① 饶雷际：《行政许可听证笔录记载事项初探》，《江南大学学报》（人文社会科学版）2007 年第 6 期。

② 黄学贤：《听证笔录在行政决定中的意义》，《苏州大学学报》（哲学社会科学版）1999 年第 4 期。

地址；（5）听证会举行的时间、地点、方式；（6）行政许可审查人员提出审查意见的证据、理由及适用听证程序的行政许可审查建议；（7）申请人、利害关系人的陈述、申辩内容；（8）听证参加人进行质证的内容；（9）听证参加人签名或者盖章、听证参加人拒绝签字或盖章的，由听证主持人在听证笔录上说明情况。”《环境保护行政许可听证暂行办法》第29条第2款规定：“听证笔录应当载明下列事项，并由听证员和记录员签名：（1）听证所涉许可事项；（2）听证主持人和记录员的姓名职务；（3）听证参加人的基本情况；（4）听证的时间、地点；（5）听证公开的情况；（6）行政审查人员的初步审查意见、理由和证据；（7）行政许可申请人、利害关系人和其他听证参加人的主要观点、理由和依据；（8）延期、中止或者终止的说明；（9）听证主持人对听证活动中有关事项的处理情况；（10）其他需要记载的事项。”

在行政执法听证领域，有学者指出，听证笔录内容的完整性应涉及六个方面：其一，听证参加人的姓名、地址、听证人员，举行听证的时间、地点和方式；其二，案件调查人员提出的事实、证据和适用听证程序的处罚建议；其三，相对人陈述、申辩、质证及论证的内容；其四，听证当事人的签名或盖章；其五，重新听证后的证据；其六，听证主持人认为其他必要的事项。① 由于听证笔录的内容包含了抗辩笔录的内容，因此，在行政执法听证领域，抗辩笔录内容的完整性应体现在：（1）抗辩参加人的姓名、地址、听取抗辩的人员，举行抗辩的时间、地点和方式；（2）行政主体提出的事实、证据及拟作出的决定建议；（3）相对人辩解、质证及反驳的内容；（4）抗辩当事人的签名或盖章；（5）重新听证后的抗辩证据；（6）听证主持人认为其他必要的抗辩事项。

抗辩笔录要达到“客观真实、合法关联以及充分”的标准，关键在于行政主体应遵循科学合理的质证规则。“质证”最初是诉讼法中的一个重要概念，如有的诉讼法学者认为：“质证是指在审判人员的主持下，由当事人就其举证和法院依职权取证而获得的证据通过出示、辨认、询问等质证方式证明证据效力的一种诉讼制度。”后来由于行政法的发展

① 戚建刚、孙铁峰：《听证笔录的法律思考》，《法学》1998年第12期。

以及行政裁量权的存在与广泛扩张，质证概念开始被移植于行政领域，譬如，美国的《行政程序法》第556条（d）款规定：“当事人有权以口头的或书面的形式提出证据，进行辩护，也有权提出反证，并可为了弄清全部事实真相进行质证。”在戈德伯格诉凯利案件中，美国最高法院认为：“在重要的行政决定取决于事实问题的情况下，正当法律程序要求对当事人提供机会，以对抗和盘问对方证人。行政机关如果不合理地限制当事人的质证权，则构成程序上的违法。”① 我国《行政处罚法》第42条规定：“举行听证时，调查人员提出当事人违法的事实、证据和行政处罚建议；当事人进行申辩和质证。”在行政听证中质证是指在听证主持人的主持下，由行政主体与相对人双方对证据进行询问、辨认、质疑、说明，并就证据资格、证明力等问题进行论证，进而对听证主持人的内心确信产生影响的活动。②

行政主体遵循科学合理的质证规则主要表现在公开质证、平等质证、直接质证与交叉质证相统一以及对听证结束后所补充的证据的质证等方面。由于“公开质证、平等质证、直接质证与交叉质证相统一”言简意赅，无须赘述，这里仅就“听证结束后所补充的证据的质证”问题做一展开说明。听证会结束后，行政主体认为证据不足，可以补充证据，③ 但这种证据应当给相对人质证的机会，即行政主体应当告知相对人有要求重新听证以进行抗辩的权利。因为“行政处罚主体为了行政效率，可以将证据不充分的行政处罚案件进行听证，事后再去调查取证并由此作出行政处罚的决定，受处罚人的抗辩权也就失去意义”④。“一个行政机关，在适当情况下，必须给予受到他们决定影响的人一个申诉

① 杨惠基：《听证程序概论》，上海大学出版社1998年版，第167页。

② 朱兵强、阮莉莉：《行政处罚听证笔录的法律效力之立法选择与制度实现》，《知与行》2016年第9期。

③ 如日本《行政程序法》第25条规定，听证终结后所发生的情事，行政主体认为有必要的，应退回听证主持人再行听证；韩国《行政程序法》第36条规定，自听证会终结至为处分期间，行政主体如发现新情况，且认为有必要重开听证时，则应下令重开听证。此外，我国台湾地区“行政程序法”第66条也规定，听证终结后至决定作出前，行政主体认为必要时，应再举行听证。

④ 章剑生：《行政程序法比较研究》，杭州大学出版社1997年版，第198页。

机会……在没有听到他要说的话之前就剥夺他的权利是不公正的。”①因此，行政主体在听证会后提供的证据只有重新举行听证，并经相对人质证后才能作为抗辩笔录的一部分。同样，听证会结束后至正式的行政决定作出前，行政相对人需要向行政主体提供新的证据的，行政主体能否直接把此证据纳入抗辩笔录中去呢？答案也是否定的，因为根据案卷排他性原则，只有在听证中经过双方当事人充分质证的证据才能成为行政主体最终作出某种决定的依据。因此，对于行政相对人所提供的新证据，“行政机关应把该证据交给听证主持人，由其告知当事人重新听证，若当事人无正当理由不参加听证会，则此证据因得不到质证认定而应排除在听证笔录以外，不发生任何效力；若当事人参加听证会，经听证认定后，该证据便成为听证笔录的一部分，对行政决定的作出产生约束力”②。

2. 行政主体应依据抗辩笔录作出决定，这是一个关于抗辩笔录法律效力的问题。行政主体做好抗辩笔录是对相对人抗辩权的一个初步回应，接下来行政主体如何看待抗辩笔录法律效力，则是对相对人抗辩权的进一步回应。由于抗辩笔录是听证笔录的核心内容，因此，听证笔录的法律效力就直接决定了抗辩笔录法律效力。纵观世界各国的情况，听证笔录的法律效力主要表现为两种形态：一是以德国、韩国、日本、瑞士等国和我国台湾地区为代表的听证笔录的非排他性效力，即听证笔录对行政主体的某种决定具有一定的约束力，行政主体最终作出的某种决定不能无视听证笔录的存在，但行政主体的决定并非应以听证笔录为唯一依据，例外的情形是只有在行政程序法之外的其他法律明确规定以听证笔录为唯一依据。如德国《行政程序法》第69条规定：“官署应斟酌全部程序的结果，决定之。”韩国《行政程序法》第35条：“行政机关充分讨论听证记录及其他相关资料后，若认为有相当理由，应在为处分时，积极反映听证结果。”日本《行政程序法》第26条规定：“行政机关为不利益处分之决定时，应充分参酌记载于第24条第1项笔录内容及同条第3项报告书中主持人之意见。”瑞士《行政程序法》第32

① ［英］丹宁：《法律的训诫》，杨百揆、刘庸安、丁健译，群众出版社1985年版，第82页。

② 石佑启：《行政听证笔录的法律效力分析》，《法学》2004年第4期。

条规定：“官署为处分前应对当事人所有及时提出的重要陈述予以斟酌。”我国台湾地区“行政程序法”第108条规定：“行政机关作成经听证之行政处分时，除依第43条之规定外，并应斟酌全部听证之结果。但法规明定应依听证记录作成处分者，从其规定。”二是以美国为代表的听证笔录的排他性效力，亦名曰案卷排他性原则。它是指行政主体按照正式听证程序作出的某种决定只能以案卷或笔录为根据，不能在案卷或笔录以外，以相对人未知悉和未论证的事实为依据。否则，行政决定无效，而且询问也就会成了一种骗局。[①] “在依法举行的听证中，行政法庭作出裁决时，不得考虑审讯记录以外的任何材料……若不遵守这一原则，受审讯的权利就毫无价值了。”[②] 如美国《联邦行政程序法》第556条第5款规定：“书证证言、物证，以及在该程序中收入案卷的全部文书和申请书，就构成了本编第557条所规定的作为决定之依据的案卷。”

我国立法与法理对听证笔录的法律效力的回应显示出一个不断完善与发展的过程。立法方面对听证笔录的法律效力规定了三种情形：(1) 对听证笔录的法律效力究竟如何未作规定，如《行政处罚法》第42条规定：“听证应当制作笔录；笔录应当交当事人审核无误后签字或者盖章。”《工商行政管理机关行政处罚听证暂行规则》第40条规定：“听证结束后，听证主持人应当写出听证报告，连同听证笔录一并上报本机关负责人。”《海关行政处罚听证暂行办法》第22条规定：“听证结束后，听证部门应根据有关法律、法规的规定及听证情况，对原拟作出处罚决定的事实、理由和依据进行复核，并向海关行政首长提出复核意见。”《税务行政处罚听证程序实施办法（试行）》第18条规定：“听证的全部活动，应当由记录员写成笔录，经听证主持人审阅并由听证主持人和记录员签名后，封卷上交税务机关负责人审阅。”(2) 规定了听证笔录应当作为行政主体作出决定的依据，但未明确规定为唯一依据，如《上海市行政处罚听证程序试行规定》第26条规定：“听证笔录应当作为行政机关作出行政处罚决定的依据。”《四川省行政处罚听证程序暂行规定》第27条规定：“听证笔录应当作为作出行政处罚决定

① 石佑启：《行政听证笔录的法律效力分析》，《法学》2004年第4期

② ［美］伯纳德·施瓦茨：《行政法》，徐炳译，群众出版社1986年版，第303页。

的依据。”《江西省行政处罚听证程序规定》第 26 条规定：“听证笔录应当作为行政处罚实施机关作出行政处罚决定的依据。”（3）明确规定了听证笔录应当作为行政主体作出决定的唯一依据，如《行政许可法》第 48 条规定：“行政机关应当根据听证笔录，作出行政许可决定。”《行政程序法（试拟稿）》第 78 条规定：“行政决定应当根据听证笔录做出，未经听证会质证的证据不能作为行政决定的依据。”《劳动行政处罚听证程序的规定》第 15 条规定：“听证应当制作笔录。笔录由听证记录员制作。听证笔录在听证结束后，应当立即交当事人审核无误后签字或盖章。”第 16 条规定：“所有与认定案件主要事实有关的证据都必须在听证中出示，并通过质证和辩论进行认定。劳动行政部门不得以未经听证认定的证据作为行政处罚的依据。”《湖南省行政程序规定》第 143 规定：“行政机关应当根据听证笔录，作出行政执法决定。未经听证会质证的证据，不能作为作出行政执法决定的依据。”

我国法理方面对听证笔录的法律效力的观点较多，主要表现为四种情形：（1）听证笔录是行政主体作出行政决定的依据；（2）听证笔录仅仅是作为行政主体作出行政决定的依据之一；（3）听证笔录应当作为行政主体作出行政决定的重要依据或者主要依据；（4）听证笔录应当作为行政主体作出行政决定的唯一依据。① 如我国著名行政法学者姜明安认为，在行政许可领域，对经正式听证而作出的某种行政许可，无论行政主体作出某种准予行政许可抑或拒绝某种行政许可的决定，都应当以正式听证中所出示并经过质证得以认证的、确有证明力的证据作为事实依据，并且这些事实依据又都应当是听证笔录中有记载的。② 笔者赞同行政主体应依据听证笔录作出决定，由于抗辩笔录是听证笔录的核心内容，故而，行政主体最终决定的作出也应当以听证过程中所形成的抗辩笔录为依据。

抗辩笔录中所记载的证据的真实性、合法性和关联性是经过相对人辩解、质证以及反驳过的，以其作为行政决定的依据，“有助于增强人们的程序理念，推进程序法治化的进程；有助于完善我国的听证制度，促进其功能的充分发挥；有助于保障相对人程序抗辩权的有效行使，防

① 杨惠基：《听证程序理论与实务》，上海人民出版社 1997 年版，第 180—181 页。
② 姜明安：《行政许可法条文精释与案例解析》，人民法院出版社 2003 年版，第 157 页。

止行政的恣意和专横”①。“只有把行政机关限制在审讯的案卷之中，才能使私人当事人确信，他不仅有陈述自己意见的正式机会，更重要的是他有机会质证和批驳一切不利他的事实。”② 相反，如果行政主体作出的某种决定并非依据听证过程中经过辩解、质证以及反驳的证据，而是以相对人未知晓或未经抗辩的事实作为决定的依据，则会使相对人在听证程序中的抗辩权的行使失去价值，使相对人的主体性与尊严荡然无存。“审判式听证权若想有意义，参与者就必须能够知道会利用什么证据来反对自己，并能够利用反诘问和反驳证据进行争辩。一旦决策人可自由考虑记录之外的事实而得不到通知或作出反应的机会，上述权利便可轻易被取消。”③ 美国最高法院大法官 Van Devanter 也曾指出：“制定法所规定的对于没有列入听证笔录的证据，一律不得加以考虑的原则必须得到遵守，否则听证的权利就变得毫无意义，如果决定者在作出处分时随意背离记录，则在正式听证中提出的证据和辩论，没有任何价值。”

总之，行政主体履行正确对待行政抗辩笔录义务的基本要求体现在两个方面：一是应制作好抗辩笔录；二是应依据抗辩笔录作出决定。此外，需要说明的是，前面关于行政主体应正确对待行政抗辩笔录的分析基本上是从行政执法领域来阐述的，但完整的行政抗辩笔录至少应涉及行政立法、行政决策以及行政执法三个领域，如美国《联邦行政程序法》第 553 条规定听证笔录（包含抗辩笔录）是行政主体制定规章的唯一依据。我国法律、法规、规章等关于行政主体在行政立法、行政决策中应正确对待行政抗辩笔录义务的规定还存在诸多缺失：一方面对行政主体应如何制作好抗辩笔录的规定无所虑及；另一方面对行政主体应如何看待抗辩笔录的效力亦语焉不详。如《立法法》第 58 条规定：“行政法规在起草过程中，应当广泛听取有关机关、组织和公民的意见。听取意见可以采取召开座谈会、论证会、听证会等多种形式。”《规章制定程序条例》第 15 条规定：“起草单位应当认真研究听证会反映的各种意见，起草的规章在报送审查时，应当说明对听证会意见的处理情

① 石佑启：《行政听证笔录的法律效力分析》，《法学》2004 年第 4 期。

② ［美］伯纳德·施瓦茨：《行政法》，徐炳译，群众出版社 1986 年版，第 329 页。

③ ［美］欧内斯特·盖尔霍恩、罗纳德·M. 利文：《行政法和行政程序概要》，黄列译，中国社会科学出版社 1996 年版，第 170 页。

况及其理由。”《价格法》第23条规定：“制定关系群众切身利益的公用事业价格、公益性服务价格、自然垄断经营的商品价格等政府指导价、政府定价，应当建立听证会制度，由政府价格主管部门主持，征求消费者、经营者和有关方面的意见，论证其必要性、可行性。”《政府价格决策听证办法》第25条第1款规定：“价格决策部门定价时应当充分考虑听证会提出的意见。”我们认为，行政主体在行政立法、行政决策听证中也应正确对待行政抗辩笔录义务，即不仅应制作好行政立法抗辩笔录、行政决策抗辩笔录，而且应以抗辩笔录为依据作出相关行政法规、规章及决策，否则，听证会也只是流于形式，相对人的抗辩权没获得有效回应。

二　采纳合理抗辩意见的义务

在行政立法、行政决策以及行政执法等活动中行政主体采纳合理抗辩意见的义务是行政主体依据抗辩笔录作出相关抽象规定或具体决定义务的必然要求，因为抗辩笔录包括相对人的合理的抗辩意见与不合理的抗辩意见两种情形，行政主体最终作出的某种抽象规定或具体决定应采纳合理抗辩意见或不采纳抗辩意见兼说明理由（对此，下文将具体阐述）。行政主体采纳合理抗辩意见，意味着某种行政立法结果、行政决策结果以及行政决定结果等融入了相对人的合理意志，这不仅促进了行政主体行政活动的合法性与正当性，而且实现了对相对人抗辩权的最具实质意义的尊重。

现行行政法制度关于行政主体采纳合理抗辩意见义务的规定，在行政决策、行政主执法领域有所体现，如《湖南省行政程序规定》第37条规定：“决策承办单位应当将公众对重大行政决策的意见和建议进行归类整理，对公众提出的合理意见应当采纳。”《政府制定价格听证办法》第27条规定：“定价机关作出定价决定后，应当通过政府网站、新闻媒体向社会公布定价决定和对听证会参加人主要意见采纳情况。”《行政处罚法》第32条规定：“当事人有权进行陈述和申辩。行政机关必须充分听取当事人的意见，对当事人提出的事实、理由和证据，应当进行复核；当事人提出的事实、理由和证据成立的，行政机关应当采纳。”《药品监督行政处罚程序规定》第28条第2款规定：“药品监管部门必须充分听取当事人的陈述和申辩，并当场填写《陈述申辩笔录》，当事人提出的事实、理由或者证据经复核成立的，应当采纳。”《行政许可法》第48条第2款规定，“行政机关应当根据听证笔录，作出行政许可决定”。无疑，根据听证笔录作出许可决定，必然包含要求行政主体采纳相对人合理抗辩意见的义务。

在行政立法领域，2010—2011年《城市房屋拆迁管理条例》在修订时，国务院法制办对收到的六千多条包括抗辩在内的意见进行了归类整理，并在网站上公布了《关于〈国有土地上房屋征收与补偿条例(第二次公开征求意见稿)〉的说明》，对一些代表性抗辩意见的采纳情况作了较系统的说明，取得了良好的社会反响，但这在行政立法实践中还不具有普遍性，更没有成为行政主体的法定义务。[①] 如《行政法规制定程序条例》第22条规定：“行政法规送审稿直接涉及公民、法人或者其他组织的切身利益的，国务院法制机构可以举行听证会，听取有关机关、组织和公民的意见。”《规章制定程序条例》第21条规定：“法制机构应当就规章送审稿涉及的主要问题，深入基层进行实地调查研究，听取基层有关机关、组织和公民的意见。”显然，《行政法规制定程序条例》《规章制定程序条例》虽然规定了行政法规、规章送审稿的通过应听取相对人的抗辩意见，但没明确规定应采纳相对人的合理抗辩意见。

从上述关于行政主体采纳合理抗辩意见义务的行政法规定来看，在行政决策、行政主执法领域虽然有所体现，但还不具有普遍性，而且还存在两个主要的缺失：一是对何谓“合理”缺乏解释性的规定；二是对所采纳的合理抗辩意见是否要公开，亦缺乏硬性规定。至于在行政立法领域，对于行政主体是否应采纳合理抗辩意见，无明确规定，更勿谈抗辩意见的“合理”解释与“公开”的规定了。由于制度上的不足，导致行政主体在思想上不能高度重视相对人的抗辩意见；在行政活动实践中常常蔑视相对人抗辩权的行使。因此，我国应完善与发展目前的行政法制度。首先，应作一原则性规定，即无论是某种不利的行政决定、行政决策的作出，抑或某种不利的行政法规、规章的作出都必须采纳相

---

① 方世荣：《论行政立法参与权的权能》，《中国法学》2014年第3期。

对人所提出的合理抗辩意见。其次，在这一原则的指导下，必须对“合理”作出解释性的规定。我国著名行政法专家方世荣教授认为，“合理”必须是“法治框架下社会共同体普遍认可、接受的公共理性”，并在行政立法领域提出了合实质理性的标准，即合法律性、合情理性以及合科学性，其中，“合法律性是以公众的立法意见符合法律精神、原则、法律规范和相关政策且不违反法律的禁止性规定等作为判断；合情理性是以充分的事实根据、符合道德伦理、公序良俗、现实需要和可行条件等作为判断；合科学性则以符合相关科学技术标准等作依据”①。笔者认为，方世英教授在行政立法领域所提出的合实质理性标准，完全可以适用于行政执法与行政决策领域。最后，行政法相关制度还应规定行政主体必须以相对人容易知晓的方式及时全面地公开相对人合理抗辩意见的采纳情况。这有利于促使行政主体认真对待相对人的抗辩权，使所作出的行政行为合法与正当。如《政府制定价格听证办法》第 27 条规定：“定价机关作出定价决定后，应当通过政府网站、新闻媒体向社会公布定价决定和对听证会参加人主要意见采纳情况及理由。”

三　不采纳抗辩意见的说明理由义务

行政说明理由指“行政主体在作出对相对人合法权益产生不利影响的行政行为时，除法律有特别规定外，必须向行政相对人说明其作出该行政行为的事实因素、法律依据以及进行自由裁量时所考虑的政策和公益等因素”②。说明理由体现了行政决定过程与最终的行政决定的联系，即要求决定作出的行政主体在说明自己的推理过程中，必须认真对待行政听证程序中相对人的抗辩意见而不能以程序以外不存在的证据资料支持自己的结论。因而，行政行为说明理由义务必然包含行政主体在作出某种不利的行政立法、行政决策或行政决定等时不采纳相对人抗辩意见（全部与部分）的说明理由义务。英国著名行政法学者韦德曾提出，不管怎样，假设某个行政决定没有说明理由，则行政主体将很难使这样的

① 方世荣：《论行政立法参与权的权能》，《中国法学》2014 年第 3 期。

② 章剑生：《论行政行为说明理由》，《法学研究》1998 年第 3 期。

决定正当化。[①]“因为给予决定的理由是一个正常人的正义感所要求的。这也是所有对他人行使权力的人一条健康的戒律。”[②]

作出某种行政决定时出具理由，“可防止行政之反民主及反法治，使行政得以自我审查，确保行政之合理及效率化，并达成满足权利保护及控制三大功能”[③]。因此，行政主体在作出某种不利的抽象行政行为或具体行政行为时履行不采纳抗辩意见的说明理由义务有着诸多重要的意义：（1）使受到行政行为影响的相对人的抗辩权得到了尊重；（2）说明理由所展现的信息，有助于相对人作出理性的回应，当相对人满意行政主体所作出的不利行政行为时，说明理由会促使相对人以后调整好自己的行为，做到不违法；当相对人不满意行政主体所作出的不利行政行为时，说明理由将促使他们认真考虑是否要申请救济，并应以何种理由申请救济；（3）不采纳抗辩意见的说明理由能有效控制行政自由裁量权的滥用，因为行政主体作出某种不利行政行为时说明理由，意味着应当排斥恣意、专断、偏私等因素。

行政主体作出某种不利行政行为时应履行不采纳抗辩意见的说明理由义务，已经成为现代法治国家公认的一项原则，而且西方有些国家的行政程序法典逐渐确立了行政说明理由制度。如美国《联邦行政程序法》第557条（c）项规定，除非“某些理由是不言自明的”，否则，行政主体所有的行政决定都应当附具关于“事实、理由、结论以及相应的依据”的说明。[④] 德国《行政程序法》第39条规定：“以书面作出或以书面确认之行政处分应以书面说明理由。官署应于理由中说明其决定所考虑之事实或法律上之主要理由。有关属于裁量决定之理由中，亦需说明其行使其裁量权的着眼点。” 日本《行政程序法》第8条规定：“行政主体驳回许认可等请求之处分时，应同时对申请人明示该处分之理由。” 葡萄牙《行政程序法》对行政主体说明理由的范围规定得更为广泛，如第124条规定：“1. 除法律特别要求应说明理由的行政行为

① H. W. R. Wade, *Administrative Law*, Oxford: Clarendon Press, 1982, pp. 373-374.

② ［英］威廉·韦德：《行政法》，徐炳译，中国大百科全书出版社1997年版，第193页。

③ 罗传贤：《行政程序法基础理论》，台湾五南图书出版公司1993年版，第19页。

④ Davis, *Administrative Law Text*, West Publishing Company, 1982, pp. 320, 326.

外，不论下列行政行为属全部或部分，亦应说明其理由：（A）以任何方式全部或部分否认、消灭、限制或损害权利或受法律保护的利益，课予、加重义务、负担或处罚；（B）对声明异议和上诉作出决定；（C）作出与利害关系人所提出的要求、反对和对官方意见、资讯、建议相反的决定；（D）在解决类似情况时，或在解释或适用相同的原则或法律规定时，以有别于惯常采取做法作出的决定；（E）废止、变更或中止先前的行政行为。”① 我国关于行政主体不采纳抗辩意见的说明理由义务，在行政执法领域《行政处罚法》《行政许可法》《个人独资企业法》《执业医生法》《合伙企业法》以及《集会游行示威法》等许多单行法中有所规定，如《行政处罚法》第39条规定行政主体“应当制作行政处罚决定书”，应当载明“违反法律、法规或者规章的事实和证据”“行政处罚的种类和依据”等。《行政许可法》第38条规定：“行政主体依法作出不予行政许可的书面决定的，应当说明理由，并告知申请人享有依法申请行政复议或者提起行政诉讼的权利。”在行政决策领域，《湖南省行政程序规定》第37条规定：“决策承办单位应当将公众对重大行政决策的意见和建议进行归类整理，未予采纳的，应当说明理由。”在行政立法领域，《行政法规制定程序条例》《规章制定程序条例》虽然规定了行政法规、规章送审稿的通过应听取相对人的抗辩意见，但没明确规定不采纳相对人抗辩意见的说明理由义务。

显然我国的行政法制度关于说明理由的上述规定对于促使行政主体合法、正当行政，尊重行政相对人的抗辩权的行使有一定的积极意义，但在行政立法领域，“不采纳相对人抗辩意见的说明理由义务”的规定缺失，尤其是与西方发达国家相比，关于“说明理由义务的内容究竟是什么”的规定语焉不详，如我国现行法只规定说明行政行为合法性的依据。由于制度上的不足，在我国行政法治实践中，常常发生行政主体不履行不采纳相对人抗辩意见的说明理由义务或发生不正确履行不采纳相对人抗辩意见的说明理由义务。“然而在今天，行政需要说理并没有成为行政主体的‘规定动作’。以前如公安机关那种格式化的‘治安处罚裁决书’不把最重要‘裁量理由’告诉行政相对人，即使到了今天这

① 应松年：《外国行政程序法典汇编》，中国法制出版社2000年版，第505页。

种状况也没有多大的改善。”① 因此，为了促使行政主体认真对待相对人的抗辩意见，尊重其抗辩权的行使，我国应进一步完善与发展行政法制度，尤其是应尽快制定类似于国外的统一的行政程序法典，并明确、系统规定行政主体不采纳相对人抗辩意见的说明理由义务。这里，笔者着重就说明理由义务的内容做探讨。

美国著名行政法学者 Davis 认为，作出某种决定的基础分为两个方面：一是事实；二是理由，前者与此种决定的事实依据相联系，后者与对政策的看法、法律的适用以及自由裁量权的行使相联系。② 我国学者章剑生教授对行政行为说明理由问题有较为深入且富有成效的研究，他认为：“行政行为说明理由就内容而言，可以分为合法性理由和正当性理由。前者用于说明行政行为合法性的依据，如事实材料、法律规范；后者用于说明行政机关正当行使自由裁量权的依据，如政策形势、公共利益、惯例、公理等。”③ 据此，我们认为：行政主体不采纳抗辩意见的说明理由义务也应包含不采纳抗辩意见的合法性理由与不采纳抗辩意见的正当性理由两个方面的内容，其中“合法性理由”是指行政主体不采纳抗辩意见所作出的某种行政行为的合法性依据，如主要的事实依据、准确的法律依据；“正当性理由”是指行政主体不采纳抗辩意见所作出的某种行政行为的正当性依据，如政策形势、公共利益、惯例、公理等。

四　抗辩禁止不利变更的义务

行政主体对相对人抗辩权的回应义务还应包括抗辩禁止不利变更的义务，对此，我们可以从抗辩禁止不利变更义务的界定、法理价值以及制度缺失及其完善等方面予以分析。

1. 抗辩禁止不利变更义务的界定。它是指在行政立法、行政决策以及行政执法等活动中行政主体原则上不得因拟作出的某种行政行为受到相对人的辩解、质证及反驳而最终作出一个对其更加不利的行政行

① 章剑生：《作为协商性的行政听证——关于行政听证功能的另一种解读》，《浙江社会科学》2005 年第 4 期。

② Davis, *Administrative Law Text*, West Publishing Company, 1982, p. 236.

③ 章剑生：《行政行为说明理由判解》，武汉大学出版社 2000 年版，第 33 页。

为。关于这一概念的理解，可以从下述诸方面展开说明：

第一，抗辩禁止不利变更中的“不利变更”的界定。在行政程序领域鲜有学者虑及，但有的学者在刑事诉讼、行政诉讼领域对“不利变更”进行了诠释，如学者柯永祥在探讨上诉不加刑原则问题时指出，上诉不加刑就是“禁止上诉审法院做出任何不利于被告人的变更处罚”，而且应包括量和质两个方面的内容，其中“量”体现在禁止对被告人的量刑幅度上进行不利变更；“质”体现在禁止在刑种、罪名或缓实刑等方面作出不利变更。① 学者涂怀艳在探讨行政诉讼中的禁止不利变更问题时指出，“负担（不利）的增加、扩大、认可，而受益的减少、限制、剥夺和拒绝”是“不利变更”的具体含义；而“处罚幅度的增加、处罚种类的加重以及处罚的执行方式更为不利，资格的限制与剥夺，利益的减少、不利的增加，等等”则是“不利变更”的表现形式。② 显然，这两个学者的看法，对我们在行政程序领域界定抗辩禁止不利变更中的“不利变更”有着十分重要的启示意义。以行政主体实施行政行为的内容对行政相对人是否有利为标准，可分为授益行政行为与不利行政行为。“授益行政行为是指行政主体为行政相对人设定权益或免除其义务行为。不利行政行为是指行政主体为行政相对人设定义务或剥夺、限制其权益的行政行为，又称负担性行政行为。”③ 据此，抗辩禁止不利变更中的“不利变更”相应地也就适用于行政主体最终作出的授益行政行为与负担性行政行为，前者的“不利变更”在“量”方面表现为授益数量的减少；在“质”方面表现为授益资格的剥夺、授益资格的不利变更等，如把所有权的许可改为使用权的许可。后者的“不利变更”在“量”方面表现为处罚幅度的增加；在“质”方面表现为处罚种类的加重等，如把警告改为行政拘留。

第二，抗辩禁止不利变更所针对的主体是行政相对人。一般而言，对行政主体拟作出的某种具体行政行为进行抗辩的是单一的相对人，如甲对拟作出的行政处罚行为或行政许可行为的抗辩。然而，如果行政主

---

① 柯永祥：《论上诉不加刑原则》，《中国地质大学学报》（社会科学版）2002 年第4 期。

② 涂怀艳：《论禁止不利变更》，《法商研究》2003 年第 1 期。

③ 姜明安主编：《行政法与行政诉讼法》，北京大学出版社、高等教育出版社 2007 年版，第 181 页。

体拟作出的某种行政行为，尤其是在行政立法、行政决策活动中涉及的相对人人数众多，但只有部分相对人提出抗辩的，行政主体最终正式作出的行政行为怎样对待相对人呢？根据刑事诉讼中的上诉不加刑理论，刑事共同诉讼中一部分人上诉的，对未上诉的其他人也应适用上诉不加刑原则。“在共同诉讼中，当一个人上诉而另一个人未上诉时，上诉人取得的胜利，也使未上诉人受益，只要辩护的理由是单一或相同的，这种情况即应得到承认。”① 无疑，上诉不加刑理论可以为行政程序中抗辩禁止不利变更问题的解决提供借鉴，即行政主体拟作出的某种行政行为涉及的相对人人数众多，但只有部分相对人提出抗辩的，如果最终正式作出的行政行为认定的事实与拟作出的行政行为认定的事实基本相同，则最终正式作出的行政行为既不得对提出抗辩的相对人更加不利，也不得对未提出抗辩的相对人更加不利。

第三，抗辩禁止不利变更所针对的客体是行政主体拟作出的行政行为。如在行政立法程序中拟作出的某种行政法规、行政规章；在行政决策程序中拟作出的某种行政决策以及在行政执法程序中拟作出的某种行政决定。对此，我们需要进一步说明的是：（1）如果行政主体只是为拟作出某种行政行为进行调查、取证以及研讨等，则还不存在对相对人的不利变更，譬如在行政执法程序中，行政主体要对相对人的某种违反行政法规范的行为予以定性，则应当以对案件事实的调查与取证为前提，而仅有调查与取证行为还无所谓导致加重处罚的问题，换言之，加重处罚的最终决定是建立在一个拟作出的处罚决定基础上，而不加重处罚就是在拟作出的某种处罚决定的基础上“不再选择一个新的处罚手段、不再改变处罚的幅度”②。（2）如果行政主体已作出了最终正式的行政行为，那也不存在行政程序中的抗辩禁止不利变更，因为行政程序中的抗辩权是指相对人针对行政主体拟作出的不利抽象行政行为或不利具体行政行为，依据其掌握的事实、理由及依据对行政主体进行辩解、质证或反驳，“旨在法律上消灭或减轻行政主体对其提出不利影响的权

① ［意］桑德罗·斯奇巴尼选编：《司法管辖权审判诉讼》，黄风译，中国政法大学出版社 1992 年版，第 68 页。

② 关保英：《申辩不加重处罚论析》，《政治与法律》2010 年第 10 期。

利”①。我国《行政处罚法》也规定了行政抗辩权行使的时间为行政主体正式作出某种处罚决定之前，如第 31 条规定：“行政机关在作出处罚决定之前，应当告知当事人作出行政处罚决定的事实、理由及依据，并告知当事人依法享有的权利。”这里的“权利”应包括抗辩权，旨在抗衡行政主体拟作出的行政处罚决定，据此，如果相对人对行政主体最终作出的正式的行政行为不服欲提出抗辩，则只能在行政复议程序、行政诉讼程序等中进行。（3）行政主体不得不利变更拟作出的行政行为是基于拟作出的行政行为所依据的事实，即行政主体听取了相对人的抗辩后，如果最终正式作出的行政行为认定的事实与拟作出的行政行为认定的事实基本相同，则最终正式作出的行政行为不得对相对人更加不利，即使拟作出的行政行为存在适用法律不当或者程序违法等现象。相反，行政相对人进行抗辩以后，行政主体通过调查、研究发现了新的事实，这就说明原拟作出的行政行为所认定的事实未能客观如实地反映问题的全部情况和过程，如此，则行政主体依据新的事实最终正式作出的行政行为即使对相对人更加不利，也是合法正当的。

第四，抗辩禁止不利变更的例外。对行政主体拟作出的某种行政行为既有相对人的抗辩又有利害关系人的抗辩，那么最终正式作出的行政行为是否可以免除抗辩禁止不利变更义务呢？对此，行政法学界还有失明确的回应，但新修改的《刑事诉讼法》与新修改的《行政诉讼法》的规定可资借鉴，如新《刑事诉讼法》第 226 条规定：“第二审人民法院审理被告人或者他的法定代理人、辩护人、近亲属上诉的案件，不得加重被告人的刑罚。第二审人民法院发回原审人民法院重新审判的案件，除有新的犯罪事实，人民检察院补充起诉的以外，原审人民法院也不得加重被告人的刑罚。人民检察院提出抗诉或者自诉人提出上诉的，不受前款规定的限制。”新《行政诉讼法》第 77 条规定：“行政处罚明显不当，或者其他行政行为涉及对款额的确定、认定确有错误的，人民法院可以判决变更。人民法院判决变更，不得加重原告的义务或者减损原告的权益。但利害关系人同为原告，且诉讼请求相反的除外。”据此，

① 龚向田：《论行政主体义务保障行政抗辩权的意义》，《湘潭大学学报》（哲学社会科学版）2017 年第 1 期。

在行政程序领域，如果利益诉求相反的相对人与利害关系人对行政主体拟作出的某种行政行为都进行了抗辩，为了贯彻法治所倡导的平等精神，则行政主体最终正式作出的行政行为应以事实为依据，以法律为准绳，即使对行政相对人有更加不利的后果，也是正常的。如甲殴打乙，公安机关对甲拟作出了拘留 10 天的处罚决定，甲提出抗辩，认为处罚太重，应只拘留 5 天；乙提出抗辩，认为处罚太轻，应拘留 15 天。公安机关听取双方的抗辩后，认为处罚太轻，从而以原有的事实为依据，最终作出了拘留甲 15 天的处罚决定。

第五，抗辩禁止不利变更中的抗辩与抗法的区分。在行政法治实践中，抗辩与抗法的关系常常容易混淆。行政主体认为，行政相对人态度低劣、不配合行政主体的行为就是抗法；行政相对人也认为过于激烈的言辞争辩有抗法的嫌疑，因而即使有理也怯于抗辩。因此，在理论上澄清两者的关系，至关重要。抗辩的内容所针对的是行政主体拟作出的某种行政行为的事实依据、法律依据及理由等，如在行政执法领域，《行政处罚法》第 31 条规定："行政机关在作出处罚决定之前，应当告知当事人作出行政处罚决定的事实、理由及依据，并告知当事人依法享有的权利。"相反，抗法的内容则游离于拟作出的某种行政行为的事实依据、法律依据及理由等之外，即我们通常所认为的无理取闹或无法无天。在行政执法领域，行政法学者关保英认为，抗辩与抗法的根本区别在于"行政相对人是否是从相对理性的角度认识其行为，若其在有根据的情况下对行政处罚提出异议，哪怕是非常激烈的异议，也不能以抗法看待之。反之，若行政相对人非理性地对待行政机关的处罚，甚至将自己置于法律和行政系统的对立面，就应当以抗法论处"①。我们认为，这一看法具有普适性，既可以适用于行政执法，也可以适用于行政立法、行政决策等所有的行政活动中。

由于抗辩与抗法具有本质的区别，因此，两者所产生的法律后果也就迥异。如前所述，相对人对行政主体拟作出的行政行为的抗辩，行政主体最终所作出的行政行为如果是基于原有的事实，则不能对相对人更加不利。但相对人违法抗拒行政主体拟作出的行政行为，则行政主体应

① 关保英：《申辩不加重处罚论析》，《政治与法律》2010 年第 10 期。

对其施加新的不利行为。比如在某烟草专卖局处罚个体工商户张某一案中，持有烟草专卖零售许可证的个体工商户张某，因一次销售卷烟55条被当地烟草专卖局调查发现，烟草专卖局认为张某构成无证批发，故拟处以批发总额40%的罚款计2200元。张某多次跑到专卖科争辩不该罚这么重，理由是村民结婚用烟量大，且卷烟都是当地烟草公司的烟，自己也不知道这样做违法。但烟草专卖局最后作出了一个将罚款比例由40%改为50%，计2750元的决定，理由是张某态度恶劣，无理纠缠，扰乱办公秩序。① 显然，本案中张某的抗辩属于正常的行使抗辩权利，烟草专卖局混淆了抗辩与抗法的关系，违反了抗辩禁止不利变更义务。

2. 抗辩禁止不利变更义务的法理价值。第一，有助于行政相对人与行政主体之间实质平等地位的生成。“在依实体法所确立的公法法律关系中，相对人虽然也被认为是法律关系的主体，但是，由于管理过程中管理主体与相对人之间权势实力的显著差异，事实上很难像诸如民事合同法律关系那样，主体双方处于完全平等的地位。而公法程序制度则将实体法中的权力主体——管理主体转化为程序方面的义务主体，将实体法中的义务主体——相对人转化为程序方面的权利主体。”② 现代程序的真谛是“通过排除各种偏见、不必要的影响和不着边际的连环关系的重荷，来营造一个平等对话、自主判断的场所”③。因此，为了实现程序正义，“必须对实体上处于弱势的公民给予反向弥补：即给予其程序上更多的特权，以弥补其在实体上所处的劣势，从而达到实质平等”④。同理，在行政法领域，作为现代程序之一的行政程序也应具有平衡行政相对人与行政主体之间地位的功能，这种功能的发挥表现为行政相对人享有更多的程序权利，而行政主体承担更多的程序义务，譬如《全面推进依法行政实施纲要》规定：“行政机关实施行政管理，除涉及国家秘密和依法受到保护的商业秘密、个人隐私的事项外，应当公开，注意听取公民、法人和其他组织的意见；

---

① 王传安：《不得加重处罚情形》（http：//blog.sina.com.cn/s/blog_ 4d6d625601014yd3.html）。

② 黄学贤主编：《中国行政程序法的理论与实践——专题研究述评》，中国政法大学出版社2007年版，第12—13页。

③ 季卫东：《法治秩序的建构》，中国政法大学出版社1999年版，第16页。

④ 金承东：《申辩禁止不利变——一个不断扩展的行政法基本原则》，《政法论坛》（中国政法大学学报）2005年第5期。

要严格遵循法定程序，依法保障行政管理相对人、利害关系人的知情权、参与权和救济权。行政机关工作人员履行职责，与行政管理相对人存在利害关系时，应当回避。”①

毋庸置疑，“行政主体与行政相对人在程序上的权力（利）义务的相互对应关系，使双方角色在特定条件下换位，使双方在实体法律关系中反映出来的权利义务分配方面的不平等得以恢复均衡”②。抗辩禁止不利变更义务是行政主体所承担的核心行政程序义务，它的切实履行能有效保障相对人抗辩权的行使，而“行政权力与相对人权利的平衡正是通过相对人享有抗辩权而实现的。‘听证’‘申辩’或‘抗辩’都是为了‘理由证成’或‘权利防卫’，它们都表示通过当事人的参与和介入，对行政正当理由进行论证，防止行政自由裁量中的恣意”③。因此，抗辩禁止不利变更义务有助于行政相对人与行政主体之间实质平等地位的生成。

第二，有助于尊重相对人程序抗辩权的行使及保障相对人相应的实体权益。《世界人权宣言》第 1 条规定：“人人生而自由，尊严和权利上一律平等。他们富有理性和良心，并应以兄弟关系的精神相对待。”这虽然是规定公民之间的权利是平等的，应相互尊重，但现代正当法律程序要求公民与国家之间也应平等相待，相互尊重各自的权利（力），而且通过构建公民的程序权利与国家的程序义务协调统一的法律机制来尊重公民的程序权利。具体到现代行政程序，行政相对人的程序权利的尊重也是经由行政主体履行相应的程序义务而方得以实现。当行政主体拟作出的某种行政行为将对相对人产生不利影响时，行政主体应听取相对人的抗辩，并应采纳合理的抗辩意见，只有这样，才能彰显相对人的主体性地位，相对人才能畅所欲言，充分行使抗辩权。相对人针对拟作出的某种行政行为进行抗辩的目的在于减轻、变更此种行政行为的不利影响或撤销此种行政行为，如果行政主体听取了相对人抗辩后，不仅不采纳合理的抗辩意见，而且还基于原有的事实依据作出一个更加不利的

---

① 《全面推进依法行政实施纲要》，载《行政法配套规定》，中国法制出版社 2006 年版，第 3 页。

② 龚向田：《行政程序抗辩权论》，中国政法大学出版社 2015 年版，第 96 页。

③ 孙笑侠：《程序的法理》，商务印书馆 2005 年版，第 250、251 页。

行政行为，那么必然会使一部分相对人对提出抗辩心存恐惧，甚至对一些确有错误或者违法的拟作出的行政行为也不敢提出抗辩，这必然在客观上影响和限制相对人程序抗辩权的行使。因此，行政主体只有履行抗辩禁止不利变更义务才能实现对行政相对人抗辩权的尊重。需要说明的是，行政主体履行了抗辩禁止不利变更义务，也就意味着保障了相对人相应的实体权益。任何一种实体性权利都必须通过一定的程序而实现或获得保障，“只有当程序性权利与实体性权利相适应、相佐证、相协调时，权利才能得到完整的表现，才会有实现的可能”①。行政程序抗辩权作为一种重要的程序性权利理所当然能够保障现有的实体性权利，因为行政程序抗辩权的启动是以行政主体拟作出的某种行政行为对行政相对人的实体权益有不利影响为前提，因此，抗辩禁止不利变更义务能有效推动相对人抗辩权的行使，从而使相对人的合法实体权益最终得到保障。

第三，有助于行政主体依法行政，使正式作出的行政行为趋向合法性与正当性。“行政相对人进入行政活动，依照法定程序享有一系列的程序权利，这些权利形成了防范行政主体出现违法行政的制约性”。“既然行政相对人参与了行政过程，公民权利就可以在一定程度上介入行政权力，被公民权利充分渗透的行政权力将是使行政权力沿着法制轨道运行的内在保证。”② 行政主体拟作出的某种行政行为所依据的理由，可分为合法性理由（事实材料、法律规范）和正当性理由（政策形势、公共利益、惯例公理等），但行政主体所展示的理由不一定合法与正当，而行政相对人对之予以抗辩，则有可能促使行政主体依法行政。在现代行政程序领域，抗辩禁止不利变更义务能尊重相对人的抗辩权，因而有助于行政主体依法行政。首先，抗辩禁止不利变更义务能充分激发相对人行使抗辩权的勇气与力量，使相对人敢于揭露与批判行政主体拟作出的某种行政行为所依据的理由的违法性与非正当性，从而使行政主体能及时发现拟作出的某种行政行为的违法性与非正当性，并采取有效的措施对待拟作出的某种行政行为，如减轻对行政相对人的不利影响或予以变更使其有利于行政相对人，这样行政主体最终作出的行政行为就趋向

---

① 孙笑侠：《论法律程序中的人权》，《中国法学》1992 年第 3 期。

② 方世荣：《论行政相对人》，中国政法大学出版社 2000 年版，第 176、178 页。

了合法性与正当性。其次，抗辩禁止不利变更义务告诫行政主体即使拟作出的某种行政行为对相对人的不利影响有所偏轻，但经过相对人抗辩后，如果没有新的事实依据，最终作出的行政行为也不能加重不利影响。这就对行政主体提出了更严格的要求，促使行政主体充分认识到自己的责任，使自己在拟作出某种行政行为时更加认真负责、正确适用法律，从而使最终作出的行政行为趋向合法性与正当性。

3. 抗辩禁止不利变更义务制度的缺失及其完善。目前，抗辩禁止不利变更义务制度在具体内容、适用范围及违反抗辩禁止不利变更义务的救济等方面存在诸多缺失，如在具体内容方面，仅笼统地规定禁止不利变更，但不利变更的具体情形应当有哪些，没有说明，如《行政处罚法》第32条规定："当事人有权进行陈述和申辩。……行政机关不得因当事人申辩而加重处罚。"《工商行政管理机关行政处罚程序规定》第53条规定："工商行政管理机关在告知当事人拟作出的行政处罚建议后，应当充分听取当事人的意见。……不得因当事人陈述、申辩、申请听证而加重行政处罚。"在适用范围方面，在行政执法程序领域，只有行政处罚程序中规定了申辩禁止不利变更义务，在行政许可、行政征收、行政给付等程序领域，没有这方面的规定；在行政立法程序、行政决策程序领域，更明确缺乏申辩禁止不利变更义务的规定。至于违反抗辩禁止不利变更义务的救济，法律的规范也是空白。我国法律法规在行政复议、行政诉讼领域规定了复议、起诉禁止不利变更义务，但这不是对行政程序领域违反抗辩禁止不利变更义务的救济，如《行政复议法实施条例》第51条规定："行政复议机关在申请人的行政复议请求范围内，不得作出对申请人更为不利的行政复议决定。"新《行政诉讼法》第77条规定："行政处罚明显不当，或者其他行政行为涉及对款额的确定、认定确有错误的，人民法院可以判决变更。人民法院判决变更，不得加重原告的义务或者减损原告的权益。"

由于抗辩禁止不利变更义务制度所存在的严重缺失，行政法治实践中产生了许多行政主体侵犯相对人合法权益的情形，如在行政立法领域，有的拟作出的对相对人不利的行政法规、规章草案经过相对人抗辩后，最终通过的行政法规、规章往往对相对人更加不利。在行政决策领域，有的拟作出的对相对人不利的决策草案经过相对人抗辩后，最终通过的决策也往往对相对人更加不利，如有的价格听证会，最后成了价格涨价会。在行政执法领域，行政主体违反抗辩禁止不利变更义务侵犯相对人合法权益的现象更加突出，如在A县工商机关处罚A县新华书店一案中，A县新华书店为了促使A县教育部门组织中小学校统一向A县新华书店订购教辅书刊，从而承诺按教辅书刊销售金额5%的比例向A县教育部门支付宣传费，A县新华书店共销售的教辅书刊，价值达80万元，获利4万元。对此，A县工商机关对A县新华书店拟作出了一个没收违法所得4万元、罚款2万元的行政处罚决定，理由是A县新华书店向A县教育部门支付宣传费的行为属于商业贿赂。A县新华书店抗辩称并无违法所得，理由是此次销售零利润，A县工商机关采纳了A县新华书店的申辩意见，但最终依据《反不正当竞争法》对其作出罚款4万元的行政处罚决定。[①] 无疑，A县工商机关将罚款数额2万元改为4万元，违反抗辩禁止不利变更义务，因为抗辩不加重处罚义务应包括不对相对人拟作出的某一项处罚在幅度上加重。

因此，为了促进行政主体顺利履行抗辩禁止不利变更义务我们必须高度关注制度的完善。总体而言，我国应早日制定一部统一的行政程序法典，来实现行政程序法的法典化。由于行政程序法的法典化是指立法机关系统整理现有行政程序法规范，调查和总结行政程序的现状和经验，比较和借鉴其他国家与地区的行政程序法，在此基础上将各个行政领域的程序法规范集中于一个法律文件的立法活动，[②] 因而能更好地规制抗辩禁止不利变更义务以保障行政相对人程序抗辩权。具体而言，首先，应在行政程序法典中设定抗辩禁止不利变更义务原则；其次，应在行政程序法典中规定抗辩禁止不利变更义务的具体内容（前面抗辩禁止不利变更义务的界定已做了说明，这里不赘述）；再次，在行政程序法典中要把禁止不利变更义务原则贯穿于整个行政立法、行政决策以及行政执法等程序中去；最后，行政程序法典中应规定违反抗辩禁止不利变更义务的救济途径，如行政复议、行政诉讼及行政赔偿等。

---

① 黄璞琳：《本案违背申辩不得加重处罚原则吗？》（http：//pjc161161. blog. 163. com/blog/static/186301133201283743599970/）。

② 应松年：《行政程序法立法研究》，中国法制出版社2001年版，第199页。

第四章

行政抗辩权保障的行政主体促进义务

行政主体的促进义务是行政抗辩权的积极受益权功能的要求。在崇尚行政法治、行政民主与尊重行政相对人权利的时代，相对人的行政抗辩权已逐渐在行政相关领域被法定化，如《行政处罚法》第 32 条："当事人有权进行陈述和申辩。行政机关必须充分听取当事人的意见，对当事人提出的事实、理由和证据，应当进行复核；当事人提出的事实、理由或者证据成立的，行政机关应当采纳。行政机关不得因当事人申辩而加重处罚。"《行政强制法》第 8 条规定："公民、法人或者其他组织对行政机关实施行政强制，享有陈述权、申辩权。"《行政许可法》第 7 条规定："公民、法人或者其他组织对行政机关实施行政许可，享有陈述权、申辩权。"但相对人行政抗辩权的实然化在我国仍令人担忧：一是大部分相对人不愿抗辩，主要原因体现在：（1）行政相对人缺乏抗辩的相关知识或技巧；（2）行政主体缺乏对相对人抗辩权的应有尊重，如不听取、不采纳正确合理的抗辩意见；（3）行政相对人抗辩的渠道不通畅等。二是大部分相对人不敢抗辩，主要原因体现在：（1）行政相对人缺乏抗辩的能力，如与强大的行政主体相比较，显得势单力薄、力不从心；（2）相对人的抗辩往往导致行政主体所带来的更加不利的后果等。因此，为了促进对相对人行政抗辩权的保障，行政主体应当在培育相对人的抗辩意识、提升相对人的抗辩能力以及加强自身建设等方面切实履行义务。

第一节　培育相对人抗辩意识的义务

“在心理学上，意识指的是人所特有的对于客观世界的主观印象，包括感觉、知觉、表象等感性形式和概念、判断、推理以及形象思维等理性形式。权利意识指的是社会主体对权利的认知、情感和意志等的总和。”① 据此，我们可以说，在行政法领域，行政抗辩权意识是指行政相对人对在行政程序中所享有或应当享有的对行政抗辩权的认知、情感和意志等的总和。在崇尚民主与法治的时代，有无行政抗辩权意识是判明行政相对人能否成为合格的权利主体，尤其是判明行政相对人中的个人能否成为合格的公民的重要标尺。波兰法学家、心理法学派代表人物彼得拉任斯基曾指出：“健康、适当强度的权利意识对一个人产生重要的教育影响，使他成为一个有尊严的‘公民’，使他的性格和行为避免由于没有正确的尊严感和自尊发展出来的一些瑕疵。传统上，这些瑕疵被称为‘奴性’灵魂。”② “一个人只有在他为自己的权利而斗争的时候才能成为一个人格独立的人，也只有这时的人才是一个公民。”③ “在我们这个时代，让更多的人获享更多的权利，已经成为人类的共同理想。”④ 而获享权利的前提是立法对权利的确认和主体对权利的认知和主张。对公民权利的保障只有当公民意识到其权利应当给予保障时才有可能为立法所确认，也只有当公民主张其权利时才有可能真正实现，因为“权利观念是现实权利形成的主观能动性的表现，它可使法定权利‘内化’入个体的个性、自主性，从而‘驱动’个人或组织的权利行为”⑤。

无疑，作为人权意识的行政抗辩权意识也是实现法定的行政抗辩权的必然要求或重要条件。然而，我国行政相对人的行政程序抗辩权意识之现状还令人担忧：行政相对人习惯于服从“长官命令”，即使行政主

---

① 杨春福：《权利法哲学研究导论》，南京大学出版社 2000 年版，第 74 页。

② Leon Petrazycki, *Law and Morality* transl, by Babb, Cambridge, Mass, 1995. p. 98.

③ 萧瀚：《走向公民时代》（http：//211. 100. 18. 62/research/lgyd/details. asp? lid = 3346）。

④ 夏勇：《走向权利的时代》，中国政法大学出版社 2000 年版，第 1 页。

⑤ 程燎原、王人博：《权利及其救济》，山东人民出版社 1998 年版，第 341 页。

体在拟作出不利决定之前告知其有抗辩的权利，其也不愿抗辩，好像行政活动只是行政主体的事，与己无关。诚然，相对人的行政抗辩权意识之淡薄有其历史的与现实的缘由。就历史而言，“对于中国古代的权利和权利文化，中外思想家、法律史家和比较法学家有许多较为一致的看法，他们认为：（1）中国古代权利及权利思想极不发达，既无发达的私权，也无多少个人权利，更谈不上政治自由。与此相伴同，形成了一种轻贱权利的文化观念。（2）中国古代从未有过人权思想。（3）中国古代没有权利平等的思想。（4）中国古代欠缺争取民权和保护权利的意识。（5）中国古代重整体轻个体，存‘公’灭‘私’的伦理文化，也使得中国古代形成了‘义务本位’文化。以上所述，并不表明人们全盘否定中国古代的政治法律文化，而只是意在指出，在这种文化中，我们找寻不到诸如自由、平等、人权、政治权利、人格尊严之类的概念和学说。而这些概念及其学说恰恰是现代权利文化的中心问题”①。因此，中国法律传统文化无现代行政程序的“基因”，几千年的封建专制体制剥夺了公民的人格尊严及人格独立，从而使作为防卫的抗辩权丧失了存在的基础。

就现实而言，制度上，我国宪法和法律中缺少有关现代行政程序基本原则的一般性规定，譬如，不存在类似于普通法传统中的自然正义原则，也没有类似于美国宪法中正当程序条款的规定，致使我国的行政程序立法未能在明确的法律原则的指导下进行，从而导致行政程序往往逃不出服务于强化国家行政管理目的的窠臼，缺乏对行政相对人程序性权利，尤其是抗辩权之应有的尊重与保障。一方面，行政程序实际上成为行政主体的工作程序及办事手续，从而最容易侵犯行政相对人的诸项权利；另一方面，行政抗辩权保障机制不健全，虽然行政相对人参与了某种或某类行政活动，但保障其抗辩所要达到行政程序所要求——控制行政权力的相应措施匮乏，从而使抗辩流于形式。② 实践中，大部分行政相对人不仅缺乏抗辩的相关知识或技巧，而且缺乏选择合理的抗辩渠道的机会等。基于影响相对人行政抗辩权意识的历史与现实的缘由，行政主体除了通过行政立法规定行政抗辩权以完善与发展宪法、法律关于行

① 程燎原、王人博：《权利及其救济》，山东人民出版社 1998 年版，第 273—274 页。

② 张晓光：《行政相对人在行政程序中的参与权》，《行政法学研究》2000 年第 3 期。

政抗辩权的规定外，行政主体还应从教育与抗辩渠道等路径来培育相对人的抗辩意识。

一　通过科学合理的教育以培育相对人抗辩意识

行政立法、行政决策以及行政执法实践中，大部分相对人在行政主体对其拟作出某种不利决定之前不愿意予以抗辩，究其原因主要在于：一是缺乏普遍的平等观念、广泛的自主意识与强烈的责任感；二是缺乏抗辩的相关知识或技巧；三是行政主体没有合理对待抗辩意见。对此，行政主体针对相对人科学而合理的教育应涉及教育内容与教育方式两个方面的问题。就教育内容而言，应包括通识性教育与专业性教育，前者主要是解决相对人的平等观念、自主意识与责任感缺失的问题，为相对人萌生抗辩的欲望做好铺垫。行政主体一方面应告诫“公民们自身必须抛弃那种认为行政事务是公共官员权力范围的事，认为行政官员注定就是来为他们提供服务的，因而公民可以对行政事务不闻不问的陈旧观念”①。另一方面应促使相对人必须认识到“为权利而斗争是对自己的义务”“主张权利是对社会的义务”“为国民生活权利而斗争的重要性”,② 因此，行政主体在拟作出对行政相对人不利决定之前，应告知相对人有抗辩的权利并教育相对人积极主动主张抗辩的重要性，如此既能有效维护自身的合法权益又能促进行政权的合法、正当行使，从而维护公共利益等。

专业性教育主要解决行政立法、行政决策以及行政执法等中相对人具体应怎样抗辩的问题，如抗辩的对象、抗辩的方式、抗辩的时间以及抗辩的形式等。首先，行政主体针对相对人拟作出某种不利的抽象规定、决策或具体的决定之前，应告知相对人的抗辩对象，即此种不利抽象规定、决策或具体决定的事实、理由和依据。如《行政处罚法》第31条规定：“行政机关在作出行政处罚决定之前，应当告知当事人作出行政处罚决定的事实、理由和依据，并告知当事人依法享有的权利。”

① ［法］勒内·达维：《英国法与法国法》，舒扬等译，西南政法学院法制史教研室1980年印刷，第110页。

② ［德］耶林：《为权利而斗争》，胡宝海译，载梁慧星主编《民商法论丛》第2卷，法律出版社1994年版，第22—48页。

其次，针对抗辩对象，相对人应提出相应的事实、理由和证据，如在行政处罚领域，应提出没有违法的行为或不应受到行政处罚的事实、理由和证据以及违法行为情节较轻，应受到较轻处罚的事实、理由和证据等，对此，行政主体应教会相对人熟悉相关的抗辩方式，一般来说，主要存在辩解、质证以及反驳三种方式。辩解是指在行政程序中相对人为维护自己的合法或正当权益，针对行政主体拟作出的不利抽象规定、决策或具体决定的事实、理由和依据，在法律允许的范围内进行申辩和解释的活动。这种活动具体展现为相对人通过举出对自己有利的事实证据或提出对自己有利的法律依据证明自己的主张是合法或正当的，从而维护自身应有的权益。如在侵益行政程序中，相对人的主张是自己的现有利益不应当受侵犯，在授益行政程序中，相对人的主张是自己应增加的利益不应当受侵犯。但在行政实践中，相对人辩解理由主观性较强，收集与出示有效证据的能力较弱，如在卫生行政执法过程中相对人辩解只是一种情绪的宣泄，例如，辩解理由为经济困难，但是很少有相对人能够提交财务报表、税收证明或者顾客登记等相关材料，至于积极整改的辩解理由大部分相对人表述为态度良好，仅有少部分相对人提及了如何防止违法行为再次发生、消除不良影响后果以及积极赔偿损失等。[①] 因此，行政主体应在相对人的收集与出示有效证据方面加强培训。

“质证”最初是诉讼法中的一个重要概念，如有的诉讼法学者认为，“质证是指在审判人员的主持下，由当事人就其举证和法院依职权取证而获得的证据通过出示、辨认、询问等质证方式证明证据效力的一种诉讼制度”[②]。在行政法领域，质证是指在行政程序中，行政相对人针对行政主体拟作的不利抽象规定、决策或具体决定所提供的证据通过辨认、质疑及询问等方式证明证据效力的活动。显然，行政程序中质证最核心的内容是对行政主体所提供的证据产生怀疑并进一步询问证人，以检验证据的客观性、相关性及合法性。至于反驳，是指在行政程序中，行政相对人针对行政主体拟作出的不利抽象规定、决策或具体决定所提供的依据予以驳斥的活动。由于行政主体所提供的依据包括事实依

① 王怡：《上海市某区卫生行政处罚中陈述申辩制度执行情况》，《上海预防医学》2015年第9期。

② 高洪宾、钱建军：《民事诉讼质证及其效果保障》，《人民司法》1998年第3期。

据与法律依据，如此，则行政程序反驳又具体划分为对事实依据的反驳与对法律依据的反驳两种情形。前者指行政相对人通过提出新的证据证明行政主体所提供的证据是违法的或是无效的；后者指行政相对人通过提出新的法律依据证明行政主体所提供的法律依据是违法的或是无效的。

最后，行政主体应使相对人知晓抗辩的时间与抗辩的形式。抗辩的时间必须是行政主体拟作出的某种不利抽象规定、决策或具体决定之前，如对某种行政处罚的抗辩，按照规定应在收到行政处罚告知书后 3 日内提出，否则，即视为相对人放弃抗辩权利。当然，对于行政主体已经作出的行政规范、行政决策或行政决定，如果相对人认为违法或明显不当，可以行使救济权，如申请立法监督、行使行政抵抗权或申请行政复议、提起行政诉讼等。抗辩的形式，一般体现为口头形式与书面形式两种情形，其中正式抗辩通常以口头形式进行，以凸显行政的公正性；非正式抗辩既可以适用口头形式，也可以适用书面形式，但以适用书面形式为主，以提高行政的效率性，例如，在日本，辨明以辨明书进行，行政厅准许口头进行的场合除外。①

就教育方式而言，为了使相对人更加有效地增强抗辩意识，行政主体应采取正面教育与反面教育两种方式相结合。所谓正面教育方式，即对于相对人所提供的具有建设性的抗辩意见，如促进了行政活动的合法性与正当性，有力维护了他人、社会及国家利益等，应给予一定的精神或物质奖励，并且对这种奖励可以通过新闻媒体广泛宣传，以激发相对人抗辩的勇气与激情。相反，对错误的、不合理的抗辩意见不予以采纳，并说明理由。这也应通过新闻媒体广泛宣传，从反面告诉相对人什么样的抗辩意见是错误的、不合理的，从而使相对人引以为戒，如一旦面临行政主体拟作出的某种不利抽象规定、决策或具体决定，则能理性应对，有信心、有底气提出正确的、合理的抗辩意见。

① 朱芒：《行政程序中正当化装置的基本构成——关于日本行政程序法中意见陈述程序的考察》，《比较法研究》2007 年第 1 期。

二　创新与完善抗辩渠道以培育相对人抗辩意识

当前，针对行政主体拟作出的某种不利抽象规定、决策或具体决定，许多相对人不愿抗辩的重要原因还表现在抗辩渠道存在一定的障碍。以行政抗辩所运行的程序是否正式、严格为标准，可划分为正式行政抗辩与非正式行政抗辩。正式行政抗辩指相对人因行政主体拟作出的某种不利抽象规定、决策或具体决定对其合法利益将产生严重影响而在正式行政听证程序中予以辩解、质证及反驳的行为。如我国《行政处罚法》第 42 条规定："行政机关作出责令停产停业、吊销许可证或者执照、较大数额罚款等行政处罚决定之前，应当告知当事人有要求举行听证的权利。"日本的《行政程序法》中，正式行政听证程序或正式行政程序抗辩权适用的对象是撤销许可认可，或者直接剥夺当事人的资格或地位等使当事人遭受特别重大的不利益处分，即当行政厅作出这些特定不利益处分时，当事人或参加人有权以口头方式表述意见，提交证据文件和向行政厅的职员提问。① 据此，正式行政抗辩的渠道为听证会。非正式行政抗辩指相对人因行政主体拟作出的某种不利抽象规定、决策或具体决定对其合法利益将产生的影响较小而在非正式行政听证程序中予以辩解、质证及反驳的行为。美国的非正式行政听证程序必须满足的最低限度的正当法律程序所要求的程序性保障包括：（1）事先得到通知权；（2）口头或书面提出意见的机会；（3）决定应该说明理由；(4) 作出决定者应该无偏见。② 因此，非正式行政抗辩的特点指不要求举行听证会，仅要求行政主体在作出某种不利抽象规定、决策或具体决定之前采取一定的方式听取相对人的抗辩，即给予相对人一个说话或表示异议的机会，其抗辩渠道涉及座谈会、论证会、电视、报纸、信函及办公场所设立的意见箱等。

无疑，现有的诸抗辩渠道为相对人抗辩提供了一定的选择空间，但还不尽如人意，譬如，目前公众对行政立法的抗辩渠道有听证会、座谈会、论证会和公开征求意见等，然而，这些方式在实践操作中存在不可

---

① 朱芒：《行政程序中正当化装置的基本构成——关于日本行政程序法中意见陈述程序的考察》，《比较法研究》2007 年第 1 期。

② 王名扬：《美国行政法》，中国法制出版社 1995 年版，第 539 页。

避免的局限：会议渠道所能容纳的抗辩者范围十分有限，同时，必将耗费抗辩者太多的时间和精力。对此，行政主体应创新更为便民的渠道听取抗辩意见，如就立法内容设计出有理由说明的备选答案，由相对人简便易行地选择网上投票、填写问卷调查和提供民意测验等渠道进行抗辩。① “利益表达的关键是有关行动者能够获得进行表达的渠道或途径。”② 我们认为，为了更加增强相对人的抗辩意识，利益表达的关键是行政主体应保障有关相对人能够获得进行抗辩的适当渠道或途径。全球互联网时代的今天，行政主体通过创新网络平台为相对人提供抗辩应是一种理性的、必然的选择。如美国政府在作出某项法规的行政决策时就运用了网络中的一种 FDMS 系统，这至少有三个方面的优势：第一，“……使所有关于联邦法规依据的信息通过互联网让公众得以获取”；第二，“提高政府法规决策的质量和合法性”；第三，“使公众更易获得决策过程的信息”。③ 我国已是运用网络率较高的大国，将网络作为相对人抗辩的一个平台，不仅有助于节约相对人抗辩的成本，而且有助于相对人更便捷地参与抗辩。因此，行政主体有义务创新网络平台，如设立民意表达网站、电子信箱、微博、微信等为相对人抗辩提供人性化的渠道。

当然，行政主体除了创新网络抗辩平台以增强相对人的抗辩意识外，还应当进一步完善听证会、座谈会和论证会等具有交涉性的意见表达渠道。如行政主体应严格履行依法举行听证会的义务，保障相对人最有实质意义地进行抗辩；应建立定期举行重大决策的公众座谈会、专家论证会的制度，这不仅能保障相对人与行政主体的直面交流与互动，而且保障了部分无法利用网络资源的相对人行使抗辩权，同时也将促使行政决策更加民主化和科学化。④ 更值得一提的是，行政主体还可以将传统的抗辩平台与网络抗辩平台相结合以方便相对人抗辩，譬如，在行政决定过程中，信息的公开、告知义务的履行、申请听证以及一些书面证

---

① 方世荣：《论行政立法参与权的权能》，《中国法学》2014 年第 3 期。

② 胡伟：《政府过程》，浙江人民出版社 1998 年版，第 193 页。

③ Cary Coglianese, Stuart Shapiro & steven J. Balla, "Unifying Rulemaking Information: Recommendations for the New Federal Docket Management System", *Administrative Law Review*, Vol. 57, No. 2, Spring 2005.

④ 邓佑文：《论行政参与权与行政法律关系的变革》，《东岳论丛》2012 年第 4 期。

据的提交等，都可以通过网络进行。①

第二节　提升相对人抗辩能力的义务

实践中有些行政相对人对行政抗辩心存畏惧，存在“民怕官”心理，无抗辩欲望，唯恐抗辩遭受行政主体所带来的更不利后果；有些行政相对人虽然在行政程序中有抗辩的欲望，但当行政主体拟作出的某种不利抽象规定、决策或具体决定侵犯其合法权益时，不敢对之予以抗辩。如在一份“当您的合法权益受到行政机关的不法侵害之后，您觉得应如何办”的问卷调查中，竟然有25%的人回答“忍了算了”②。这主要是因为我国法定的抗辩机制不完善，行政抗辩行为的效果强度除了受制于法律理由的充分性影响外，在事实上还受到诸多因素的影响。③ 其中，最关键的因素就是相对人的抗辩能力，不同的相对人其抗辩能力有异甚至殊异，如一般而言，律师的抗辩能力强于普通公民的抗辩能力；单个人的抗辩能力远弱于由利益一致的个人所形成的组织的抗辩能力。因此，为了提升相对人的抗辩能力，促进相对人抗辩权的保障，行政主体所履行的义务应体现在两个层面：一是推动与完善相对人抗辩的代理或代表制度建设；二是推动与完善相对人抗辩的组织化制度建设。

一　推动与完善相对人抗辩的代理或代表制度建设

关于相对人抗辩的代理或代表制度建设，主要是解决行政执法领域相对人抗辩能力的问题。相对人抗辩的代理，简单地说，指在行政程序中法定的、指定的或委托的人代理相对人对行政主体拟作出的某种不利的决定予以辩解、质证或反驳的行为。为什么相对人抗辩需要代理？我们可以从学者李琦对公民有获得法律帮助权的必要性中得到很好的答案，他认为，现代国家的律师制度和法律援助制度规定公民有获得法律

① 彭霞：《相对人行政参与权的价值目标及其实现》，硕士学位论文，中国政法大学，2006年，第45页。

② ［德］耶林：《为权利而斗争》，胡宝海译，载梁慧星主编《民商法论丛》第2卷，法律出版社1994年版，第573页。

③ 吕尚敏：《行政相对人的抗辩困境与出路》，《河南社会科学》2010年第6期。

帮助权之目的在于为诉讼程序和行政程序中的公民提供法律帮助，并且认为公民享有获得法律帮助的权利取决于下述四个方面的因素：（1）当事人在知识与技能上的有限性；（2）当事人在心理上的不利状态；（3）平衡个人与国家的力量对比；（4）借助于律师所提供的法律帮助，当事人可以从“讼累”中摆脱出来，从而最大限度地减少时间、精力的无效或低效的支出以及机会的丧失。① 据此，各国行政程序法都规定了包含相对人抗辩的代理制度，例如，联邦德国 1976 年《行政程序法》第 4 条规定，“参与人可由全权代理人代理”；葡萄牙《行政程序法》第 52 条规定，“所有私人均有权亲自参与行政程序，或由律师或法律代办代理人或辅助参与”；日本 1993 年《行政程序法》第 16 条规定，听证当事人“得选任代理人，代理人得为个人或当事人有关听证之一切行为”。

在我国现行立法中，代理制度在民事法律制度及诉讼法律制度中的规定比较完善，但在行政法律制度中鲜有规定，且规定很不完善，如我国《行政处罚法》第 42 条规定，“当事人可以亲自参加听证，也可以委托一至二人代理”。因此，为了提升相对人的抗辩能力，行政主体有义务推动与完善相对人抗辩的代理制度建设。首先，行政主体应推动拓宽相对人抗辩代理的疆域，既要在行政处罚程序领域建立起相对人抗辩代理制度，也要在其他具体行政行为领域，如行政许可程序、行政强制程序等建立起相对人抗辩代理制度，对此，我国有的地方行政主体已作出了开拓创新，如《湖南省行政程序规定》第 25 条规定：“限制行为能力人可以参与与他的年龄、智力相适应的行政程序；其他行政程序由他的法定代理人代理，或者征得他的法定代理人的同意。无行为能力人由他的法定代理人代为参与行政程序。当事人、利害关系人可以委托 1 至 2 名代理人参与行政程序，法律、法规、规章明确规定当事人、利害关系人必须亲自参与行政程序的，还应当亲自参加行政程序。”其次，行政主体应进一步完善相对人抗辩代理制度。我国法律、法规关于行政抗辩代理的类型、权利义务等皆缺乏明确、系统之规定，极少数地方规章规定了抗辩的法定代理、委托代理，但没明确规定指定代理，而且现

① 李琦：《论法律上的防卫权——人权角度的观察》，《中国社会科学》2002 年第 1 期。

有的规定仍无法适应实践的需要，因此，行政主体一方面应通过行政法规、规章等明确规定相对人的抗辩代理的类型包括法定代理、指定代理及委托代理，具体要求为：没有抗辩行为能力的相对人，由其法定代理人代为抗辩；法定代理人互相推诿代理责任的，由行政主体指定其中一人代为抗辩；相对人、法定代理人，可以委托一至二人作为抗辩代理人，被委托为抗辩代理人的对象可以包括：（1）律师、基层法律服务工作者；（2）当事人的近亲属或者工作人员；（3）当事人所在社区、单位以及有关社会团体推荐的公民。另一方面，行政主体应对诸抗辩代理人的权利义务作明确规定，如就律师作为被委托的抗辩代理人而言，其有权按照规定查阅、复制与行政主体拟作出的某种不利的决定有关的材料，有权向有关组织和公民调查、收集与本决定有关的证据，但对涉及国家秘密、商业秘密和个人隐私的材料，应当依照法律规定保密。

相对人抗辩的代表，是指在行政程序中由法定的或推选的或指定的人代表法人、其他组织或群体对行政主体拟作出的某种不利的决定予以辩解、质证或反驳的行为。它与相对人抗辩的代理最主要的区别在于：（1）前者的代表人必须是直接利益关系人或群体内的成员；后者的代理人则相反；（2）前者的代表人产生方式的最大特点是经过大多数人推荐或同意或者认可；后者的代理人产生方式的最大特点是必须是有授权的委托。相对人抗辩的代表，能够有效地提升行政抗辩的效率，降低相对人参与行政抗辩的成本，而且还能够有效地提升群体性抗辩的理性化、解决利益冲突引起的社会矛盾，因而对于推动我国行政法治的进步具有重要意义。[①] 国外有关行政程序法典中规定了相对人的抗辩代表，但字面上是以抗辩代理的形式出现的，如德国 1976 年《行政程序法》第 18 条规定：“有 50 人以上为共同利益参加同一行政程序中，无代理人的，如不指定共同代理人将会妨碍行政程序正式进行的，行政主体可要求参与人在适当期限内指定一共同代理人。未按期遵守该要求的，行政主体可依职权指定一共同代理人。代理人只能由自然人担任。”[②] 韩国 1996 年《行政程序法》第 11 条规定：“1. 多数当事人等共同为行政程序之行为时可选定代理人。2. 当事人等未依第 1 项之规定选定代理

① 李卫华：《行政参与主体研究》，博士学位论文，山东大学，2008 年，第 22 页。

② 应松年主编：《外国行政程序法汇编》，中国法制出版社 2004 年版，第 86—87 页。

人或代理人过多而有拖延行政程序之虑时，行政主体可说明理由后请求一定时间内选定3人以下之代理人。如当事人等未应命令选定代理人，行政主体可直接指定。”① 我国台湾地区的行政程序法典对相对人抗辩的代表也做了较好的规定，如1999年“行政程序法”第27条规定：“多数有共同利益之当事人，未共同委托代理人者，得选定其中一人至五人为全体为行政程序行为。未选定当事人，而行政主体认为有碍程序之正常进行者，得定相当期限命其选定；逾期未选定者，得依职权指定之。”②

然而，我国现行的法律、法规对相对人抗辩的代表尚没有规定，虽然有的地方行政主体已作出了开拓创新，如《湖南省行政程序规定》第26条规定：“当事人、利害关系人人数众多，没有委托共同代理人的，应当推选代表人参与行政程序。代表人代表全体当事人、利害关系人参与行政程序。代表人的选定、增减、更换，应当以书面形式告知行政机关。”第140条规定：“参加行政执法听证会的当事人、利害关系人人数较多的，应当按照本规定确定代表人。”但还有待进一步完善，因此，为了提升相对人的抗辩能力，行政主体有义务推动与完善相对人抗辩的代表制度的建设。第一，应合理明确规定相对人抗辩代表人的种类，除了规定推选的代表人外，还应借鉴国内外相关法律制度的优越性，规定法定的代表人及指定的代表人，如最高人民法院《关于执行〈中华人民共和国行政诉讼法〉若干问题的解释》第14条规定：“不具备法人资格的其他组织向人民法院提起诉讼的，由该组织的主要负责人作诉讼代表人；没有主要负责人的，可以由推选的负责人作诉讼代表人。同案原告为5人以上，应当推选1—5名诉讼代表人参加诉讼；在指定期限内未选定的，人民法院可以依职权指定。”据此，行政主体对法定的代表人的规定应表现在：具备法人资格组织向行政主体提起抗辩的，由法人代表作为抗辩代表人；不具备法人资格的其他组织向行政主体提起抗辩的，由该组织的主要负责人抗辩代表人。对指定的代表人的规定应表现在：相对人在指定期限内未选定的，行政主体可以依职权指定。第二，应合理明确规定相对人抗辩代表人的权利义务。韩国1996年

① 应松年主编：《外国行政程序法汇编》，中国法制出版社2004年版，第576页。
② 同上书，第791页。

《行政程序法》第 11 条规定："代理人可各自为将自己选定为代理人之当事人等，为一切有关行政程序之行为。但终结行政程序之行为应得其他当事人等之同意。"① 我国台湾地区 1999 年"行政程序法"第 27 条规定："经选定或指定当事人者，仅得由该当事人为行政程序行为，其他当事人脱离行政程序。但申请之撤回、权利之抛弃或义务之负担，非经全体有共同利益之人同意，不得为之。"② 我国，即 2014 年所修改的《行政诉讼法》第 28 条规定："代表人的诉讼行为对其所代表的当事人发生效力，但代表人变更、放弃诉讼请求或者承认对方当事人的诉讼请求，应当经被代表的当事人同意。"据此，行政主体对相对人的抗辩代表人的权利义务的规定应体现在：抗辩代表人的抗辩行为对其所代表的相对人发生效力，但代表人变更、放弃抗辩请求或者承认行政主体的不利决定，应当经被代表的相对人同意。

二　推动与完善相对人抗辩的组织化制度建设

当行政主体在行政立法、行政规划以及涉及社会普遍利益的行政决策等中拟作出某种不利的抽象规则、抽象规划或抽象决策时，它所面对的主体是作为社会公众的行政相对人，如此，则如何既保障相对人抗辩的广泛性，又保障相对人抗辩的有效性，从而提升相对人的抗辩能力，这是相对人抗辩的组织化所要解决的重要课题。有学者曾言，在行政立法领域，为了提升相对人的抗辩能力，应当培植利益代表层。"所谓利益代表层，是指与某些常见的行政行为利害有涉的个体的代表所形成的组织，它负责向踏入特定行政程序的相对人提供帮助，并在行政机关制定一般规则时参与其中，以一种集结力量抒发民意，把利益表达渠道真正利用起来。培植利益代表层可以让公民摆脱受到个别打击的困扰，汇聚成基本能与行政权平衡的对抗、对话能力。"③ 这里所谈的"利益代表层"，即个体利益的组织化，据此，我们认为，所谓相对人抗辩的组织化，是指与行政主体的行政立法、行政规划以及涉及社会普遍利益的行

① 应松年主编：《外国行政程序法汇编》，中国法制出版社 2004 年版，第 576 页。

② 同上书，第 791 页。

③ 方洁：《参与行政的意义——对行政程序内核的法理解析》，《行政法学研究》2001 年第 1 期。

政决策等抽象行政行为有利害关系的相对人的代表所形成的组织，其使命在于为踏入特定抽象行政程序的相对人提供帮助，并针对行政主体拟作出的某种不利的抽象规则、抽象规划或抽象决策提出抗辩意见。

相对人抗辩的组织化的必要性在于："相对于强大的政府，没有组织的个人'人微言轻'，政府可能根本听不到你的声音。"① "公众或分散的个体在面对某项公共政策时存在共同的利益，并不意味着他们会提出步调一致的利益主张和诉求，因为个体对利益的认知和相应行动，会受到很多个体化因素的影响。……这将削弱他们追求共同的、根本性利益的能力。"而"通过组织化的社团，将众多个体的利益主张和信息在团体内部进行集中、归纳和提炼，使相同的利益主张被叠加，相反的利益主张得到协调，可以使分散的利益得到更加集中的表达，这意味着组织化可以获得更大的'话语权'。在这个过程中，微弱的声音被集中，对抗能力增强。"②

当前，我国相对人抗辩的组织化已取得了一定的成绩，如《宪法》第35条明确规定公民有结社自由的权利；为了具体落实和细化对公民结社自由的保障，1998年国务院制定了《社会团体登记管理条例》；为了规范民办非企业单位的登记管理，1998年国务院制定了《民办非企业单位登记管理暂行条例》；为了维护基金会、捐赠人和受益人的合法权益，促进社会力量参与公益事业，2004年国务院制定了《基金会管理条例》。③ 然而，相对人抗辩的组织化制度建设的完善与发展仍任重道远。《社会团体登记管理条例》第3条的规定，"成立社会团体，应当经其业务主管单位审查同意，并依照本条例的规定进行登记。社会团体应当具备法人条件"。显然，社会团体的成立举步维艰，一方面成立的资格应具备法人条件；另一方面成立的程序刁难：采取双重许可制，"即首先需要取得业务主管单位的审查同意，然后再去民政部门办理社会团体登记。……正是由于我国现有民间组织设立体制的缺陷，导致多数民间组织处于'非法'状态，或者以工商注册的形式获得合法性证

① 姜明安：《公众参与与行政法治》，《中国法学》2004年第2期。

② 王锡锌：《利益组织化、公众参与和个体权利保障》，《东方法学》2008年第4期。

③ 参见黄学贤、齐建东《试论公民参与权的法律保障》，《甘肃行政学院学报》2009年第5期。

明（因此而付出的一个代价是，不能够享受非营利组织的免税待遇），而极少数取得合法身份的民间组织也面临各种困难”①。

此外，相关法律对社会团体的规定主要是登记程序方面的权利义务，实体权利义务和责任的条款却很少，从而流于形式，如1993年的《农业法》、2004年的《农业机械化促进法》、2005年的《畜牧法》、2006年的《农产品质量安全法》等，虽然都有有关行业协会的专门条款，但缺乏相应的责任条款，诸如“畜牧业生产经营者可以依法自愿成立行业协会，为成员提供信息、技术、营销、培训等服务，加强行业自律，维护成员和行业利益”“农业机械生产者、经营者、维修者可以依照法律、行政法规的规定，自愿成立行业协会，实行行业自律，为会员提供服务，维护会员的合法权益”等。② 因此，为了提升相对人的抗辩能力，促进对相对人抗辩权的保障，行政主体有义务推动与完善相对人抗辩的组织化制度建设。第一，应推动统一的《社会团体法》的制定，并完善现有社会团体设立制度：取消现行的双重许可制，保留民政部门的登记制度，适度放宽社会组织的成立条件，允许法人团体和非法人团体并存。第二，应完善社会团体的权利、义务与责任，譬如，对于社会团体自身能力建设的义务，可具体设定为七种情形：其一，提供高质量项目的能力；其二，有明确表述的使命；其三，具有发起和创新的能力；其四，具有辨别和回应迫切需要的能力；其五，适应变化的外部环境的能力；其六，具有筹资和制定战略计划的能力；其七，进行组织管理、人员培训、履行责任的能力；其八，社会组织的管理和活动必须实行透明公开，并能够依据专业化标准进行运作等。③ 此外，应推进自身的信息公开，行政主体信息公开是回应相对人知情权的重要举措，相对人只有在知情的前提下才能更好地抗辩。而且“‘阳光政府’和‘开放政府’可以提供推动利益组织化所必需的信息、认知和行动的基础”④。

---

① 王锡锌：《利益组织化、公众参与和个体权利保障》，《东方法学》2008年第4期。

② 蒋润婷：《行政法视阈下的行政参与权研究》，博士学位论文，南开大学，2010年，第141页。

③ 转引自文军、王世军《非营利组织与中国社会发展》，贵州人民出版社2004年版，第352—353页。

④ 王锡锌：《利益组织化、公众参与和个体权利保障》，《东方法学》2008年第4期。

第三节　完善自身建设的义务

行政主体切实履行培育相对人抗辩意识的义务与提升相对人抗辩能力的义务，从而使相对人愿意抗辩、敢于抗辩以及善于抗辩，这对于促进相对人抗辩权的保障具有直接的功用，但这还只是必要条件，非充分条件，因为如果行政主体不主动积极地培育相对人抗辩意识与提升相对人抗辩能力，甚至阻碍相对人抗辩意识的培育与抗辩能力的提升，如不听取相对人的抗辩意见或因相对人的抗辩而加重不利后果，则所谓促进相对人抗辩权的保障只能成为奢谈。故而，行政主体履行完善自身建设的义务之于促进相对人抗辩权的保障亦不可或缺。具体而言，行政主体完善自身建设的义务表现在塑造尊重相对人的主体性理念、培养应对行政抗辩的能力以及针对行政公务人员构建合理的惩奖机制等方面。

一　行政主体应塑造尊重相对人的主体性理念

人的主体性，是指每个人作为人类的一分子都具有一种别人必须尊重的权利。展言之，它不仅指人格平等、人的本性自由、人作为人对自身价值以及利害关系的理性判断，而且对这种判断，任何主体，包括权力机关都有予以尊重的义务。① 作为人的主体性理论的创立者与实践者，康德曾指出，一个国家的公民状态是“先验地”奠基于下述三项原则之上：其一，作为人，社会中的每一个分子都是自由的；其二，作为臣民，社会中的每一个分子都是平等的；其三，作为公民，一个普通政体中的每一个分子都是独立的。② 显然，康德的法律哲学表明了人是目的而不是手段以及人具有尊严的思想。“一切人都应被作为目的而不仅仅是手段来对待。人的存在，本身就是目的，都有其内在的价值。国家与政府是为人民而设立的，而不是为国家而存在。国家和政府不得以任何借口或理由把人民贬为其统治的客体和手段。”③ 因此，普通公民在接受权力裁决过程中，“……裁判者将当事者视作平等的协作者、对

① 戚建刚、关保英：《公民的拒绝权若干问题探析》，《法商研究》2000 年第 4 期。

② 全增瑕主编：《西方哲学史》（下），上海人民出版社 1987 年版，第 97 页。

③ 皮纯协：《行政程序法比较研究》，中国人民公安大学出版社 2000 年版，第 29 页。

话者和被说服者，而不是被处理者、被镇压者和无足轻重的惩罚对象；裁判者对当事者的实体权益表现出尊重的态度，这进而使当事者作为人的尊严得到了尊重和满足”①。

传统国家行政“以实现抽象的公共利益为唯一宗旨，以贯彻行政主体的单方意志为基本目标，以管理行政相对方为基本内容，以强制性行政行为为主要手段，其结果是剥夺了行政相对方的主体性”②。现代国家行政“行政主体与相对方的关系呈现出权利本位的特质，相对方的权利得到了充分的张扬，并成为行政权的来源和运作目的”。其基本特征表现在：其一，协商、妥协和讨论等非强制手段在行政行为中获得了充分的运用；秩序是通过协商确定的，而非通过服从赢得的。其二，行政主体的意志不再具有绝对的正统性，相对方的意志和利益受到了法律的同等尊重和认真对待。其三，行政保持理性，行政权自觉维持合理的边界。其四，合法性成为对行政的最基本要求。③ 显然，现代国家行政表明：“人民不仅是权力归属主体，而且逐渐扮演起权力行使主体的角色。当政府的主导性角色不再是控制和管制，而是转向服务和为服务创设条件时，社会中的组织和个人不再是单纯的管理对象，而是跃升为具有主体资格和独立行为能力的服务对象，成为政府管理的积极参与者，成为政府行政环绕运行的中心。”④

行政抗辩权是相对人在行政程序中对行政主体拟作出的不利的抽象规定、决策或具体的决定予以辩解、质证及反驳的权利，旨在要求行政主体采纳并对其原有意志进行修正，从而使行政主体意志体现相对人意志或使相对人意志吸收为行政主体意志。这样，行政抗辩权“使行政主体与相对人的意志得以沟通和交流，可以将行政意志融化为相对人意志，也可以将相对人意志吸收到行政意志中，从而使行政法关系具有某种双方性，使相对人真正成为行政法关系的主体，使人权真正得到尊重”⑤。然而，由于传统行政法律文化的消极影响，当代行政法治实践

---

① 陈瑞华：《看得见的正义》，中国法制出版社 2000 年版，第 19 页。

② 崔卓兰、蔡立东：《从压制型行政模式到回应型行政模式》，《法学研究》2002 年第 4 期。

③ 同上。

④ 赵肖筠、张建康：《行政权的定位与政府机构改革》，《中国法学》1999 年第 2 期。

⑤ 叶必丰：《现代行政行为的理念》，《法律科学》（西北政法学院学报）1999 年第6 期。

中仍存在行政主体忽视甚至藐视相对人抗辩权的情形，“行政主体自始至终把自己放在统治者地位，不甘愿屈居与行政相对人沟通对话的地位。……跟强调参与者具有主动性和对抗性的现代行政程序是格格不入的”①。譬如行政主体对相对人的抗辩意见应履行听取与回应义务，这是行政程序正义或行政过程公正的必然要求，但实践中，有的行政主体认为相对人的请求、主张、意见在申辩书上都写清楚了，没必要再听了；有的行政主体认为只要让相对人进行举证、质证和辩论就是“过程公正”，对于不采纳的抗辩意见也没必要说明理由。

因此，为了激发行政主体促进对相对人抗辩权保障的欲望，行政主体应塑造尊重相对人的主体性理念。我们“有必要逐步给行政部门灌输一些新的精神，因为行政部门已表现出某种倾向。它们对历史抱残守缺，始终认为自己是一个实行统治的权力机关，它们对待国家的公民总有点像皇帝对待臣民的味道”②。在彰显服务行政或法治行政的今天，国家行政权存在是否具有正当性，不能由其自身内容来决定，很大程度上取决于国家是否承认行政相对人具有独立的人格和自主性。据此，行政主体应当意识到：“只有个人在政治国家中的自主性得到承认和保障时，政治（统治）才具备正当性；反之，政治正当性是缺位的。个人在政治国家中的自主性，也即个人对于公共权力的自主性。当个人对于公共权力能居于主动的、积极的态势，能参与和影响公共权力的运行并能作为公共权力运行的价值目标时，这就是实现了个人对于公共权力的自主性。换言之，公共权力在承认并保障个体生命和自由、人格独立和尊严的前提下的运行，构成了政治正当性。”③ 因此，行政主体必须尊重行政相对人的主体地位，“政府必须以关怀和尊重的态度对待它统治下的人民。所谓关怀，是指将人民当作会遭受痛苦和挫折的人；所谓尊重，是指将人民看作能够根据自己的生活观念行动的人”④。

---

① 张晓光：《行政相对人在行政程序中的参与权》，《行政法学研究》2000 年第 3 期。

② ［法］勒内·达维：《英国法与法国法》，舒扬等译，西南政法学院法制史教研室 1980 年印刷，第 109 页。

③ 李琦：《论法律上的防卫权——人权角度的观察》，《中国社会科学》2002 年第 1 期。

④ R. Dwokin, *Taking Right Seriously*, Cambridge: Harvard University Press, 1978, p. 273.

二 行政主体应培养应对行政抗辩的能力

塑造尊重相对人的主体性理念是为了促使行政主体愿意促进对相对人抗辩权的保障，而行政主体愿意促进并非意味着有能力促进对相对人抗辩权的保障。“政府管理是由人们中的行为组成的，如果行为者，或选择行为者的人们，或行为者须对之负责的人，或其意见应当影响和制约所有这些人的旁观者们，都只是无知的、愚蠢的和具有可悲的偏见的群众，则任何政府管理都将搞不好。反过来，按照人们高出于这个水平的比例，政府的性质也将有所改进——直到卓越的程度，那里的政府官员，其本身就是有卓越的美德和智慧的人，而围绕着他们的是有道德的和开明的公众舆论的氛围。”① 因此，行政主体培养应对相对人行政抗辩的能力之于促进对相对人抗辩权的保障亦至关重要。

首先，行政主体应培养应对相对人行政抗辩的专业能力，即法律专业能力及其他专业能力。法律专业能力又包括懂法、敬法与守法等能力。法律、法规、规章等在行政立法、行政决策及行政执法等领域对行政抗辩权有诸多的规定，行政公务人员充分理解这些法律知识和熟练运用这些法律知识的重要途径是通过法律教育和法律培训等方法来进行的。法律教育和培训有利于提高行政公务人员的法律素质，法律知识掌握的多寡和理解程度，直接影响着行政公务人员的行政行为的合法性与正当性；行政公务人员一旦获悉了与行政抗辩有关的法律知识和法律运用技能（逻辑推理能力、判断能力、识别能力、运用证据能力等），就具备了促进对相对人抗辩权的保障的重要条件。因此，行政主体应重视对行政公务人员法律专业能力的教育和培训。通过教育和培训使行政公务人员懂法，合法、合理行政，从而有利于促进对相对人抗辩权的保障，但是，“如果不尊重法律，法律知识本身是不能制止违法行为的”②。因此，“法律教育不能仅限于传授法律知识，而必须与培养行政机关和行政公务人员敬法守法精神相结合，否则，所做的一切法律教育都将是徒劳的甚或会有副作用。如果法律教育‘培养’的是行政公务

① ［英］J. S. 密尔：《代议制政府》，汪瑄译，商务印书馆1982年版，第26页。

② ［苏联］B. H. 库德里亚夫采夫：《违法行为的原因》，韦政强译，群众出版社1982年版，第214页。

人员的‘逃法’精神（如何尽可能规避法律），则这种法律教育并没达到行政机关和行政公务人员自觉依法行政之目的，无疑是法律教育的异化。因此，法律教育和培训必须与培养敬法守法精神相结合，通过教育，培养行政公务人员正确的法制观念和对法律的态度以及自觉守法的习惯”①。

在知识爆炸的时代，其他专业技术性的障碍是公众参与抗辩过程中的一个严重问题，一方面，如环境影响评估、规划设计等报告中充斥的是极端的专业技术词汇、表格和数据，这在一定程度上阻碍了相对人抗辩的可能性和积极性，从而直接影响到行政主体整个行政决策的合理性或合法性；另一方面，“囿于现有科学技术的状况，许多问题在科学上尚无法得到解决，存在着不确定性和模糊性。而公众由于其所受教育和知识背景的影响，在面对这些科学不确定性时往往会怀疑政府部门在此类问题上的能力，进而影响对政府的整体看法”②。因此，行政主体必须在这些特殊领域培养自身应对相对人行政抗辩的能力，以促进对行政抗辩权的保障。对此，美国行政主体的做法为我们提供了较好的启发与借鉴意义。为了促进对行政抗辩权的保障，美国环保局不仅设立了专门的永久性的管理机构——国家环保正义顾问委员会（NEJAC），而且还建立了临时性组织——公民顾问组织（CAG）。前者的主要任务是为环保局提供建议措施，使环保机构能够有效引导与规范公众参与抗辩。该机构所设立的公众参与与责任分委员会就环保领域的公众参与提出了“公众参与模范计划”（Model Plan for Public Participation），无疑，这大大加强了专门领域公众抗辩的可操作性与积极性。后者是由美国环保局为推动环境保护而专门就某一事项设立的旨在推动公众参与抗辩，补充审议—评论程序或协商式立法代表性不足的临时组织。③ 显然，这也有利于促进对相对人抗辩权的保障。

其次，行政主体应培养应对相对人行政抗辩的沟通能力。沟通是指“存在的主体对他人永久地开放，主体与主体之间的交流、对话和讨

---

① 杨解君：《行政违法论纲》，东南大学出版社1999年版，第243—244页。

② 徐文星、刘晓琴：《21世纪行政法背景下的公众参与》，《法律科学》（西北政法学院学报）2007年第1期。

③ 同上。

论”①。“在行政法上，行政沟通主要表现为公共利益与个人利益之间的一种利益沟通，也就是说，代表公共利益的行政机关与代表个人利益的相对人或利害关系人之间进行信息互通、彼此了解、协调行动、避免冲突，进而最终达到信任和合作的过程和方式。行政裁量的过程涉及各种错综复杂的利益冲突，唯有通过各种利益沟通的方式，充分协调各种利益关系，才能实现各种利益之间的‘均衡’，以保证行政决定实体内容的‘合理’，体现个案的实质主义。”② 理想的沟通情境是指“人在相互沟通过程里，真诚地和正确地使用语言。遇到意见分歧的时候，讨论者并不倚靠权威或其他扭曲的手段去令对方接受自己的见解，而是双方信守着有效声称的规则，用论证支持自己的论点，通过反复讨论达成共识（consensus）”③。然而，在行政沟通实践中，由于各种因素的干扰和影响，行政主体听取与回应相对人的抗辩意见常常不尽如人意，从而严重影响相对人抗辩的信心与力量，因此，为了促进对相对人抗辩权的保障，行政主体必须培养应对相对人行政抗辩的沟通能力。

第一，行政主体应制造平等沟通的氛围。行政民主、法治时代，行政主体和行政相对人法律地位是平等的，行政主体在听取与回应相对人的抗辩意见的过程中应态度和蔼、语气平缓；鼓励相对人畅所欲言，这样相对人就会敢于抗辩、乐于抗辩，相反，如果行政主体态度傲慢、口气生硬、盛气凌人，相对人通常会心怀恐惧、忍气吞声甚至不敢言语，这样，相对人则会怯于抗辩、逃避抗辩。第二，行政主体回应行政抗辩必须使用通俗易懂的语言。“现在越来越多的执法人员文化程度越来越高，尊重和保护行政相对人的权利意识也越来越强，但是，越来越多比例的人使用的语言出现书面化、专业化倾向。这会给行政相对人的心理造成很大的压力，行政相对人有渺小的感觉，有被歧视的感受，这必然影响沟通的进行。”④ 因此，行政主体在倾听中应对案件事实进行判断、对法律规范进行择取、对法律规范与案件事实的价值和逻辑关系进行内

① 叶必丰：《现代行政行为的理念》，《法律科学》（西北政法学院学报）1999 年第6 期。

② 周佑勇：《论行政裁量的利益沟通方式》，《法律科学》（西北政法学院学报）2008 年第 3 期。

③ 阮新邦：《批判诠释论与社会研究》，上海人民出版社 1998 年版，第 36 页。

④ 栾盈菊：《论听取陈述和申辩制度》，《前沿》2006 年第 12 期。

心确信，然后再应使用通俗易懂的语言，对何以肯定或否定相对人的主张作出令人心悦诚服的说明。第三，为了促进对相对人抗辩权的保障，行政主体有时还应做好多次沟通的准备。听取与回应相对人的抗辩有时因抗辩对象的复杂性并非一次能够完成，需要多次沟通。如果相对人抗辩不清楚或抗辩不完整，行政主体则应该主动和相对人进行多次沟通，“这种反复沟通和交流，可以将行政意志融化为相对人意志，也可以将相对人意志吸收到行政意志中，从而使行政法关系真正具有双方性，使相对人真正成为行政法关系的主体”①。

三　行政主体应针对行政公务人员构建合理的惩奖机制

行政主体对相对人抗辩权保障的促进最终必须通过行政公务人员的行为进行，行政公务人员的行为的合法正当与否对促进相对人抗辩权的保障具有直接的影响。如果行政公务人员在行政立法听证、行政决策听证以及行政执法听证等领域不告知相对人享有抗辩权、不听取相对人的抗辩、不采纳相对人合理的抗辩意见或对相对人抗辩的回应含糊不清、牵强附会甚至恶语伤人等，则相对人可能失去抗辩机会或不乐意抗辩或怯于抗辩等，从而使促进相对人抗辩权的保障成为空谈。因此，为了促进对相对人抗辩权的保障，行政主体应构建合理的惩奖机制以规范或引导行政公务人员的行为。

首先，行政主体应构建合理的惩戒机制。由于外界形形色色的诱惑，使行政公务人员不断受到各种外来因素的干扰，部分意志不坚定的行政公务人员很难抗拒诱惑和干扰，加上行政主体内部缺乏严密的监督和制约，就滥用权力，徇私枉法，办“金钱案”“关系案”“人情案”，作出对有关相对人的抗辩意见不理不睬或不平等对待相对人抗辩权等违法行为。因此，行政主体必须通过惩戒不促进甚至阻碍促进对相对人抗辩权保障的行政公务人员，从而倒逼其促进对相对人抗辩权的保障。然而，现行行政违法的惩戒机制存在许多缺陷和不足，“如责任不明确，有些违法责任只限于机关的责任而无行政公务人员个体的责任，或者只有行政公务人员个体责任而无行政机关（或组织）的整体责任。可以

① 叶必丰：《行政法的人文精神》，湖北人民出版社1999年版，第212页。

说，我国现有法律对行政违法者的惩戒实际上是和风细雨、不痛不痒的，如此则不足以预防违法”①。因此，我们应重构一种行政公务人员违法的惩戒机制，即引咎辞职和过错追究机制。前者针对的对象是处级及以上领导职务行政公务人员；针对的行为是在行政立法、行政决策以及行政执法过程中严重忽视或侵犯相对人抗辩权，并对社会导致严重不利后果的行为。后者所针对的对象是非领导职务行政公务人员；针对的行为它是指在行政执法及监督管理工作中，对待相对人的抗辩出现过错或不规范行为，要追究其责任，轻者扣罚奖金，重者停职检查，甚至辞退。②

其次，行政主体应构建合理的奖励机制。对违法侵犯或不促进相对人抗辩权的行政公务人员进行一定的惩戒是十分必要的，但一味地强调惩处并非理性的选择，“研究结果表明，控制政府官员越轨的最有效手段，并不是制定越来越多的准则和加强对违反准则者的惩处，而是提高政府官员的认识，使其守法观念与个人利益保持统一”③。“奖励守法者，是对守法行为的积极、肯定的评价，一方面通过物质、精神奖励，将利益与守法相联系，可以加强守法者的守法意愿；另一方面奖励具有榜样和激励的作用，有利于形成‘依法行政’的法制环境。”④ 因此，行政主体应构建合理的奖励机制，通过适当奖励提高行政公务人员对保障相对人抗辩权的认识，将进一步促进对相对人抗辩权的保障。根据行政公务人员在不同的行政领域对待相对人抗辩权的各种积极表现，合理的奖励机制的构建可以展现为物质奖励、精神奖励或物质奖励与精神奖励相结合三种情形，其中物质奖励可表现为薪金的增加；精神奖励可表现为职务的提升等。

---

① 杨解君：《行政违法论纲》，东南大学出版社 1999 年版，第 250 页。

② 张淑芳：《公务员精神培育与公务员能力素质建设》，《行政论坛》2006 年第 6 期。

③ ［美］杰克·D. 道格拉斯、弗兰西斯·C. 瓦免斯勒：《越轨社会学概论》，张宁、朱欣民译，河北人民出版社 1987 年版，第 403 页。

④ 杨解君：《行政违法论纲》，东南大学出版社 1999 年版，第 250 页。

第五章

行政抗辩权保障与行政主体违反义务之救济

从理论上来讲，如果行政主体完全履行了上述规定义务、尊重义务以及促进义务等，则相对人的行政抗辩权必然获得有效的保障，然而，法国著名思想家孟德斯鸠曾指出：“一切有权力的人都容易滥用权力，这是万古不易的一条经验。有权力的人们使用权力一直到遇有界限的地方才休止。”① 美国著名的政治家杰弗逊也曾言：“世界上每一个政府都带有人类弱点的某种痕迹，带有腐化堕落的某种胚芽，运用狡智便能发现，居心叵测便去挖掘、培植和助长。”② 故而，在实践中，行政主体不履行或不完全履行上述义务以致侵犯相对人行政抗辩权的情形时有发生。但“有权利必有救济”这一古老而富有哲理的法谚乃现代行政法治的题中之义，因此，当行政主体违反义务侵犯行政抗辩权时，法律应当给予其相应的救济，唯此，行政抗辩权才能真实存在与正常运行，从而实现其应有的价值。令人遗憾的是，我国由于“重实体，轻程序”思想的根深蒂固，理论界与实务界通常认为权利的救济主要指实体性权利的救济，对程序性权利的救济漠不关心，在理论上，研究成果较少，对行政主体违反义务侵犯行政抗辩权救济的研究更是问津者寥寥；在法律规范方面，对行政主体违反义务侵犯行政抗辩权救济的直接规定存在严重缺失；在实践中，行政主体违反义务侵犯行政抗辩权的情形屡见不

---

① ［法］孟德斯鸠：《论法的精神》（上册），张雁深译，商务印书馆 1995 年版，第 154 页。

② 转引自《资产阶级政治家关于人权、自由、平等、博爱言论选录》，世界知识出版社 1963 年版，第 58 页。

鲜，似乎程序性权利的保障不足挂齿。故而，我们在探讨救济因行政主体违反义务所侵犯的行政抗辩权的重要途径之前有必要求证作为一种重要的程序性权利的行政抗辩权的救济的正当性。

对于行政主体违反义务侵犯行政抗辩权是否需要救济或是否需要行政主体承担法律责任的问题，实质是一个程序与实体的关系问题。如果程序附属于实体而存在，则程序违法的法律责任必须视实体是否违法而确定；否则，假使程序独立于实体而存在，则即使实体决定正确，行政主体也要承担程序违法的法律责任。[①] 程序和实体的关系与程序价值理论密切相关，而程序价值理论通常具体划分为程序工具主义和程序本位主义两种情形。

程序工具主义主要为大陆法系学者所主张，认为程序的唯一价值在于工具性价值或外在性价值。在程序与实体的关系中，程序不是作为自主和独立的事物而存在，它只是实现实体的“功利”工具，评价一种法律程序的好坏仅看它实现良好结果的有效性（good result efficacy）。程序工具主义学派的鼻祖当属英国功利主义哲学的创始人边沁，他将“大多数人的最大幸福”这一功利主义的原则应用于法律裁判的分析中，认为程序只是工具，其本身不具有任何独立的内在价值；程序法的唯一正当目的是“尽其所能地实现实体法”，“实体法的有效性决定程序法的最终有效性”。[②] 显然，这种理论的一个致命缺陷就是只认可法律程序的外在价值或工具性价值。程序工具主义的幽灵在现代法治社会中还时有闪现，譬如，“庞德的社会工程、法律程序与社会控制理论把法律程序看作只是限制恣意妄为、形成社会秩序、达到社会控制的手段；波斯纳的经济分析法学把法律程序看作只是保证法律运作过程‘经济效益最大化’工具”[③]。由于程序工具主义仅认为程序是手段或工具，即作为实现实体的工具或手段而存在的，因而不存在独立的程序违法责任。展言之，如果实体认定准确或合法，目的即已达到，所作的实体决定不因程序违法而失去法律效力，行政决定作出者一般也不承担法律责

① 王万华：《行政程序法研究》，中国法制出版社 2000 年版，第 242 页。

② Gerald J. Postema，“The Principle of Utility and the Law of Procedure：Bentham's Theory of Adjudication”，*Georgia Law Review*，Vol. 11，1977.

③ 转引自周佑勇《行政法基本原则研究》，武汉大学出版社 2005 年版，第 242 页。

任。① 行政抗辩权作为一种程序权利，同样具有实现实体权利的工具性价值，但在程序工具主义看来，行政抗辩权仅具有工具性价值，没有自身独立的价值，因此，即使行政主体违反义务侵犯行政抗辩权也谈不上救济。

程序本位主义的观念“是以发生、发达于英国法并为美国法所继承的‘正当程序’思想为背景而形成和展开的”，指程序通过自身的运作，使人们认可其特征，在程序被接受的过程中，程序自身的价值已经独立存在而不论程序最终能否达到预期的结果。② 申言之，在程序本位主义者看来，评价法律程序的价值标准不在于程序工具主义所主张的程序的价值只是实现实体法的手段或工具，而在于它具有一些独立内在的优秀品质，即它保证了程序过程的公正，从而体现了对程序参与者的尊严之尊重。③ 这些优秀品质是程序自身所具有的独立于实体的内在价值或目的性价值，因而，即使“并未增加判决的准确性，法律程序也要维护这些价值”④。在程序工具价值与自身价值的区分上，美国法学家罗伯特·萨默斯做了一针见血的论断，他认为，程序工具价值指将法律程序所具有的形成好结果的能力，称为“好结果效能”；而将法律程序本身的独立价值和其所具有的实现程序价值的能力，称为“程序价值”“程序价值效能”。⑤ 程序的内在价值具有高度的重要性，罗尔斯曾经在研究社会正义的问题时指出，在许多情况下，结果是否体现了正义或具有可接受性还需要通过程序来解释。⑥ 因此，判断一项法律程序是否具有内在价值不在于它能否产生“好结果”，而在于程序自身是否具有某些优秀品质，诸如参与、人道性、对个人尊严的尊重、隐私等，“在程序本位主义观念的指导下，程序独立于实体，自身作为一种目的而存在，不是实体的附庸，因此，如果作决定者程序违法，不管其实体认定

---

① 参见王万华《行政程序法研究》，中国法制出版社 2000 年版，第 243 页。

② 郑春燕：《程序的价值视角——对季卫东先生〈法律程序的意义〉一文的质疑》，《法学》2002 年第 3 期。

③ 参见陈瑞华《刑事审判原理论》，北京大学出版社 1997 年版，第 30 页。

④ ［美］迈克尔·D. 贝勒斯：《法律的原则——一个规范的分析》，张文显等译，中国大百科全书出版社 1996 年版，第 32 页。

⑤ 参见陈瑞华《通过法律实现程序正义》，法律出版社 1998 年版，第 183 页。

⑥ John Rawls, *A Theory of Justice*, Cambridge: Harvard University Press, 1971, pp. 83–90.

是否真实，都要承担法律责任”①。行政抗辩权作为一种程序权利，当然具有自身的独立性价值，在程序本位主义看来，行政抗辩权的价值在于实现内在的人性尊严，而不是实现所谓的工具性价值，因此，如果行政主体违反义务侵犯行政抗辩权，即使实体权利未受损也必须予以救济。但程序本位主义一味强调程序的内在价值而无视程序的工具价值的存在，也是不合理的。正如王名扬所说的：“一个健全的法律，如果使用武断的、专横的程序去执行，不能发生良好的效果。一个不良的法律，如果用一个健全的程序去执行可以限制或削弱法的不良效果。”②

综上所述，程序工具主义只认可行政抗辩权的外在性价值而漠视其内在性价值，相反，程序本位主义只认可行政抗辩权的内在性价值而无视其外在性价值，两者都具有不可避免的局限性。我们认为，行政程序抗辩权既有外在价值即工具性价值，又有独立于实体的内在价值，二者有机统一、不可分割。既然行政抗辩权所具有的内在价值使程序独立于实体而存在，与实体处于同等地位，相应地，与实体违法必须承担法律责任一样，行政主体违反义务侵犯行政抗辩权也要承担相应的法律责任，而不应视实体是否违法而确定。行政抗辩权的救济一般可以分为行政体系内救济和行政体系外救济两条途径。“体系内救济是指由行政主体系统提供裁决机构并由其管辖或行政相对方寻求权利救济时必须或可以向行政机关提出，由行政机关裁决的救济制度。体系外救济是指由行政主体系统之外的机关，主要是司法机关提供裁决机构并由其管辖或行政相对方寻求救济时必须或可以向非行政机关提出、由该机关进行裁决的救济制度。”③ 据此，行政主体违反义务侵犯行政抗辩权的重要救济途径应展现为立法监督救济、行政复议救济、行政诉讼救济以及行政赔偿救济等。

第一节 行政主体违反义务的立法监督救济

在我国，行政主体违反义务侵犯相对人行政抗辩权的立法监督救

① 王万华：《行政程序法研究》，中国法制出版社 2000 年版，第 244 页。
② 王名扬：《美国行政法》，中国政法大学出版社 1999 年版，第 41 页。
③ 赫然：《行政相对方权利研究》，博士学位论文，吉林大学，2005 年。

济，是指全国及地方各级人民代表大会及其常务委员会监督救济，也称为权力机关监督。相较于行政复议救济、行政诉讼救济以及行政赔偿救济等救济，它是最具威力、最有效的，并处于核心地位的监督途径。个中缘由在于从政治地位和法律地位来说，行政机关由立法机关产生、对立法机关负责、受立法机关全方位的监督，而行政机关上下级之间是领导与被领导的关系，行政复议监督属于行政系统内部监督，有包庇或袒护的倾向，而且根据《行政复议法》的规定，复议机关对行政主体关于行政抗辩权的规定义务及在行政立法、行政决策中对行政抗辩权的尊重义务无权监督；行政诉讼监督虽然是人权保障的最后一道防线，但根据《行政诉讼法》的规定，它限定于行政执法中对行政抗辩权的尊重义务的监督以及对行政主体关于行政抗辩权的规章规定义务的监督中（而且对规章规定义务的监督，还只能采取参照的形式进行）。关于行政主体违反义务侵犯相对人行政抗辩权的立法监督救济，主要可从立法监督救济的主体与方式以及立法监督救济的范围与标准两个层面予以展开说明。

一　立法监督救济的主体与方式

就立法监督救济的主体而言，无疑是指全国及地方各级人民代表大会及其常务委员会，如现行《宪法》第 67 条第 7 款规定，全国人大常委会有权撤销国务院制定的同宪法、法律相抵触的行政法规、决定和命令。第 104 条规定，县级以上的地方人大常委会有权撤销下一级人大的不适当的决议和本级人民政府的不适当的决定和命令。2015 年施行的《立法法修正案》第 2 款规定，全国人民代表大会常务委员会有权撤销同宪法和法律相抵触的行政法规，有权撤销同宪法、法律和行政法规相抵触的地方性法规，有权撤销省、自治区、直辖市的人民代表大会常务委员会批准的违背宪法和本法第七十五条第二款规定的自治条例和单行条例。第 5 款规定，地方人民代表大会常务委员会有权撤销本级人民政府制定的不适当的规章。但作为立法监督的全国及地方各级人民代表大会及其常务委员会对行政主体违反义务的监督救济功能还存在些许缺憾，譬如，时至今日，就行政立法而言，全国人大常委会尚无审查撤销行政法规的先例，而且行政法规、部委规章、地方政府规章与宪法、法律之间的相互冲突现象较多；就行政决策、行政执法而言，行政主体不遵循宪法、法律的现象亦为受到有效制止。

个中缘由主要如下：其一，权力机关的“议事”性质特殊，人民代表大会一般每年才召开一次，且会期短，要讨论的事情却很多；其二，人大代表的来源及结构不合理，其中，行政公务人员（既是执法者，又是监督者）的比重过大，而且占相当比重的代表除了法律素养欠缺外，更主要的是缺乏参政议政能力；其三，人大常委会虽是一个常设机构，但是其构成人员又代表着各行各业，还兼有自己的本职工作要做，因此，立法机关很难对行政主体是否履行义务保障相对人的抗辩权进行经常有效的监督，“如每年各级人大都要审查政府工作报告，听取其履行义务的情况，但实际结果往往是一听了之，走过场。即使是人大常委会的执法检查，也往往是形式上的认认真真，结果上的不痛不痒，缺乏明显的成效，对政府不履行义务的情况很少主动去纠正”①。故而，为了有效监督救济行政主体违反义务侵犯相对人行政抗辩权的情形必须对立法监督救济的主体予以完善与发展。譬如，推行人大代表专职化、提高人大代表的法律意识与法律素质以及增强人大代表监督的责任等。当然，“监督制度完善的路径有赖于整个法律体系的保障、依法运行体制的建构和依法发展的制度前景”②。笔者认为，要在短时期内对全国及各级人民代表大会及其常务委员会进行大幅度的改革与创新肯定是过于理想化，就行政主体通过制定行政法规来规定相对人行政抗辩权的义务而言，可借鉴英国的经验完善与发展我国全国人大及其常委会对行政法规的审查监督。

1944 年英国成立了审查委员会，其职责为负责处理已经制定出来的规则与条例。1973 年，议会两院联合设立了一个法规联合委员会，该委员会由“审查委员会”和“上议院特别命令委员会”合并而成。联合委员会由分别来自两院的 7 名成员组成，其职责为负责审查根据各种法律规定送交或者将其草案送交议会任何一院的全部规章、规则、命令或者方案，如对法规是否越权持有怀疑，或者该法规“不正常或者意

---

① 李牧：《行政主体义务基本问题研究》，法律出版社 2012 年版，第 281 页。

② 邱家军：《人大监督现状及前景——“监督法与人大监督的未来走向”研讨会综述》，《人大研究》2007 年第 3 期。

外地”行使所授权力的；因某种特定理由，需要对该法规的形式和内容予以说明的以及该法规的起草过程看来有缺陷的等。受到审查的法规中，大约有不超过 2%的法规被联合委员会以报告的形式提交给议会。由于该委员会的唯一目标是使各种法规符合依法行政的标准，从而使其能够充分发挥作用，在“在动议否决政府法规方面，该委员会的工作成果难以计数，而在促进政府改善行政活动方面，它则像一只尽职的啄木鸟”①。显然，英国的经验与做法为我国立法监督主体的改革提供了积极的启发与借鉴价值，我们认为，在不突破现有宪政体制的情况下创建一个相当于全国人大常委会的专门委员会的法规审查委员会是切实可行的。首先，法规审查委员会的组成应当由人大常委中的法律专家组成，总人数为单数，控制在 15—21 人之间；其次，由于 2004 年 5 月全国人大常委会成立了一个法规审查备案室，隶属于常委会的法制工作委员会，负责法规备案和审查，但并没有实际撤销违宪、违法的行政法规的权力，因此，其可作为法规审查委员会的工作机构，辅助法规审查委员会工作。②

就立法监督救济的方式而言，在国外，主要的事后救济方式体现在：第一，送交议会审查。在英国，行政主体的法定文件一经制定，就应当送交议会两院，或只提交下院；在德国，议会有时在授权法中规定，行政主体有义务将依授权订定的法规命令送交议会。第二，否决或废弃，即类似于我国的撤销。在美国，国会在授权法中规定行政法规在制定后在一定期限内送交国会，且仅于国会未在法定期限内予以否决时，才发生效力；在德国，授权法有时规定，行政主体将依据授权所订定、发布的法规命令送交国会审查，嗣后国会保有请求命令订定机关废弃命令之权。第三，询问和辩论。在法国，1958 年《宪法》第 48 条第 2 款规定：议会“每周应保留一次会议，优先用于议员提出询问和政府作出答复”。作为受害的相对人在受到违法条例侵害时，可以请求议员在议会上向行政主体提出询问，由行政主体作出解释和答复。在英国，

---

① 参见［英］威廉·韦德《行政法》，徐炳等译，中国大百科全书出版社 1997 年版，第 611—615 页。

② 参见曾祥华《行政立法的正当性研究》，中国人民公安大学出版社 2007 年版，第 284—285 页。

任何议员都可以对条规提出异议与展开辩论，譬如，在条例非经否决即属有效的情况下，“只要达到了提出议案的法定人数即40人，出席议会的所有议员即因而获得了一个就此进行辩论的机会”①。

根据我国《宪法》《地方各级人民代表大会和地方各级人民政府组织法》《各级人民代表大会常务委员会监督法》等法律的相关规定，立法机关对行政主体义务履行情况监督救济的方式体现在：（1）听取和审议工作报告；（2）审查和批准法律、法规实施情况的检查；（3）备案审查、撤销不适当决定、命令；（4）询问和质询；（5）受理公民的申诉和控告、特定问题调查、撤职、罢免等。② 这些方式对行政主体履行义务的监督有着重要的作用，但仍有待完善与发展，这里以备案方式为例做进一步阐述。我国《立法法》第98条规定，行政法规、地方性法规、自治条例和单行条例、规章应当在公布后的三十日内报有关机关备案。其中，第1项规定：“行政法规报全国人民代表大会常务委员会备案。”第4项规定：“部门规章和地方政府规章报国务院备案；地方政府规章应当同时报本级人民代表大会常务委员会备案；设区的市、自治州的人民政府制定的规章应当同时报省、自治区的人民代表大会常务委员会和人民政府备案。”这包含了立法主体对行政主体规定义务的监督救济，然而，从我国备案制度的实然情况看，效果不理想，譬如，全国人大常委会还未行使过一次不予备案的权力或职责，备案的工具性价值没有完整地发挥作用（往往只起到备查的作用，而无审查功能），此外，有明显问题的法规或规章往往难于被及时发现和纠正。③

学界关于立法主体的备案监督救济的工具性价值有两种对立的主张：一种主张认为：“备案与审查是两种性质不同的制度。备案属于立法工作程序问题，是备案机关全面了解有关法规制定情况的方式之一，它的意义就在于登记、统计、存档，使法规备之可查。”④ 另一种主张认为：“法律应当具体规定负责备案机关，这个机关不只是起到‘收发室’的作用，而且要对提交的行政法规作实质性和程序性审查。”⑤ 笔

① 王名扬：《法国行政法》，中国政法大学出版社1989年版，第516页。
② 参见李牧《行政主体义务基本问题研究》，法律出版社2012年版，第280页。
③ 参见徐信贵《论行政立法的人大监督机制》，《行政与法》2009年第3期。
④ 苗连营：《立法程序论》，中国检察出版社2001年版，第246页。
⑤ 陈伯礼：《授权立法研究》，法律出版社2000年版，第336—337页。

者赞成第二种主张。鉴于我国目前立法主体的备案监督救济的工具性价值的缺失，我们认为，可从两个重要方面予以完善：一是必须加强对备案工作的人、财、物的投入，为备案工作的顺利进行提供物质性保障，因为上报备案的数量太多而能够投入备案工作的人力、物力、财力十分有限；二是为备案工作的顺利进行提供制度性保障，如可以在备案程序中引入首长问责制，包括报送机关的首长问责和备案机关的首长问责，问责的范围应重点考察备案工作的效率、质量和对规范性文件协调化的贡献程度。[①] 国务院《法规规章备案条例》第20条规定："对于不报送规章备案或者不按期报送规章备案的，由国务院法制机构通知制定机关，限期报送，逾期不报送的，给予通报，并责令改正。"全国人大常委会完全可以借鉴国务院的条例规定的经验，规定行政法规制定机关或者应报送备案机关的责任，以促进备案工具性价值的正常发挥。

二　立法监督救济的范围与标准

关于行政主体违反义务侵犯相对人行政抗辩权的立法监督救济的范围只限定于行政主体违反规定义务与违反尊重义务两个方面，因为行政主体的促进义务是指为了促进对相对人行政抗辩权的保障，行政主体应当在培育相对人的抗辩意识、提升相对人的抗辩能力以及加强自身建设等方面所切实履行的义务，显然，这种义务在我国当前经济、政治以及文化尚不发达的背景下还只是一种道德上的义务。我国《宪法》《地方各级人民代表大会和地方各级人民政府组织法》《各级人民代表大会常务委员会监督法》等法律对行政主体违反规定义务与尊重义务的立法监督救济都有所规定。第一，对行政主体是否履行规定相对人行政抗辩权义务的立法监督救济，如现行《宪法》第67条第7款规定，全国人大常委会有权撤销国务院制定的同宪法、法律相抵触的行政法规、决定和命令。第二，对行政主体在行政立法、行政决策过程中是否履行尊重相对人行政抗辩权义务的监督救济。如《各级人民代表大会常务委员会监督法》第8条规定："各级人民代表大会常务委员会每年选择若干关系改革发展稳定大局和群众切身利益、社会普遍关注的重大问题，有计划

① 参见徐信贵《论行政立法的人大监督机制》，《行政与法》2009年第3期。

地安排听取和审议本级人民政府、人民法院和人民检察院的专项工作报告。”第三，对行政主体在行政执法过程中是否履行尊重相对人行政抗辩权义务的监督救济。如《宪法》第 41 条规定：“中华人民共和国公民对于任何国家机关和国家工作人员有提出批评和建议的权利；对于任何国家机关和国家工作人员的违法失职行为，有向有关国家机关提出申诉、控告或者检举的权利，但不得捏造或者歪曲事实进行诬告陷害。”

关于行政主体违反义务侵犯相对人行政抗辩权的立法监督救济的标准，根据宪法及相关法律等的规定，我们认为，既有合宪性监督救济，也有合法性监督救济，还有适当性监督救济。譬如，宪法中公民的“言论自由权”“批评权与建议权”等是行政法中行政抗辩权的母体性基本权利，假设行政主体的某法规或规章规定，行政机关在作出某种不利决定之前，不告知当事人、利害关系人享有抗辩的权利，并不听取其正确的抗辩意见，则可以对行政主体违反规定义务侵犯相对人行政抗辩权启动合宪性监督救济。《行政处罚法》第 42 条规定：“行政主体作出责令停产停业、吊销许可证或者执照、较大数额罚款等行政处罚决定之前，应当告知当事人有要求举行听证的权利；当事人要求听证的，行政主体应当组织听证。”在此情形下，如果某行政主体不听取某相对人的正确抗辩意见，则可以对行政主体违反尊重义务侵犯相对人行政抗辩权启动合法性监督救济。至于适当性监督救济，2015 年施行的《立法法修正案》有所体现，如其第 97 条第 5 款规定：“地方人民代表大会常务委员会有权撤销本级人民政府制定的不适当的规章。”

第二节　行政主体违反义务的行政复议救济

有学者认为，行政复议作为体系内重要的救济制度，是指“行政相对人认为行政主体的具体行政行为侵犯其合法权益，依法向行政复议机关提出复查该具体行政行为的申请，行政复议机关依照法定程序对被申请的具体行政行为进行合法性、适当性审查，并作出行政复议决定的一种法律制度”[①]。但随着时代的发展以及新《行政诉讼法》的出台，这

① 姜明安主编：《行政法与行政诉讼法》，北京大学出版社、高等教育出版社 2007 年版，第 415 页。

一界定需作相应的完善与发展。2014 年修改的《行政诉讼法》第 2 条规定："公民、法人或者其他组织认为行政机关和行政机关工作人员的行政行为侵犯其合法权益，有权依照本法向人民法院提起诉讼。"显然，此规定将以前的"具体行政行为"统一扩展为"行政行为"，这是人权保障与行政法治的重大进步，因此，行政复议救济制度应作新的界定，即行政相对人认为行政主体的行政行为侵犯其合法权益，依法向行政复议机关提出复查该行政行为的申请，行政复议机关依照法定程序对被申请的行政行为进行合法性、适当性审查，并作出行政复议决定的一种法律制度。行政主体违反义务侵犯行政抗辩权的行政复议救济，是指行政相对人认为行政主体所作出的行政行为侵犯其行政抗辩权，依法向行政复议机关提出复查该行政行为的申请，行政复议机关依照法定程序对被申请的行政行为进行合法性、正当性审查，并作出行政复议决定的活动。

关于侵犯行政程序抗辩权的行政行为是否可以申请行政复议，我国法律没有明确规定，但根据《行政复议法》第 6 条第 11 款的规定，公民、法人和其他组织"认为行政机关的其他具体行政行为侵犯合法权益的"，有权申请行政复议。"合法权益"应当包括受到法律保护的诸如出版、言论、集会、结社、宗教信仰等政治性权利以及劳动权、受教育权、休息权、知情权、程序性权利等，如果行政主体的具体行政行为侵犯了行政相对人受法律保护的这些合法权益的，相对人也有权申请行政复议。①《行政复议法》第 28 条规定："违反法定程序的，行政复议机关可以决定撤销、变更该具体行政行为或者确认该具体行政行为违法；决定撤销或者确认该具体行政行为违法的，可以责令行政机关在一定期限内重新作出具体行政行为。"其中的"法定程序"应包括法定程序性权利，而行政抗辩权是最重要的程序性权利之一，因此，通过行政复议对具体行政行为（或抽象行政行为）所侵犯的行政抗辩权予以救济也就成为必然。行政主体的行政行为违反义务侵犯行政抗辩权的行政复议救济的主要内容包括行政复议救济的范围、标准以及主要方式等。鉴于行政复议救济的标准问题，即合法性与正当性问题较为简单，实务

① 参见马怀德《行政监督与救济制度的新突破》，《政法论坛》1999 年第 4 期。

界与学术界皆已赞同对具体行政行为的行政复议审查包括合法性与正当性审查两个方面，我们认为，对抽象行政行为的行政复议审查也应包括合法性与正当性审查两个方面，这里不赘述。

一　行政复议救济的范围

由于行政主体对行政抗辩权的促进义务在我国当前经济、政治以及文化尚不发达的背景下还只是一种道德上的义务，因此，关于行政主体违反义务侵犯相对人行政抗辩权的行政复议救济的范围只限定于行政主体的行政行为违反规定义务与违反尊重义务两个方面。根据《行政复议法》的规定，目前行政主体违反义务侵犯相对人行政抗辩权的行政复议救济范围的可能性还局限于具体行政行为违反尊重抗辩权的义务以及部分抽象行政行为违反规定抗辩权的义务，如该法第 28 条规定："违反法定程序的，行政复议机关可以决定撤销、变更该具体行政行为或者确认该具体行政行为违法……" 其中"违反法定程序"可理解为包含具体行政行为不平等对待相对人抗辩、不听取相对人抗辩以及不采纳相对人抗辩意见无说明理由等程序。该法第 7 条规定："公民、法人或者其他组织认为行政机关的具体行政行为所依据的下列规定不合法，在对具体行政行为申请行政复议时，可以一并向行政复议机关提出对该规定的审查申请：（一）国务院部门的规定；（二）县级以上地方各级人民政府及其工作部门的规定；（三）乡镇人民政府的规定。该款所列规定不含国务院部、委员会规章和地方人民政府规章。规章的审查依照法律、行政法规办理。"该条在我国行政法中确立了其他规范性文件的行政复议制度，是我国行政法治的一大发展。根据该条的规定，如果具体行政行为被相对人认为侵犯了其抗辩权，而作出具体行政行为的依据是其他规范性文件对相对人抗辩权的有关规定，且此规定也被相对人认为侵犯了其抗辩权，则相对人对侵犯其抗辩权的具体行政行为提起行政复议时，可一并向行政复议机关提出对侵犯其抗辩权的其他规范性文件的审查申请。

法治时代的今天，我们认为，行政主体违反义务侵犯行政抗辩权的行政复议救济的范围应既包括具体行政行为违反义务，也包括抽象行政行为违反义务，其中，具体行政行为违反义务具体指违反尊重相对人抗辩权的义务；抽象行政行为违反义务具体指违反规定相对人抗辩权的义务与违反尊重相对人抗辩权的义务。前者如行政立法的内容或结果对相对人抗辩权的规定不合法或不合理，其他规范性文件的内容或结果对相对人抗辩权的规定不合法或不合理；后者如行政立法、制定其他规范性文件以及行政决策的过程中不平等对待相对人抗辩、不听取相对人抗辩、不采纳相对人合理抗辩意见、不采纳相对人抗辩意见无说明理由、不正确对待相对人抗辩笔录以及因相对人抗辩而不利变更等，但我国现行法所规定的行政复议救济的范围的可能性还停留在具体行政行为违反尊重相对人抗辩权的义务以及作为抽象行政行为的其他规范性文件违反规定相对人抗辩权的义务。因此，我国《行政复议法》应进一步完善与发展。鉴于对行政抗辩权的行政规定义务，即本书所指的行政立法义务的相对重要性，这里着重就行政抗辩权的行政规定义务可复议性的必要性与可能性做进一步的阐述。

纵观天下，当前许多国家将抽象行政行为纳入到行政复议中作为国家监督抽象行政行为的一种重要方式。如“法国的行政行为既包括行政机关制定普遍性规则的行为，即普遍性行政行为，如制定行政条例行为，也包括行政机关对具体事件进行处理的行为，即具体性行为，如命令、处罚等行政处理行为。二者均可以成为行政复议的对象”①。具体而言，法国制定行政条例行为的可复议性情况表现在两个方面：一是“由于法律或上级条例的出现，使下级行政机关某项条例的存在成为不合法时，根据行政法院的判例，利害关系人可以在法律和上级条例公布两个月内，请求行政机关废除和修改不符合法律情况的条例”；二是“由于事实情况的重大变迁，因而使某项条例的继续存在丧失合法基础时，根据行政法院的判例，利害关系人也可请求行政机关废除或修改丧失存在根据的条例”②。再比如美国的《联邦行政程序法》也确定了相对人不服行政主体的规章等规范性文件时，有申请行政复议的权利，如第553条第5项规定：“各行政机关应给予有利害关系的人申请发布、修改或废除某项规章的权利。”

关于行政抗辩权的行政规定义务可复议性的必要性，我国著名行政

---

① 张正钊、韩大元：《比较行政法》，中国人民大学出版社1998年版，第769页。

② 王名扬：《法国行政法》，中国政法大学出版社1989年版，第144—145页。

法学专家马怀德认为："如果复议机关不能受理对违法抽象行政行为提出的复议申请并予以撤销，那么就有可能导致违法不当的抽象行政行为造成的侵害在一定范围内连续发生，使更多的相对人蒙受损失。……因此更有理由将抽象行政行为纳入行政复议范围。"同时，他还指出，基于我国的法制现状及法规、规章在执法过程中所起的作用，纳入行政复议范围的抽象行政行为应限定为规章及规章以下规范性文件，而将所有抽象行政行为纳入复议范围还较为理想化。[①] 笔者十分赞同马先生的看法，即对于行政规定义务来说，目前虽然不能对侵犯行政抗辩权的行政法规规定义务申请行政复议，但应能对侵犯行政抗辩权的行政规章规定义务申请行政复议。

二　行政复议救济的主要方式

关于行政行为程序违法的责任形式，从世界一些国家和地区的情况来看，呈现出多样化的特点，根据程序违法标准的不同包括无效、撤销、补正、更正、行为转换等多种形态。如有的国家程序法规定程序有主要程序和次要程序，违反了主要程序的程序违法，应该撤销，而违反了次要程序的可依法律规定补正。我国《行政复议法》第 28 条规定，违反法定程序的，行政复议机关可以决定撤销、变更该具体行政行为或者确认该具体行政行为违法；决定撤销或者确认该具体行政行为违法的，可以责令行政机关在一定期限内重新作出具体行政行为。显然，该规定还至少存在三个方面的不足：一是仅规定对具体行政行为侵犯法定程序的责任形式；二是对侵犯法定程序的情形很少做具体区分，导致只要违反法定程序的，责任形式也就同一化；三是对具体行政行为的程序违法缺乏"补正"这一应当规定的责任形式。因此，针对行政行为的程序违法完善与发展《行政复议法》的对策如下：首先，应增设抽象行政行为程序违法的责任；其次，要针对程序违法的不同情形，设定相应的责任形式；最后，要增设一些必要的程序违法的责任形式，如补正。在当今行政法治时代，行政程序违法必然包含对相对人行政抗辩权的侵犯，如此，行政主体的行政行为违反义务侵犯行政抗辩权也必须承

---

① 马怀德：《将抽象行政行为纳入行政复议的范围——规范和监督政府行为的重要途径》，《中国法学》1998 年第 2 期。

担一定的责任。行政行为违反尊重相对人抗辩权的义务体现为不平等对待相对人抗辩、不告知相对人享有抗辩权、不听取相对人抗辩、不按时听取抗辩、不采纳相对人正确的抗辩意见、不采纳相对人抗辩意见无说明理由、不正确对待相对人抗辩笔录以及因相对人抗辩而不利变更等；行政行为违反规定相对人抗辩权的义务体现为行政立法（目前，还限于行政规章）的内容或结果对相对人抗辩权的规定不合法或不合理，对此，在行政复议领域我们应当采取相应的救济方式，诸如行政行为的无效、行政行为的撤销或变更、行政行为的补正、行政行为的违法确认等，从而使被侵犯的行政抗辩权获得救济。

1. 行政行为的无效。行政行为的无效是指行政行为因具有重大明显瑕疵或具备无效的条件而自始不发生法律效力的情形，任何人及任何机关原则上对于无效的行政行为可自始、当然不受其拘束。① 如联邦德国《行政程序法》第 44 条第 1 款规定："行政行为具有严重瑕疵且该瑕疵被判断为明显者，该行政行为无效。" 我国学者对程序违法的行政行为是否一律无效有两种针锋相对的观点：第一种观点认为，凡是程序违法的行政行为一律无效，理由是程序违法的行政行为欠缺行政行为的生效要件。行政行为的生效要件必须符合四个条件：（1）主体要件。它指作出行政行为的主体必须合法。（2）职权要件。它指作出行政行为的机关，必须享有作出该行政行为的法定职权。（3）内容要件。它指行政行为的内容必须合法。（4）程序要件。它指行政机关作出行政行为的程序必须合法，符合法律规定的步骤、方式、时间和顺序。因此，违反法定程序的行政行为同样是无效的行政行为。② 第二种观点认为，是否一律无效应作具体分析，且以是否影响当事人合法的实体权益来确定无效与否。如果行政主体违反法定程序的行政行为损害行政相对人的合法实体权益，应当认定无效，相反，如果行政主体违反法定程序的行政行为没有损害行政相对人的合法实体权益，或者影响微小的则不认为该行政行为无效。③

显然，两种观点都有所偏颇：第一种观点无视程序违法的轻重，一

① 参见应松年主编《比较行政程序法》，中国法制出版社 1999 年版，第 141 页。

② 参见应松年主编《行政法学新论》，中国方正出版社 1999 年版，第 194—195 页。

③ 参见胡建淼《行政法学》，法律出版社 1998 年版，第 472—473 页。

律认为无效，在理论上站不住脚，在实践中也是有害的，这种观点在我国相关法律规范中也有所体现，如《行政处罚法》第3条2款规定："没有法定依据或不遵守法定程序的，行政处罚无效。"第二种观点虽然主张并非所有的程序违法行为都无效，有其合理性，但它以是否损害行政相对人的合法实体权益为标尺来判断程序违法行为是否有效，则是不合理的，因为只要行政程序有重大明显的瑕疵，即使实体合法，行政主体所作的行政行为也应当无效。如在美国，行政机关的行政行为程序违法侵犯了宪法上正当法律程序的要件，如得到通知的权利，提出证据和论证的权利，质证和辩论的权利，请律师陪同出庭的权利，要求只据档案中所记载的证据裁决的权利等，则行政机关所作出的行政行为无效。

关于行政主体所作的行政行为违反义务侵犯相对人行政抗辩权而被复议机关决定无效的情形应当为相对人的正式行政抗辩权遭受侵犯。正式行政抗辩权指相对人在正式听证程序中所享有的抗辩权，它所适用的范围是行政主体拟作出的抽象规定、决策或具体决定对其合法利益将产生严重影响。如果行政主体某项规章、某项决策或某项决定在作出之前应当通过正式听证程序听取相对人的抗辩而没有通过正式听证程序听取相对人的抗辩，如不告知相对人的正式行政抗辩权而导致抗辩的缺失、相对人申请正式行政抗辩而遭拒绝所导致抗辩的缺失等，则行政主体所作出的行政规章、行政决策或行政决定是无效的。正式行政抗辩权的缺失所导致的行政行为无效不以行政行为所涉及的实体权益合法与否为界尺，即使实体权益合法，行政主体所作出的行政规章、行政决策或行政决定也应当是无效的。当前，我国行政复议救济对严重违反法定程序的行政行为还缺失决定无效的责任方式，故而，在未来统一的行政程序法典中或《行政复议法》的修改中应当明确规定行政主体作出某项规章、某项决策或某项决定之前剥夺相对人正式行政抗辩权的，所作出的行政规章、行政决策或行政决定无效。

2. 行政行为的撤销或变更。因程序违法而致使行政行为被撤销，是指有权机关对程序违法的行政行为予撤销，"使其不发生法律效力，或消灭已发生的法律效力，使其恢复到违法行政行为作出前的状态”①。撤销是行政程序瑕疵法律责任的主要形式，此处的“行政程序瑕疵”尚未达到“明显且重大的程度”，也就是说，行政行为的程序瑕疵介于“明显且重大”与“轻微”之间，否则，行政行为应当无效或补正等。根据程序违法的行政行为应予以撤销的条件是介于“明显且重大”与“轻微”之间，对于行政主体违反义务侵犯行政辩权所作出的行政行为应被复议机关予以撤销的情形表现在：

第一，行政主体在作出某项规章、某项决策或某项决定之前应通过非正式听证程序（不采取听证会的形式）听取相对人的抗辩意见而没有依此照办的，即剥夺了相对人的非正式行政抗辩权，如不告知相对人享有非正式行政抗辩权而导致抗辩的缺失或者拒绝听取相对人的非正式行政抗辩而导致抗辩的缺失等，则行政复议机关将对其所作出的行政规章、行政决策或行政决定应予以撤销，即使行政规章、行政决策或行政决定对实体权益的合法性无任何影响。当前，我国《行政处罚法》第41条规定：“行政机关及其执法人员在作出行政处罚决定之前，不依照本法第三十一条、第三十二条的规定向当事人告知给予行政处罚的事实、理由和依据，或者拒绝听取当事人的陈述、申辩，行政处罚决定不能成立；当事人放弃陈述或者申辩的除外。”此规定包含了行政主体在作出行政处罚决定之前剥夺了相对人的非正式抗辩权的情形，行政处罚决定应予以撤销。但《行政处罚法》规定为行政处罚决定不能成立，这令人难以理解与接受，因为“如果我们把它理解为通常意义上的不成立，那么意味着违反该法定程序的行政处罚并未构成一个具体行政行为，进而也就意味着一个当事人遭受违反该法定程序的行政处罚的侵害却该处罚不是一个具体行政行为不能申请复议、不能获得司法保护”②。这显然不是立法的目的，因此，我国立法对剥夺相对人的非正式抗辩权的行政行为应当确立为撤销。

第二，行政主体在作出某项规章、某项决策或某项决定之前听取了相对人的抗辩（包括正式行政抗辩与非正式行政抗辩），即保障了相对

① 王万华：《行政程序法研究》，中国法制出版社2000年版，第252页。

② 姜明安主编：《行政法与行政诉讼法》，北京大学出版社、高等教育出版社2007年版，第223页。

人的抗辩机会，但行政主体违法听取抗辩也应予以撤销的情形有：(1) 不采纳正确的抗辩意见而导致实体违法；(2) 不采纳相对人抗辩意见无说明理由而导致实体违法；(3) 不正确对待相对人抗辩笔录而导致实体违法；(4) 因抗辩而不利变更并导致实体违法。

第三，行政规章的内容或结果对相对人抗辩权的规定不合法。我国《行政复议法》目前对行政行为违反法定程序的还只是笼统地规定撤销、变更或确认违法，而无虑及违反法定程序的具体情形应具体对待的问题，无疑，这亟须完善与发展《行政复议法》。至于行政复议机关对行政主体的行政行为违反义务侵犯相对人行政抗辩权的变更救济应针对何种情形的问题，我们认为行政复议变更救济应针对行政主体的行政规章的内容或结果对相对人抗辩权的规定不合理。我国《行政复议法》第 28 条第 3 款规定了具体行政行为明显不当的，应决定变更，然而，关于抽象行政行为，规章或规章以下的其他规范性文件明显不当的，也应决定变更。

3. 行政行为的补正。关于行政行为的补正的界定，国内外学者发表了一些看法，但基本内涵相同，如日本著名行政法学者室井力认为，补正，即“行政行为的瑕疵，是指在因其后来的情况而实质上已经得到纠正的情况下，作为当初为无瑕疵的行为来处理，并维持其效力，称之为瑕疵的治愈”①。我国行政法学者王万华认为，补正是指“对欠缺合法要件的行政行为进行事后补救，从而使违法的行政行为因补足要件，成为合法的行政行为，继续维持其效力”②。关于行政行为补正的必要性或意义，现代许多学者也提出了精辟的观点，如我们“不再拘泥于过去的形式主义，对违法行政行为动辄宣告无效或予以撤销。转而注重公共利益和对公民信赖利益的保护，并顾及行政行为被撤销后对社会造成的影响，尽量设法维持行政行为的效力”③；“即使当初行政行为有瑕疵，与其予以撤销而作出同样的处分，倒不如维持当初的行政行为的效力，从法的稳定性的观点来看也是理想的，并且在防止行政浪费的意义上，也有助于行政经济”④；“为由严格之瑕疵理论，至机动之瑕疵理

---

① ［日］室井力：《日本现代行政法》，吴微译，中国政法大学出版社 1995 年版，第 126 页。

② 王万华：《行政程序法研究》，中国法制出版社 2000 年版，第 259 页。

③ 转引自姜明安主编《行政程序研究》，北京大学出版社 2006 年版，第 393 页。

④ ［日］盐野宏：《行政法》，杨建顺译，法律出版社 1999 年版，第 116 页。

论，盖为顾虑有瑕疵法令及行为，对社会已发生之影响，非万不得已，不轻易使其无效，尽量扩张得撤销之范围”，“如不宜撤销时，宁不将其撤销，而以瑕疵行为之治疗或转换的方式予以补救，使变有瑕疵为无瑕疵，不可拘泥于形式之观点，机械论断，反有害于社会生活之安定”。①

当然，补正不同于更正。更正是一种纯机械性的过失，如对行政行为中明显的计算及书写错误等的纠正。② 更正是对已作意思表示的一种解释，并非违法行政行为的补救方式，而且行政主体得依职权随时更正明显错误（即使这种更正不利于相对人）。③ 其适用范围仅限于行政程序轻微违法的情形，对于实体违法或程序严重违法的行为，不能补正。因此，我们应了解补正的适用条件与适用范围，对于适用条件：④ 第一，行政行为只具有轻微的程序瑕疵，如果程序严重瑕疵的，不能补正。第二，该程序瑕疵的存在不影响行政主体已作出的实体处理结果。第三，时间的限制。德国和我国台湾地区的行政程序法都规定了补正的时间限制，德国《行政程序法》规定，补正“必须在预审程序结束前，如未进行预审程序的，则必须在向行政法院起诉之前予以补做”，我国台湾地区“行政程序法”第 114 条亦规定，“补正行为，仅得于诉愿程序终结前为之，得不经诉愿程序者，仅得于向行政法院起诉前为之”。这里的“预审程序”和“诉愿程序”类似于我国的行政复议程序。对于补正的适用范围，大陆法系国家如德国、日本以及我国台湾地区的行政程序法都有较为明确的规定，我国台湾地区“行政程序法”第 114 条规定了几种可补正的瑕疵行政程序：（1）依申请行政行为，当事人已于事后提出申请。（2）必须记录的理由易于事后补做的。（3）本应给予陈述意见的机会已于事后补做该陈述。（4）应参与做出行政决定的委员会已于事后补做决议。（5）应参与的行政机关事后补充参与的。⑤

基于上述行政行为补正的适用条件与适用范围，对于行政主体在作出某项规章、某项决策或某项决定之前违反义务侵犯相对人的行政抗辩

① 林纪东主编：《行政法》，三民书局 1988 年版，第 331 页。
② 格尔诺特·多尔等：《德国行政程序》，《法学译丛》1992 年第 6 期。
③ 叶必丰、张辅伦：《论行政行为的补正》，《法制与社会发展》1998 年第 1 期。
④ 参见张树义主编《行政程序法教程》，中国政法大学出版社 2005 年版，第 206 页。
⑤ 参见应松年主编《外国行政程序法汇编》，中国法制出版社 2004 年版，第 525 页。

权，行政复议机关应当决定予以补正的情形主要有三：（1）行政主体不采纳相对人正确的抗辩意见，但不影响已作出的实体处理结果；（2）行政主体不采纳相对人抗辩意见无说明理由，但不影响已作出的实体处理结果；（3）行政主体不正确对待相对人抗辩笔录，但不影响已作出的实体处理结果等，如此，对这三种程序瑕疵的补正为行政主体于事后采纳相对人正确的抗辩意见、不采纳相对人抗辩意见作出说明理由以及正确对待相对人抗辩笔录。我国现行法律对具体行政程序瑕疵的补正不仅没有一般的规定，而且缺乏对行政抗辩权瑕疵予以补正的具体规定，本来以前的《行政复议条例》第42条规定，对具体行政行为有程序上的不足的，复议机关可以责令行政机关补正，但后来的《行政复议法》取消了此规定，仅笼统地规定：具体行政行为违反法定程序的，决定撤销、变更或者确认违法；决定撤销或者确认该具体行政行为违法的，可以责令被申请人重作。显然，这种规定较为片面，仅看到了违反法定程序的一个方面，而没有考虑到执法成本、效益、当事人的权益保障等多方面的因素。①

因此，我国在制定统一的行政程序法及对《行政复议法》进行修正时，应当将行政行为的补正作为行政行为程序违法的一种法律后果以专门条款规定下来，并且“在具体的规范制定中，以列举的方式明确规定可以补正的程序瑕疵的具体类型，以克服程序瑕疵概念本身所具有的模糊性”②。至于行政复议机关对行政主体的行政行为违反规定义务侵犯相对人行政抗辩权应予以补正的情形，我国行政法规有所规定，如《法规规章备案规定》第8条第3项规定：“规章同法律、行政法规相违背，由国务院予以撤销、改变或者责令改正。”这里的“改正”可理解为“补正”，因此，如果行政规章的内容或结果关于相对人行政抗辩权的规定同法律、行政法规关于相对人行政抗辩权的规定相违背，需要补正的，则应由国务院予以补正。

4. 行政行为的违法确认。我国《行政复议法》对行政主体违反法定程序的行为有违法确认的规定，如第28条3款规定：具体行政行为违反法定程序的可以确认该具体行政行为违法，并可以责令被申请人在

① 杨解君：《〈行政复议法〉倒退和停步不前的若干表现》，《法学》1999年第10期。

② 王扬：《行政行为程序违法的法律后果分析》，硕士学位论文，郑州大学，2007年。

一定期限内重作具体行政行为。但该规定还有待完善，因为确认具体行政行为程序违法，如果不需要重作或重作会给国家利益或公共利益造成重大损害的或重作的行政行为与原行政行为的结果相同的，则不应重作。确认违法在实践中有着广泛的适用空间，主要适用于以下情形：（1）行政主体逾期不履行法定职责，但责令其履行法定职责已又无实际意义的，可适用确认违法。（2）行政主体逾期履行法定职责，但该逾期行为并未给相对人的合法权益造成实际不利影响。（3）对不能成立的行为，可采用确认违法的方式并追究行政主体的责任。（4）行政程序违法，但撤销该行政程序会给公共利益造成重大损失的，确认该具体行政行为违法，使该行政行为继续有效，同时责令行政主体采取相应的补救措施。（5）行政行为程序违法但结果正确，若采用撤销的处理方式，又得责令行政机关重新作出行政行为，且行政主体重新作出的行政行为与原行政行为的结果相同，应该采用确认程序违法的方式进行处理，使该行政行为继续有效，但必须追究违法行政主体及相关行政公务人员的行政法律责任。①

根据上述对行政主体违反程序的行为确认违法的条件，对于行政主体在作出某项规章、某项决策或某项决定之前违反义务侵犯相对人的行政抗辩权，行政复议机关应当决定确认违法的情形限于行政主体不按时听取抗辩或逾期听取抗辩，但实体结果正确。行政抗辩权的保障不仅要求行政主体必须听取相对人的抗辩意见，而且还应当及时或按时听取抗辩，否则，也是对行政抗辩权之侵犯。如《行政许可法》第47条规定："申请人、利害关系人在被告知听证权利之日起五日内提出听证申请的，行政机关应当在二十日内组织听证。"对此，倘若行政机关在二十日外组织听证，便是对相对人行政抗辩权的侵犯。故而，行政复议机关应对行政主体违反尊重义务逾期听取抗辩予以违法确认，并追究相关责任人员的法律责任。我国现行法律对逾期听取抗辩的违法确认还无明确规定，建议未来统一的行政程序法典及《行政复议法》的修正案对此予以合理的回应。

① 参见石佑启《行政程序违法的法律责任》，《法学》2002年第9期。

第三节　行政主体违反义务的行政诉讼救济

“司法审查是现代民主国家普遍设立的一项重要法律制度。行政行为的司法审查是指国家通过司法机关对行政机关行使行政权力的活动进行审查，对违法活动予以纠正，并对由此给公民、法人或其他组织权益造成的侵害给予相应补救的法律制度。”① 因此，行政诉讼救济是指作为行政相对人的公民、法人或者其他组织方认为有关行政主体的行政行为侵犯其合法权益，依法向人民法院提起诉讼，而由人民法院审理行政争议并作出裁判的活动。② 相应地，行政主体违反义务侵犯行政抗辩权的行政诉讼救济是指行政相对人认为行政主体的不利行政行为侵犯其行政抗辩权，依法向人民法院提起诉讼，而由人民法院对该不利行政行为的合法性或正当性予以审理并作出裁判的活动。行政抗辩权的行政诉讼救济相较于行政抗辩权的行政复议救济的优越性在于行政复议救济是行政系统内部对其所属主体作出的行政行为的合理性和合法性的裁决，提供救济的主体并不是中立的第三者，而是侵害了行政相对方权利的行政主体自身或其上级，从而其决定的公正性与权威性必然遭到质疑。

司法救济作为最终的救济方式，是公民权利保障的最后一道屏障。美国行政法学者伯纳德·施瓦茨先生认为：“一个成熟的行政法体系应当包括三个必需的部分：（1）可以赋予行政机关的权力的范围和坚持限制在行使上述权力时的越权行为；（2）在处理公民与行政机关之间的关系时，必须公平对待；（3）必须有这样一个原则：行政机关对其行为无最后发言权，并且公民能够通过一个独立的法庭对行政机关的行为之合法性提出异议。”③ 因此，行政抗辩权的行政诉讼救济的必要性体现在：只有在司法程序中使相对人的行政抗辩权得到救济，矫正行政机关在行政程序中的偏私或是忽视公众参与（抗辩是有效参与的必要条件）的行为，行政程序中的参与人才会感到有正义的支持，才会使我们

---

① 罗豪才主编：《行政法学》，中国政法大学出版社 1996 年版，第 356 页。

② 应松年主编：《行政法与行政诉讼法学》，高等教育出版社 2017 年版，第 403 页。

③ ［美］伯纳德·施瓦茨：《行政法体系的构成》，刘同苏译，《法学译丛》1989 年第 3 期。

的行政程序法治建设在参与行政并对不利决定予以抗辩的贯彻下渐趋完满。[1] 正如有学者称缺少司法审查作为后盾的行政程序法，恰似无牙的老虎。[2]“诉讼救济是其他救济方法发挥效用的条件，即其他救济方法要有效地救济权利，离不开诉讼救济的支持。”[3]

在英国和美国，相对人行政抗辩权的行政诉讼救济主要是通过“自然公正原则”和“正当法律程序原则”实现的。当前，我国行政法律规范对行政抗辩权的行政诉讼救济还缺乏明确的规定，根据2014年修改的《行政诉讼法》第70条的规定，“行政行为有下列情形之一的，人民法院判决撤销或者部分撤销，并可以判决被告重新作出行政行为：……违反法定程序的……”第74条的规定，“行政行为有下列情形之一的，人民法院判决确认违法，但不撤销行政行为：……行政行为程序轻微违法，但对原告权利不产生实际影响的……”这两款为概括式的立法，其中的“法定程序”或“行政行为程序”应包括法定的程序性权利，而行政抗辩权是最重要的程序性权利之一，故而，我们认为，相对人的行政抗辩权可依此获得保障。行政主体的行政行为违反义务侵犯行政抗辩权的行政诉讼救济的主要内容包括行政诉讼救济的范围、标准以及主要方式等。

一　行政诉讼救济的范围与标准

由于行政主体对行政抗辩权的促进义务在我国当前经济、政治以及文化尚不发达的背景下还只是一种道德上的义务，因此，关于行政主体违反义务侵犯相对人行政抗辩权的行政诉讼救济的范围仅限于行政主体的行政行为违反规定义务与违反尊重义务两个方面。根据2014年修改的《行政诉讼法》的规定，目前行政主体违反义务侵犯相对人行政抗辩权的行政诉讼救济范围的可能性还局限于具体行政行为违反尊重抗辩权的义务以及部分抽象行政行为违反规定抗辩权的义务，如该法第2条规定：“公民、法人或者其他组织认为行政机关和行政机关工作人员的

---

① 参见方洁《参与行政的意义——对行政程序内核的法理解析》，《行政法学研究》2001年第1期。

② 参见汤德宗《行政程序法评析》，海峡两岸行政法研讨会论文，西安，1999年9月。

③ 曹刚：《法律的道德批判》，江西人民出版社2001年版，第109页。

行政行为侵犯其合法权益，有权依照本法向人民法院提起诉讼。前款所称行政行为，包括法律、法规、规章授权的组织作出的行政行为。”该条将旧《行政诉讼法》确定的诉讼客体“具体行政行为”改为“行政行为”，实际上是对以往“具体行政行为”外延的扩大，因为它仍然排除了行政相对人单独对行政法规、规章或者行政主体制定、发布的具有普遍约束力的决定、命令，即抽象行政行为提起行政诉讼。该法第53条规定：“公民、法人或者其他组织认为行政行为所依据的国务院部门和地方人民政府及其部门制定的规范性文件不合法，在对行政行为提起诉讼时，可以一并请求对该规范性文件进行审查。前款规定的规范性文件不含规章。”该条在我国行政法中确立了其他规范性文件的行政诉讼救济制度，是我国行政法治的一大进步。根据该条的规定，如果具体行政行为被相对人认为侵犯了其抗辩权，而作出具体行政行为的依据是其他规范性文件对相对人抗辩权的有关规定，且此规定也被相对人认为侵犯了其抗辩权，则相对人对侵犯其抗辩权的具体行政行为提起行政诉讼时，可一并向人民法院提出对侵犯其抗辩权的其他规范性文件的审查申请。

然而，随着人权保障与行政法治的彰显，我们认为，行政主体违反义务侵犯行政抗辩权的行政诉讼救济的范围既应包括具体行政行为违反义务，也应包括所有抽象行政行为违反义务，其中，具体行政行为违反义务具体指违反尊重相对人抗辩权的义务；抽象行政行为违反义务具体指违反规定（指广义的规定，狭义的规定即本书所称的行政立法）相对人抗辩权的义务与违反尊重相对人抗辩权的义务。前者如行政立法的内容或结果对相对人抗辩权的规定不合法或不合理，其他规范性文件的内容或结果对相对人抗辩权的规定不合法或不合理；后者如行政立法、制定其他规范性文件以及行政决策的过程中不平等对待相对人抗辩、不听取相对人抗辩、不采纳相对人合理抗辩意见、不采纳相对人抗辩意见无说明理由、不正确对待相对人抗辩笔录以及因相对人抗辩而不利变更等。鉴于具体行政行为违反尊重相对人抗辩权义务的可诉性在理论与制度层面已达成共识，这里着重就行政抗辩权的行政规定义务（行政立法义务）可诉性的必要性与可能性作进一步的阐述。

我国著名行政法专家姜明安指出：“在我国，宪法和法律是行政行为的最高依据，行政行为即使符合行政法规和规章，如果行政法规和规章违反宪法和法律，法院仍然不能认定被诉行政行为合法有效。法院在行政诉讼中虽然不能直接认定行政法规、规章违法和撤销违法的行政法规、规章，而应提请全国人大常委会审查、认定违法和撤销，但法院在具体案件审理中不能完全不审查行政法规、规章的合法性。法院不应闭着眼睛适用法规和规章，不管所适用的法规、规章是合法还是违法。”① 这里姜先生说明了人民法院间接审查行政立法内容合法性的重要性。还有学者从保障公众行政参与权的角度主张司法审查抽象行政行为的重要性，“扩大行政诉讼受案范围，将规章及规章以下的抽象行政行为纳入行政诉讼受案范围，这样，绝大部分侵害公众行政参与权的行政行为便纳入行政诉讼受案范围，公众可以以程序违法为由，对政府机关不履行满足行政参与权义务的行为提起行政诉讼，追究政府机关侵害了公众行政参与权的法律责任，公众的行政参与权就有了司法保障”②。显然，公众行政抗辩权是公众行政参与权的核心内容，因此，当抽象行政行为（包括行政立法行为）违反对行政抗辩权的规定义务时，人民法院不仅应当审查，而且应当直接审查，并作出裁决。

行政诉讼监督被认为是对行政行为最公正也是最具监督力量的方式，许多国家都将抽象行政行为纳入司法审查的监督范围中。在英国，由于行政机关制定的条规从属于女王和议会的立法，因此，只要超越法定权限，法院都有权审查其合法性，并有权对违法的条规宣布无效。在美国，“从三权分立的根本原则出发，规定行政机关的一切行为都在司法审查的范围之内，并且把法院对立法是否违宪的审查原则和制度适用到了对行政或执行机关的立法审查活动中”③。同样，法国也规定了行政法院直接审查并撤销违法的抽象行政行为的情形。如行政相对人认为行政机关的条例违法，可在条例公布后 2 个月内向行政法院直接提起越权之诉，请求撤销不合法的条例。④ 我国 2014 年修改的《行政诉讼法》第 63 条规定：“人民法院审理行政案件，参照国务院部委根据法律和国

① 姜明安：《改革和完善行政诉讼体制机制加强人权司法保障》，《国家行政学院学报》2015 年第 1 期。

② 邓佑文：《论行政参与权的法律保障》，《中国行政管理》2012 年第 4 期。

③ 姜颖：《建立和完善对抽象行政行为的监督机制》，《中外法学》1999 年第 3 期。

④ 王名扬：《法国行政法》，中国政法大学出版社 1989 年版，第 592 页。

务院的行政法规、决定、命令制定、发布的规章以及省、自治区、直辖市和省、自治区的人民政府所在地的市和经国务院批准的较大的市的人民政府根据法律和国务院的行政法规制定、发布的规章。”该条规定实际上间接地授予人民法院对规章的审查权，因为人民法院认为规章与法律、行政法规等上位法相抵触的，可以不适用规章。因此，借鉴国外经验及我国制度实践的发展，人民法院直接审查并撤销违法规定相对人行政抗辩权的行政法规、规章已成为可能。

关于行政诉讼救济的标准，是指人民法院对行政主体的行政行为违反义务侵犯相对人行政抗辩权时采用合法性审查还是兼采合理性审查。我国2014年修改的《行政诉讼法》第6条规定：“人民法院审理行政案件，对行政行为是否合法进行审查。”这里的“行政行为”特指“具体行政行为”，因此，人民法院对具体行政行为采用合法性审查标准已不容置疑。根据2014年修改的《行政诉讼法》第70条的规定，“行政行为有下列情形之一的，人民法院判决撤销或者部分撤销，并可以判决被告重新作出行政行为：……明显不当的”。无疑，人民法院也可以对具体行政行为采用合理性审查标准。至于人民法院能否对行政法规、规章等抽象行政行为采用合法性审查兼采合理性审查标准，我国没有直接明确的法律依据，但从国外经验的借鉴及我国《立法法》的相关规定来看，人民法院有必要对行政法规、规章等抽象行政行为采用合法性审查兼采合理性审查标准。如在德国，法院审查法规命令是否：“（1）具有充分的、符合基本法第80条第1款规定的授权依据；（2）形式上符合规定；（3）内容上符合授权依据；（4）与其他上位阶的法律一致；（5）如果存在裁量，其发布无裁量瑕疵。”① 其中（1）至（4）项内容属于合法性审查，第（5）项内容就是合理性审查。我国《立法法》第96条规定：“法律、行政法规、地方性法规、自治条例和单行条例、规章有下列情形之一的，由有关机关依照本法第九十七条规定的权限予以改变或者撤销：（一）超越权限的；（二）下位法违反上位法规定的；（三）规章之间对同一事项的规定不一致，经裁决应当改变或者撤销一方的规定的；（四）规章的规定被认为不适当，应当予以改变或者撤销

① ［德］哈特穆特·毛雷尔：《行政法学总论》，高家伟译，法律出版社2000年版，第340页。

的；（五）违背法定程序的。”其中第（四）项属于不合理的情形，其他各项属于不合法的情形。

“从法理上看，任何行政行为都是由实体和程序二大部分内容所构成的，在法院对外部具体法定行政程序进行司法审查时，合理性标准至少是在对行政处罚法定行政程序进行司法审查时应当援用的一个标准。”① 这里，章教授主张任何行政行为都是由实体和程序二大部分内容所构成，因此，我们认为，司法对行政行为的审查包括实体和程序两个方面，审查标准相应地表现为实体上的合法性与合理性及程序上合法性与合理性两个方面。如在美国，行政法规表现的政策内容必须和其所执行的法律目的有合理的联系，否则，法院将撤销这个行政法规；行政机关必须遵守法律规定的程序，广泛听取意见，依非正式程序制定法规时，如果在通告评论程序上有不合理的表现，法院可能撤销这个法规。② 显然，这是司法对抽象行政行为的内容与程序予以合理性审查的最好诠释。在我国，就人民法院对行政主体的行政行为违反义务侵犯相对人行政抗辩权的审查标准而言，具体展现为具体行政行为违反尊重相对人抗辩权义务的合法性与合理性审查标准、抽象行政行为违反尊重相对人抗辩权义务的合法性与合理性审查标准以及违反规定相对人抗辩权义务的合法性与合理性审查标准。

二　行政诉讼救济的主要方式

关于行政行为程序违法的行政诉讼救济的主要方式，世界一些发达国家根据程序违法标准的不同采取了不同的救济方式。如英国早期把程序分为强制性程序和任意性程序，违反强制性程序则法院判决行政行为无效，而违反任意性程序则法院判决维持行政行为的效力；法国把行政程序违法分为形式上的缺陷和程序滥用两种，而且行政法院判例对于形式违法又分为主要形式违法和次要形式违法，违反前者构成撤销，违反后者不影响行政决定的内容。我国2014年修改的《行政诉讼法》第70条的规定，“行政行为有下列情形之一的，人民法院判决撤销或者部分撤销，并可以判决被告重新作出行政行为：……违反法定程序的；……

① 章剑生：《论行政程序违法及其司法审查》，《行政法学研究》1996年第1期。

② 王名扬：《美国行政法》，中国法制出版社1995年版，第718—723页。

明显不当的。”显然，该规定至少还存在三个方面的不足：一是仅规定具体行政行为侵犯法定程序的责任形式；二是仅规定了对具体行政行为内容或程序的合理性审查；三是对侵犯法定程序的情形很少作具体区分，导致只要违反法定程序的，责任形式也就同一化。因此，针对行政行为的程序或内容合法性与合理性问题，完善与发展行政诉讼法的对策如下：首先，应增设抽象行政行为程序或内容违法或不合理的责任；其次，要针对程序违法的不同情形，设定相应的责任形式。在当今行政法治时代，行政行为的程序与内容违法包含对相对人行政抗辩权的侵犯，如此，行政主体的行政行为违反义务侵犯行政抗辩权也必须承担一定的责任。根据前述行政主体的行政行为违反义务侵犯相对人行政抗辩权的行政诉讼救济的范围与标准，在行政诉讼领域应当采取相应的救济方式，诸如行政行为的无效、行政行为的撤销以及行政行为的违法确认等，从而使被侵犯的行政抗辩权获得救济。

1. 行政行为的确认无效。关于行政行为无效的理论或观点，已在上述关于行政主体所作的行政行为违反义务侵犯相对人行政抗辩权而被复议机关决定无效的情形中作了探讨，这里仅就行政诉讼领域行政主体所作的行政行为违反义务侵犯相对人行政抗辩权而被人民法院确认无效的情形作一探析。我国2014年修改的《行政诉讼法》第75条规定："行政行为有实施主体不具有行政主体资格或者没有依据等重大且明显违法情形，原告申请确认行政行为无效的，人民法院判决确认无效。"其中的“等”字应作扩大解释，可以包括行政程序，即行政程序有重大且明显违法情形的，人民法院应确认行政行为无效。如英国，自然公正原则是支配行政机关活动程序方面的重要原则，违反该原则，法院一般视具体情况决定行政行为是否无效：如果对当事人有重要影响，会认为无效。与行政复议决定行政行为无效的情形相同，关于行政主体所作的行政行为违反义务侵犯相对人行政抗辩权而被人民法院确认无效的情形应当为相对人的正式行政抗辩权遭受侵犯。相对人的正式行政程序抗辩权是自然公正原则的核心内容，对相对人有重要影响，因此，如果行政主体某项规章、某项决策或某项决定在作出之前应当通过正式听证程序听取相对人的抗辩而没有通过正式听证程序听取相对人的抗辩，如不告知相对人的正式行政抗辩权而导致抗辩的缺失、相对人申请正式行政抗辩而遭拒绝所导致抗辩的缺失等，则人民法院应确认行政主体所作出的行政规章、行政决策或行政决定无效。

2. 行政行为的撤销。对于行政主体违反义务侵犯行政辩权所作出的行政行为应被法院予以撤销的情形表现在三个方面：第一，行政主体在作出某项行政法规、行政规章、某项行政决策或某项行政决定之前应通过非正式听证程序（不采取听证会的形式）听取相对人的抗辩意见而没有依此照办的，即剥夺了相对人的非正式行政抗辩权，如不告知相对人享有非正式行政抗辩权而导致抗辩的缺失，则人民法院将对其所作出的行政法规、行政规章、行政决策或行政决定予以撤销，即使行政法规、行政规章、行政决策或行政决定对合法的实体权益无任何影响。对此，我们举两个典型案例加以说明。

其一，关于田某诉北京科技大学案，此案的大致案情如下：原告田某为被告北京科技大学的一名学生。1996 年在一次补考中，原告因携带与考试有关的字条，被监考老师发现，被告根据该校发［94］第 068 号《关于严格执行考试管理的紧急通知》，认定田某的行为为作弊行为，并作出退学处理的决定。然而被告没有直接向田某宣布处分决定和送达变更学籍通知，也未给其办理退学手续，直至田某完成了本科阶段的教学计划、毕业论文通过了答辩，但 1998 年 6 月原告向被告申请颁发毕业证、学位证时，被告以其不具备学籍为由，拒绝其申请。田某认为被告拒绝发给其毕业证和学位证是违法的，遂向北京市海淀区人民法院提起行政诉讼。1992 年 2 月法院审理了此案，并作出判决，责令被告颁发毕业证并召集学位评定委员会进行学位审核。对此判决，被告不服，向北京市第一中级人民法院提出了上诉。1999 年 4 月二审法院作出了驳回上诉、维持原判的终审判决。① 关于此案的判决法院共提出了三条理由，其中，第二条理由为："按退学处理，涉及被处理者的受教育权利，从充分保障当事人权益的原则出发，作出处理决定的单位应当将处理决定直接向被处理者本人宣布、送达，允许被处理者本人提出申辩意见。北京科技大学没有照此原则办理，忽视当事人的申辩权利，这

① 参见《最高人民法院公报》1999 年第 4 期，转引自周佑勇《行政法基本原则研究》，武汉大学出版社 2005 年版，第 305 页。

样的行政管理行为不具有合法性”[①]。显然，本理由充分说明了行政主体在作出不利决定之前应当尊重相对人的非正式行政抗辩权，否则，其所作出的行政决定会遭到撤销的后果。

其二，关于刘某某诉北京大学案，基本案情简介：1992 年 9 月，刘某某在获得北大的硕士学位和毕业证书后，继续留在北大无线电电子学系攻读博士学位，主攻方向为电子物理。对刘某某的博士论文《超短脉冲激光驱动的大电流密度的光电阴极的研究》的审查经过了三道程序：（1）博士论文答辩委员会的审查（当时 7 位委员全票通过）；（2）北大学位评定委员会电子学系分会的审查（当时 13 位委员中 12 票赞成，1 票反对）；（3）北大学位评定委员会的审查（北大学位评定委员会委员共计 21 位，对刘文进行审查时到场 16 位委员，6 票赞成，7 票反对，3 票弃权）。根据 1996 年 1 月 24 日北大学位评定委员会的审查结果，决定不授予刘某某博士学位，只授予其博士结业证书，而非毕业证书，并且这一决定结果未正式、书面通知刘某某。1999 年 7 月，刘某某向海淀区法院起诉，法院经审理判决撤销北京大学学位委员会不授予刘某某博士学位的决定，并责令对是否批准授予刘某某博士学位重新作出决定。[②] 法院对本案的判决所持理由有三：第一，“……该决定未经校学位委员会全体成员过半数通过，违反了《中华人民共和国学位条例》第 10 条第 2 款规定的法定程序，本院不予支持”。第二，“本案被告校学位委员会在作出不批准授予刘某某博士学位之前，未听取刘某某的申辩意见……该决定应予撤销”。第三，“在作出决定之后，也未将决定向刘某某实际送达，影响了刘某某向有关部门提出申诉或提起诉讼权利的行使”[③]。显然，在上述法院判决所持的第二个理由充分说明了行政主体在作出不利行政决定之前应当履行告知相对人享有行政抗辩权的义务，否则，其所作出的决定将承担被撤销的法律后果。

第二，行政主体在作出某项行政法规、行政规章、某项行政决策或某项行政决定之前听取了相对人的抗辩（包括正式行政抗辩与非正式行

---

① 详见《最高人民法院公报》1999 年第 4 期。

② 参见姜明安、毕雁英主编《行政法与行政诉讼法教学案例》，北京大学出版社 2006 年版，第 189 页。

③ 同上书，第 190 页。

政抗辩)，即保障了相对人的抗辩机会，但行政主体违法听取抗辩法院也应予以撤销的情形有：(1) 不采纳正确的抗辩意见而导致实体违法；(2) 不采纳相对人抗辩意见无说明理由而导致实体违法；(3) 不正确对待相对人抗辩笔录而导致实体违法；(4) 因抗辩而不利变更并导致实体违法。

第三，行政主体作出的某项行政法规、行政规章违反规定相对人抗辩权义务而应被人民法院撤销的情形：(1) 行政法规、行政规章的内容或结果对相对人抗辩权地规定不合法；(2) 行政法规、行政规章的内容或结果对相对人抗辩权的规定不合理等。

3. 行政行为的违法确认。2014 年修改的《行政诉讼法》第 74 条规定："行政行为有下列情形之一的，人民法院判决确认违法，但不撤销行政行为：……(二) 行政行为程序轻微违法，但对原告权利不产生实际影响的。……"显然，如果行政主体实施的行政行为仅仅是因为程序轻微违法而被判决撤销的，在重新作出行政行为时，仍可基于同样的事实和理由，作出与原行政行为实体内容相同的行政行为，这样，从私益上来看，对相对人并未带来实体处理结果上的改变；从公益上来看，却增加了行政的成本，因此，通过确认程序违法并严格追究行政主管人员和直接责任人员的法律责任方为最佳选择。据此，行政主体作出某项行政法规、行政规章、某项行政决策或某项行政决定之前违反义务侵犯相对人的行政抗辩权，人民法院应当判决确认违法的情形有：(1) 行政主体不采纳相对人正确的抗辩意见，但不影响已作出的实体处理结果；(2) 行政主体不采纳相对人抗辩意见无说明理由，但不影响已作出的实体处理结果；(3) 行政主体不正确对待相对人抗辩笔录，但不影响已作出的实体处理结果；(4) 行政主体不按时听取抗辩或逾期听取抗辩，但不影响已作出的实体处理结果等。

第四节　行政主体违反义务的行政赔偿救济

当前，关于"行政主体违反义务侵犯相对人行政抗辩权能否获得行政赔偿救济"这一问题在制度规定方面还不太清晰，在理论研究方面还存在较大争议。我们认为，为了有效保障相对人的行政抗辩权，对于行政主体违反义务的行为有必要对相对人实施行政赔偿救济。我国《宪法》第41条第3款规定："由于国家机关和国家工作人员侵犯公民权利而受到损失的人，有依照法律规定取得赔偿的权利。"这是建立我国行政赔偿制度的宪政基础。行政赔偿救济的法律依据较多，如《国家赔偿法》第2条第1款规定："国家机关和国家机关工作人员违法行使职权侵犯公民、法人和其他组织的合法权益造成损害的，受害人有依照本法取得国家赔偿的权利。"《行政复议法》第29条规定："在决定撤销、变更具体行政行为或者确认具体行政行为违法时，应当同时决定被申请人依法给予赔偿。"对行政主体的行政程序违法给行政相对人的合法实体权益造成的损害进行赔偿，也是行政程序违法必要的责任形式之一，"对行政主体程序违法的行为仅靠无效、撤销、责令履行职责、确认违法等方式追究其责任，有时很难达到目的，而采用赔偿的方式既有助于切实监督行政主体依法行政，又能有效地保护行政相对人的合法权益，并使行政主体程序违法的责任形式在体系上更加完整"①。我国已有极少数法律直接对行政机关程序违法的赔偿责任作出了规定，如《行政许可法》第69条规定："违反法定程序作出行政许可决定的，可以撤销行政许可；可能对公共利益造成重大损害的，不予撤销；撤销行政许可，被许可人的合法权益受到损害的，行政机关应当依法给予赔偿。"

综上所述，我们认为"行政主体违反义务侵犯相对人行政抗辩权的行政赔偿救济"有宪法基础与法律依据。这一问题涉及行政赔偿救济途径、范围以及形式等方面的内容，途径问题较为清楚明了：相对人的赔偿请求既可以在申请行政复议和提起行政诉讼时一并提出，也可以单独提出，但单独提出损害赔偿请求，应当先由违法侵犯相对人行政程序抗辩权的行政机关处理。如《国家赔偿法》第9条第2款规定："赔偿请求人要求赔偿，应当先向赔偿义务机关提出，也可以在申请行政复议或者提起行政诉讼时一并提出。"因此，这里我们仅就行政赔偿救济的范围与形式作一探讨。

一 行政赔偿救济的范围

与行政复议救济、行政诉讼救济类似，由于行政主体对行政抗辩权

① 石佑启：《行政程序违法的法律责任》，《法学》2002年第9期。

的促进义务在我国当前经济、政治以及文化尚不发达的背景下还只是一种道德上的义务，因此，关于行政主体违反义务侵犯相对人行政抗辩权的行政赔偿救济的范围也仅限于行政主体的行政行为违反规定义务与违反尊重义务两个方面。违反规定义务，即行政立法对相对人行政抗辩权的规定违法；违反尊重义务，即在行政立法、行政决策以及行政执法的过程中行政主体违法不告知相对人行政抗辩权或违法听取相对人行政抗辩意见等。因此，行政主体违反义务侵犯相对人行政抗辩权的行政赔偿救济的范围也可表达为行政主体的具体行政行为侵犯相对人行政抗辩权的行政赔偿与抽象行政行为侵犯相对人行政抗辩权的行政赔偿。前者又可进一步划分为具体作为行为侵犯相对人行政抗辩权的行政赔偿（如行政主体听取了相对人的抗辩，但不采纳正确的抗辩意见）与具体不作为行为侵犯相对人行政抗辩权的行政赔偿（如行政主体违法不告知相对人享有抗辩权）。

抽象行政行为侵犯相对人行政抗辩权的行政赔偿也可进一步划分为抽象行政行为的内容侵犯相对人行政抗辩权的行政赔偿（如行政立法违法规定行政抗辩权）、抽象行政行为的程序侵犯相对人行政抗辩权的行政赔偿（如行政立法或行政决策的过程中违法不告知相对人行政抗辩权或违法听取相对人行政抗辩意见）。这里，我们就抽象行政行为的内容侵犯相对人行政抗辩权的行政赔偿的必要性与可行性作进一步阐述。我国已有部分学者主张抽象行政行为侵犯相对人合法权益权应当承担行政赔偿的重要性，如排除抽象行政行为违法侵害赔偿责任有违宪法、不符合行政赔偿制度建立之目的、不利于依法行政以及不利于切实保障人权等。① 显然，这为抽象行政行为的内容侵犯相对人行政抗辩权行政赔偿的必要性作了有力的诠释。

就可行性而言，我们可从国外的法律或司法实践与我国的现状予以说明。在法国，行政法院不仅能对抽象行政行为合法与否进行审查而且对其违法造成的具体损害，可判决行政主体承担赔偿救济的责任；在德国，对于行政规章的违法损害，联邦最高法院可判决行政主体承担赔偿救济的责任；在日本，关于行政立法违法行政主体应否负赔偿责任在理

① 参见李蕊《抽象行政行为违法损害救济之探究》，《浙江学刊》2008 年第 1 期。

论上尚存争议，但在司法审判实践中，已开始将行政立法行为的行政赔偿诉讼与违宪诉讼结合起来审理，以追究行政主体的赔偿责任。①

我国将抽象行政行为违法损害纳入行政赔偿救济的条件已基本具备：其一，抽象行政行为违法损害的行政赔偿救济是我国现实所需；其二，我国的实践活动为抽象行政行为违法损害的行政赔偿救济奠定了一定的基础；其三，我国对抽象行政行为违法损害予以行政赔偿救济是顺应社会发展之必然。② 当然，我国目前关于抽象行政行为违法侵犯相对人行政抗辩权的行政赔偿救济应符合以下条件：第一，抽象行政行为违宪或违法；第二，抽象行政行为造成的损害对象是特定的，而不是普遍的；第三，立法中并没有排除行政赔偿的可能性；第四，损害必须达到相当严重的程度。③

二　行政赔偿救济的形式

行政主体违反义务侵犯相对人行政抗辩权的行政赔偿救济的形式应表现在物质赔偿与精神赔偿两个方面。其中，物质赔偿又可进一步划分为因侵犯人身权而导致的物质赔偿与因侵犯财产权而导致的物质赔偿两种情形，如《国家赔偿法》第 3 条规定："行政机关及其工作人员，在行使行政职权时有下列侵犯人身权情形之一的，受害人有取得赔偿的权利：1. 违法拘留或者违法采取限制公民人身自由的行政强制措施的；2. 非法拘禁或者以其他方式非法剥夺公民人身自由的……"第 4 条规定："行政机关及其工作人员在行使职权时有下列侵犯财产权情形之一的，受害人有取得赔偿的权利：1. 违法实施罚款、吊销许可证和执照、责令停产停业、没收财物等行政处罚的；2. 违法对财产采取查封、扣押、冻结等行政强制措施的……" 据此，行政主体违反义务侵犯相对人行政抗辩权应承担物质赔偿的情形体现在：第一，行政主体在作出某项行政法规、行政规章、某项行政决策或某项行政决定之前没听取相对人的抗辩而导致相对人身或财产损害的，如行政主体作出限制相对人人身自由的行政处罚之前剥夺了相对人的

① 参见皮纯协、何寿生《比较国家赔偿法》，中国法制出版社 1998 年版，第 116 页。
② 参见李蕊《抽象行政行为违法损害救济之探究》，《浙江学刊》2008 年第 1 期。
③ 参见皮纯协、何寿生《比较国家赔偿法》，中国法制出版社 1998 年版，第 117 页。

抗辩权，从而使这一处罚决定作出后导致相对人的人身自由受限制的；行政主体作出的责令停产停业或吊销营业执照决定之前剥夺了相对人的抗辩权，从而使作出的决定影响相对人的生产经营，给相对人带来经济损失的。第二，行政主体在作出某项行政法规、行政规章、某项行政决策或某项行政决定之前听取了相对人的抗辩，但存在：(1) 不采纳正确的抗辩意见而导致相对人人身或财产损害的；(2) 不正确对待相对人抗辩笔录而导致相对人人身或财产损害的；(3) 因抗辩而不利变更而导致相对人人身或财产损害的。第三，行政主体作出的某项行政法规、行政规章的内容或结果对相对人抗辩权的规定不合法而导致相对人人身或财产损害的，等等。

就精神赔偿而言，也可进一步划分为因侵犯人身权而导致的精神赔偿与没侵犯人身权与财产权而导致的精神赔偿两种情形，对于前者《国家赔偿法》第 35 条已作出了明确的规定："有本法第三条或者第十七条规定情形之一，致人精神损害的，应当在侵权行为影响的范围内，为受害人消除影响，恢复名誉，赔礼道歉；造成严重后果的，应当支付相应的精神损害抚慰金。"因此，行政主体违反义务侵犯相对人行政抗辩权，并导致相对人人身权损害而应承担精神赔偿的情形为：行政主体在作出某项行政法规、行政规章、某项行政决策或某项行政决定之前没听取相对人的抗辩而导致相对人人身损害，并致人精神损害的，应当在侵权行为影响的范围内，为相对人人消除影响，恢复名誉，赔礼道歉；造成严重后果的，应当支付相应的精神损害抚慰金。对于后者，我国法律还有失规定，但"现代法律程序表现'控权'特征的另一面，就是尊重人权，保障人权"，因而"当行政程序性权利受到行政主体行政行为侵害时，即使没有造成财产损害，也不能说行政相对人在精神上不会受到伤害"①。因此，行政主体违反义务侵犯相对人行政抗辩权，即使导致相对人人身权或财产权损害也应承担精神赔偿，具体情形可体现为：行政主体的某项法规、规章、某项决策或某项决定在作出之前应当通过正式听证程序听取相对人的抗辩而没有通过正式听证程序听取相对人的抗辩，如不告知相对人的正式

① 王亚琴：《行政程序法律责任制度研究》，法律出版社 2006 年版，第 260—261 页。

行政抗辩权而导致抗辩的缺失、相对人申请正式行政抗辩而遭拒绝所导致抗辩的缺失等，并致相对人精神损害的，应当在侵权行为影响的范围内，为相对人消除影响，恢复名誉，赔礼道歉；造成严重后果的，应当支付相应的精神损害抚慰金。

参考文献

一　中文译著

［英］A. J. M. 米尔恩：《人的权利与人的多样性——人权哲学》，夏勇、张志铭译，中国大百科全书出版社 1995 年版。

［英］阿克顿勋爵：《自由与权力》，侯健、范亚峰译，商务印书馆 2001 年版。

［法］邦雅曼・贡斯当：《古代人的自由与现代人的自由》，阎克文、刘满贵译，上海人民出版社 2003 年版。

［美］达尔：《民主理论的前言》，顾昕、朱丹译，生活・读书・新知三联书店 1999 年版。

［日］大桥洋一：《行政法学的结构性变革》，吕艳滨译，中国人民大学出版社 2008 年版。

［日］大沼保昭：《人权、国家与文明》，王志安译，生活・读书・新知三联书店 2014 年版。

［英］戴维・M. 沃克：《牛津法律大辞典》，北京社会与科技发展研究所组织编译，光明日报出版社 1988 年版。

［英］戴维・米勒、韦农・波格丹诺：《布莱克维尔政治学百科全书》，邓正来等译，中国政法大学出版社 2002 年版。

［英］戴雪：《英宪精义》，雷宾南译，中国法制出版社 2001 年版。

［英］丹宁勋爵：《法律的正当程序》，李克强等译，法律出版社 1999 年版。

［美］戈尔丁：《法律哲学》，齐海滨译，生活・读书・新知三联书

店 1987 年版。

［瑞典］格德门德尔·阿尔弗雷德松、［挪威］阿斯布佐恩·艾德主编：《〈世界人权宣言〉：努力实现的共同标准》，中国人权研究会组织译，四川人民出版社 2000 年版。

［日］谷口安平：《程序的正义与诉讼》，王亚新译，中国政法大学出版社 1996 年版。

［德］哈贝马斯：《交往行为理论：行为合理性与社会合理化》，曹卫东译，上海人民出版社 2004 年版。

［德］哈贝马斯：《在事实与规范之间：关于法律和民主法治国的商谈理论》，童世骏译，生活·读书·新知三联书店 2003 年版。

［德］哈特穆特·毛雷尔：《行政法学总论》，高家伟译，法律出版社 2000 年版。

［英］哈耶克：《通往奴役之路》，王明毅、冯兴元等译，中国社会科出版社 1997 年版。

［英］哈耶克：《自由秩序原理》（上），邓正来译，生活·读书·新知三联书店 2003 年版。

［美］汉密尔顿等：《联邦人文集》，程逢如等译，商务印书馆 1980 年版。

［美］杰克·唐纳利：《普遍人权的理论与实践》，王浦劬等译，中国社会科学出版社 2001 年版。

［奥］凯尔森：《法与国家的一般理论》，沈宗灵译，中国大百科全书出版社 1996 年版。

［法］莱昂·狄骥：《公法的变迁》，郑戈、冷静译，辽海出版社、春风文艺出版社 1999 年版。

［美］理查德·B. 斯图尔特：《美国行政法的重构》，沈岿译，商务印书馆 2002 年版。

［德］鲁道夫·冯·耶林：《为权利而斗争》，郑永流译，法律出版社 2007 年版。

［美］路易斯·亨金：《权利的时代》，信春鹰等译，知识出版社 1997 年版。

［美］路易斯·亨金：《宪政与权利》，郑戈等译，生活·读书·新

知三联出版社 1996 年版。

［美］罗伯特·诺奇克：《无政府、国家与乌托邦》，何怀宏等译，中国社会科学出版社 1991 年版。

［美］罗尔斯：《正义论》，何怀宏等译，中国社会科学出版社 1988 年版。

［美］罗纳德·德沃金：《认真对待权利》，信春鹰、吴玉章译，中国大百科全书出版社 1998 年版。

［英］罗素：《西方哲学史》，何兆武、李约瑟译，商务印书馆 1982 年版。

［英］洛克：《政府论》（上篇），瞿菊农、叶启芳译，商务印书馆 1982 年版。

［英］洛克：《政府论》（下篇），瞿菊农、叶启芳译，商务印书馆 1964 年版。

［美］迈克尔·D. 贝勒斯：《程序正义——向个人的分配》，邓海平译，高等教育出版社 2005 年版。

［美］迈克尔·D. 贝勒斯：《法律的原则——一个规范的分析》，张文显等译，中国大百科全书出版社 1996 年版。

［法］孟德斯鸠：《论法的精神》（上），张雁深译，商务印书馆 1961 年版。

［法］孟德斯鸠：《论法的精神》（下），张雁深译，商务印书馆 1961 年版。

［日］南博方：《日本行政法》，杨建顺、周作彩译，中国人民大学出版社 1988 年版。

［苏联］尼·布哈林：《历史唯物主义理论》，李光谟等译，人民出版社 1983 年版。

［美］欧内斯特·盖尔霍恩、罗纳德·M. 利文：《行政法和行政程序概要》，黄列译，中国社会科学出版社 1990 年版。

［美］庞德：《通过法律的社会控制法律的任务》，沈宗灵、董世忠译，商务印书馆 1984 年版。

［德］平特德：《德国普通行政法》，朱林译，中国政法大学出版社 1999 年版。

[美] 乔·萨托利：《民主新论》，冯克利、阎克文译，东方出版社1993年版。

[美] 乔治·弗雷德里克森：《公共行政的精神》，张成福等译，中国人民大学出版社2003年版。

[美] 施瓦茨：《行政法》，徐炳译，群众出版社1986年版。

[美] 史蒂芬·霍尔姆斯、凯斯·R. 桑斯坦：《权利的成本——为什么自由依赖于税》，毕竞悦译，北京大学出版社2004年版。

[日] 室井力主编：《日本现代行政法》，吴微译，中国政法大学出版社1995年版。

[美] W. 考夫曼：《存在主义》，陈鼓应等译，商务印书馆1987年版。

[英] 威廉·韦德：《行政法》，徐炳等译，中国大百科全书出版社1997年版。

[德] 沃尔夫、奥托·巴霍夫、罗尔夫·施托贝尔：《行政法》第2卷，高家伟译，商务印书馆2002年版。

[古罗马] 西塞罗：《论义务》，王焕生译，中国政法大学出版社1999年版。

[英] 休谟：《人性论》（上篇），关文运译，商务印书馆1980年版。

[英] 休谟：《人性论》（下篇），关文运译，商务印书馆1980年版。

[英] 亚历山大：《国家与市民社会》，邓正来译，中央编译出版社2002年版。

[日] 盐野宏：《行政法》，刘宗德、赖恒盈译，月旦出版股份有限公司1996年版。

[日] 盐野宏：《行政法》，杨建顺译，法律出版社1999年版。

[英] 约翰·菲尼斯：《自然法与自然权利》，董娇娇等译，中国政法大学出版社2005年版。

二 中文著作

敖双红：《公共行政民营化法律问题研究》，法律出版社2007年版。

敖双红主编：《行政法与行政诉讼法学》，中国人民大学出版社2008年版。

陈瑞华：《刑事审判原理论》，北京大学出版社1997年版。

陈新民：《德国公法学基础理论》（上册），山东人民出版社2001年版。

陈新民：《德国公法学基础理论》（下册），山东人民出版社2002年版。

陈新民：《法治国公法学原理与实践》，中国政法大学出版社2005年版。

陈新民：《公法学札记》，三民书局1993年版。

陈新民：《宪法基本权利之基本理论》（上、下），三民书局1992年版。

陈新民：《中国行政法学原理》，中国政法大学出版社2002年版。

陈佑武：《中国当代人权观念及其精神》，社会科学文献出版社2017年版。

陈佑武：《中国特色社会主义人权理论研究》，中国检察出版社2012年版。

陈云生：《权利相对论——权利和义务价值模式的建构》，人民出版社1994年版。

城仲模：《行政法之基础理论》，三民书局1994年版。

城仲模主编：《行政法之一般法律原则》，三民书局1994年版。

程燎原、王人博：《权利及其救济》，山东人民出版社1998年版。

崔浩：《行政立法公众参与制度研究》，光明日报出版社2015年版。

崔卓兰：《行政程序法要论》，吉林人民出版社1996年版。

崔卓兰、季洪涛：《行政程序法原理》，法律出版社2007年版。

方世荣：《论行政相对人》，中国政法大学出版社2000年版。

方世荣等：《“参与式行政”的政府与公众关系》，北京大学出版社2013年版。

龚祥瑞：《比较宪法与行政法》，法律出版社1985年版。

龚向和：《社会权的可诉性及其程度研究》，法律出版社2012年版。

龚向和：《受教育权论》，中国人民公安大学出版社2004年版。

龚向和：《作为人权的社会权——社会权法律问题研究》，人民出版社 2007 年版。

龚向田：《行政程序抗辩权论》，中国政法大学出版社 2015 年版。

谷盛开：《国际人权法：美洲区域的理论与实践》，山东人民出版社 2007 年版。

关保英：《行政法的价值定位——效率、程序及其和谐》，中国政法大学出版社 1997 年版。

关保英：《行政法的私权文化与潜能》，山东人民出版社 2003 年版。

关保英：《行政法模式转换研究》，法律出版社 2000 年版。

韩德培：《人权的理论和实践》，武汉大学出版社 1995 年版。

韩德强：《论人的尊严——法学视角下人的尊严理论的诠释》，法律出版社 2009 年版。

胡建淼：《行政法学》，法律出版社 1998 年版。

胡锦光、韩大元：《当代人权保障制度》，中国政法大学出版社 1993 年版。

胡锦光、刘飞宇：《行政处罚听证程序研究》，法律出版社 2004 年版。

胡峻：《政府立法的理论与实践》，中国政法大学出版社 2010 年版。

黄学贤主编：《中国行政程序法的理论与实践——专题研究述评》，中国政法大学出版社 2007 年版。

季卫东：《法治秩序的建构》，中国政法大学出版社 1999 年版。

冀祥德：《抗辩平等论》，法律出版社 2008 年版。

姜明安主编：《行政程序研究》，北京大学出版社 2006 年版。

姜明安主编：《行政法与行政诉讼法》，北京大学出版社、高等教育出版社 2007 年版。

姜明安主编：《行政执法研究》，北京大学出版社 2004 年版。

蒋银华：《国家义务论——以人权保障为视》，中国政法大学出版社 2012 年版。

金伟峰：《无效行政行为研究》，法律出版社 2005 年版。

李步云：《人权法学》，高等教育出版社 2005 年版。

李步云：《走向法治》，湖南人民出版社 1998 年版。

李步云、徐炳：《权利和义务》，人民出版社 1986 年版。

李建良：《宪法理论与实践》，学林文化事业有限公司 1999 年版。

李娟：《行政法控权理论研究》，北京大学出版社 2000 年版。

李林主编：《当代人权理论与实践》，吉林大学出版社 1996 年版。

李牧：《行政主体义务基本问题研究》，法律出版社 2012 年版。

李伟迪：《法律的和谐价值》，光明日报出版社 2013 年版。

李云龙主编：《人权问题概论》，四川人民出版社 1999 年版。

李震山：《人性尊严与人权保障》，元照出版有限公司 2001 年版。

廖耘平：《对质权制度研究》，中国人民公安大学出版社 2009 年版。

林纪东：《行政法》，三民书局 1988 年版。

刘勉义：《我国听证程序研究》，中国法制出版社 1999 年版。

刘作翔：《法理学视野中的司法问题》，上海人民出版社 2003 年版。

刘作翔：《法律文化理论》，商务印书馆 1999 年版。

刘作翔：《迈向民主与法治的国度》，山东人民出版社 1999 年版。

陆平辉：《宪法权利诉讼研究》，知识产权出版社 2008 年版。

罗传贤：《行政程序法基础理论》，台湾五南图书出版公司 1990 年版。

罗豪才等：《软法与公共治理》，北京大学出版社 2006 年版。

罗豪才主编：《现代行政法的平衡理论》，北京大学出版社 1997 年版。

罗豪才主编：《行政法学》，北京大学出版社 1989 年版。

毛昭晖主编：《公共行政的法律基础》，中国人民大学出版社 2005 年版。

孟鸿志：《依法行政原理论》，吉林人民出版社 2001 年版。

秦奥蕾：《基本权利体系研究》，山东人民出版社 2009 年版。

沈岿：《平衡论：一种行政法认知模式》，北京大学出版社 1999 年版。

宋冰主编：《程序、正义与现代化》，中国政法大学出版社 1998 年版。

宋功德：《行政法的均衡之约》，北京大学出版社 2004 年版。

宋功德：《行政法哲学》，法律出版社 2000 年版。

孙琬钟、江必新主编：《行政管理相对人的权益保护》，人民法院出版社 2003 年版。

孙笑侠：《程序的法理》，商务印书馆 2005 年版。

孙笑侠：《法的现象与观念》，山东人民出版社 2001 年版。

孙笑侠：《法律对行政的控制——现代行政法的法理解释》，山东人民出版社 1999 年版。

汤德宗：《行政程序法论》，元照出版公司 2000 年版。

王连昌主编：《行政法学》，中国政法大学出版社 1994 年版。

王名扬：《法国行政法》，中国政法大学出版社 1989 年版。

王名扬：《美国行政法》（上、下），中国法制出版社 1995 年版。

王名扬：《英国行政法》，中国政法大学出版社 1987 年版。

王万华：《行政程序法研究》，中国法制出版社 2000 年版。

王万华：《中国行政程序立法研究》，中国法制出版社 2005 年版。

王锡锌：《公众参与和行政过程——一个理念和制度分析的框架》，中国民主法制出版社 2007 年版。

王锡锌：《行政程序法理念与制度研究》，中国民主法制出版社 2007 年版。

王勇飞主编：《中国行政监督机制》，中国方正出版社 1998 年版。

王兆鹏：《辩护权和诘问权》，元照出版有限公司 2007 年版。

翁岳生：《法治国家之行政与司法》，月旦出版公司 1997 年版。

翁岳生：《行政法》，台湾翰庐图书出版有限公司 1998 年版。

翁岳生：《行政法》，中国法制出版社 2002 年版。

翁岳生：《行政法与现代法治国家》，台湾祥新印刷有限公司 1989 年版。

吴庚：《行政法之理论与适用》，三民书局 1996 年版。

夏勇：《人权概念的起源》，中国政法大学出版社 1992 年版。

夏勇主编：《走向权利的时代——中国公民权利发展研究》，中国政法大学出版社 2000 年版。

萧伯符等：《公安执法与人权保障》，公安大学出版社 2006 年版。

萧榕主编：《世界著名法典选编·行政法卷》，中国民主法制出版社 1997 年版。

肖金明、冯威主编:《行政执法过程研究》，山东大学出版社 2008 年版。

肖泽晟:《宪法学——关于人权保障与权力控制的学说》，科学出版社 2004 年版。

邢捷:《公安法与行政许可法适用》，群众出版社 2003 年版。

熊秋红:《刑事辩护论》，法律出版社 1989 年版。

徐晨:《权力竞争：控制行政裁量权的制度选择》，中国人民大学出版社 2007 年版。

徐显明:《人权法原理》，中国政法大学 2009 年版。

徐显明主编:《人权研究》第 2 卷，山东人民出版社 2002 年版。

徐亚文:《程序正义论》，山东人民出版社 2005 年版。

杨海坤、关保英:《行政法服务论的逻辑结构》，中国政法大学出版社 2002 年版。

杨惠基:《听证程序概论》，上海大学出版社 1998 年版。

杨建顺:《日本行政法通论》，中国法制出版社 1998 年版。

杨解君:《行政违法论纲》，东南大学出版社 1999 年版。

杨临宏:《行政法学新领域问题研究》，云南大学出版社 2006 年版。

杨伟东:《行政行为司法审查强度研究——行政审判权纵向范围分析》，中国人民大学出版 2003 年版。

叶必丰:《行政法的人文精神》，湖北人民出版社 1999 年版。

叶必丰:《行政行为的效力研究》，中国人民大学出版社 2002 年版。

应松年:《中国走向行政法治探索》，中国方正出版社 1998 年版。

应松年、杨小君:《法定行政程序实证研究——从司法审查角度的分析》，国家行政学院出版社 2005 年版。

应松年主编:《比较行政程序法》，中国法制出版社 1999 年版。

应松年主编:《外国行政程序法汇编》，中国法制出版社 2004 年版。

应松年主编:《行政程序法立法研究》，中国法制出版社 2001 年版。

应松年主编:《行政法学新论》，中国方正出版社 1998 年版。

营从进:《权利制约权力论》，山东人民出版社 2008 年版。

余凌云:《行政契约论》，中国人民大学出版社 2006 年版。

余凌云:《行政自由裁量论》，中国人民公安大学出版社 2005 年版。

俞可平主编：《治理与善治》，社会科学文献出版社 2000 年版。

虞崇胜：《政治文明论》，武汉大学出版社 2003 年版。

曾祥云：《行政立法的正当性研究》，中国人民公安大学出版社 2007 年版。

湛中乐：《法治国家与行政法治》，中国政法大学出版社 2002 年版。

湛中乐：《权利保障与权力制约》，法律出版社 2003 年版。

湛中乐：《现代行政过程论：法治理念、原则与制度》，北京大学出版 2005 年版。

张步洪：《中国行政法学前沿问题报告》，中国法制出版社 1999 年版。

张恒山：《义务先定论》，山东人民出版社 1999 年版。

张千帆等：《比较行政法：体系、制度与过程》，法律出版社 2008 年版。

张树义主编：《行政程序法教程》，中国政法大学出版社 2005 年版。

张树义主编：《行政法与行政诉讼法学》，高等教育出版社 2002 年版。

张文显主编：《法理学》，法律出版社 1997 年版。

张翔：《基本权利的规范构建》，高等教育出版社 2008 年版。

张正钊、韩大元主编：《比较行政法》，中国人民大学出版社 1998 年版。

章剑生：《现代行政法基本理论》，法律出版社 2008 年版。

章剑生：《行政程序法基本理论》，法律出版社 2003 年版。

章剑生：《行政听证制度研究》，浙江大学出版社 2010 年版。

章剑生：《行政行为说明理由判解》，武汉大学出版社 2000 年版。

郑杭生、谷春德主编：《人权史话》，北京出版社 1994 年版。

周伟：《宪法基本权利司法救济研究》，中国人民公安大学出版社 2003 年版。

周叶中：《高等教育行政执法问题研究》，武汉大学出版社 2007 年版。

周叶中：《宪法政治：中国政治发展的必由之路》，中国法制出版社 2012 年版。

周叶中主编：《宪法》，高等教育出版社、北京大学出版社 2001 年版。

周佑勇：《行政不作为判解》，武汉大学出版社 2000 年版。

周佑勇：《行政裁量治理研究：一种功能主义的立场》，法律出版社 2008 年版。

周佑勇：《行政法基本原则研究》，武汉大学出版社 2005 年版。

周佑勇：《行政法原论》，中国方正出版社 2005 年版。

朱维究主编：《政府法制监督论》，中国政法大学出版社 1994 年版。

朱晓青：《欧洲人权法律保护机制研究》，法律出版社 2003 年版。

朱新力主编：《法治社会与行政裁量的基本准则研究》，法律出版社 2007 年版。

三　中文论文

敖双红：《公益诉讼的反思与重构》，《中南民族大学学报》（人文社会科学版）2007 年第 2 期。

敖双红：《平等保护还是隐形歧视——以劳动法为例》，《法学评论》2008 年第 3 期。

敖双红：《试论依法行政的理论及其实现》，《当代法学》2002 年第 6 期。

敖双红：《行政司法中当事人的诉讼救济选择》，《中南大学学报》（社会科学版）2005 年第 2 期。

北岳：《法律义务的合理性依据》，《法学研究》1996 年第 5 期。

蔡武进：《行政协商与我国现代行政法治》，博士学位论文，武汉大学，2013 年。

陈醇：《论国家的义务》，《法学》2002 年第 8 期。

陈丽芳：《论行政程序对行政自由裁量权的控制》，《河北法学》2000 年第 4 期。

陈瑞华：《程序性制裁制度研究》，《中国法学》2003 年第 4 期。

陈瑞华：《程序正义论——从刑事审判角度的分析》，《中外法学》1997 年第 2 期。

陈瑞华：《通过法律实现程序正义——萨默斯“程序价值”理论评析》，《北大法律评论》1998 年第 1 卷第 1 辑。

陈瑞华：《走向综合性程序价值理论——贝勒斯程序正义理论述评》，《中国社会科学》1999 年第 6 期。

陈睿：《论行政处罚听证的举证责任》，《河北法学》1999 年第 3 期。

陈佑武：《论人权的人性基础》，《求索》2007 年第 7 期。

陈佑武：《论政治参与法治化的人权保障价值》，《人权》2013 年第 5 期。

陈佑武：《人权保障的几个原理问题》，《江西社会科学》2006 年第 3 期。

陈佑武：《人权法是客观性与主观性的辩证统一》，《法学杂志》2007 年第 2 期。

陈佑武：《文化权利保障的国家义务》，《学术界》2007 年第 5 期。

陈佑武：《新发展理念引领中国人权理论的新发展》，《人权》2016 年第 3 期。

陈佑武：《中国特色社会主义人权理论的基本范畴》，《人权》2015 年第 1 期。

陈佑武、张晓明：《法治视野下的平等权》，《社会科学辑刊》2010 年第 4 期。

陈征：《基本权利的国家保护义务功能》，《法学研究》2008 年第 1 期。

崔卓兰：《论确立行政法中公民与政府的平等关系》，《中国法学》1995 年第 4 期。

崔卓兰、蔡立东：《从压制型行政模式到回应型行政模式》，《法学研究》2002 年第 4 期。

邓成明、蒋银华：《论国家保障民生之义务的宪法哲学基础——以客观价值秩序理论为导向》，《法学杂志》2009 年第 2 期。

邓佑文：《公众参与行政决策：必然、实然与应然》，《理论探讨》2011 年第 2 期。

邓佑文：《论行政参与权的法律保障》，《中国行政管理》2012 年第

4 期。

邓佑文：《行政参与的权利化：内涵、困境及其突破》，《政治与法律》2014 年第 11 期。

邓佑文：《行政参与权的政府保障义务：证成、构造与展开》，《法商研究》2016 年第 6 期。

杜承铭：《论表达自由》，《中国法学》2001 年第 3 期。

杜承铭：《论基本权利之国家义务：理论基础、结构形式与中国实践》，《法学评论》2011 年第 2 期。

范忠信：《生存权、意见表达权与人权》，《法制日报》2000 年 12 月 10 日。

方洁：《参与行政的意义——对行政程序内核的法理解析》，《行政法学研究》2001 年第 1 期。

方世荣：《对当代行政法主体双方地位平等的认知——从行政相对人的视角》，《法商研究》2002 年第 6 期。

方世荣：《论行政立法参与权的权能》，《中国法学》2014 年第 3 期。

方世荣：《试析行政相对人对实现依法行政的积极作用》，《法学》1999 年第 3 期。

高鹏程：《国家义务析论》，《理论探讨》2004 年第 1 期。

葛大勇：《行政相对人程序性权利初探》，《行政论坛》2006 第 5 期。

龚向和：《国家义务是公民权利的根本保障——国家与公民关系新视角》，《法律科学》（西北政法学院学报）2010 年第 4 期。

龚向和：《和谐社会构建中的人权与发展》，《法学杂志》2008 年第 2 期。

龚向和：《理想与现实：基本权利可诉性程度研究》，《法商研究》2009 年第 4 期。

龚向和：《论民生保障的国家义务》，《法学论坛》2013 年第 3 期。

龚向和：《论社会权的经济发展价值》，《中国法学》2013 年第 5 期。

龚向和：《人权保障：民主与宪政理论的灵魂》，《甘肃政法学院学报》2003 年第 4 期。

龚向和、刘耀辉：《基本权利的国家义务体系》，《云南师范大学学报》（哲学社会科学版）2009 年第 8 期。

龚向和、刘耀辉：《论国家对基本权利的保护义务》，《政治与法律》2009 年第 5 期。

龚向和、袁立：《劳动权的防御权功能与国家的尊重义务》，《河北法学》2013 年第 4 期。

龚向和、袁立：《论平等权权利冲突的理论问题》，《河南省政法管理干部学院学报》2008 年第 3 期。

龚向田：《论相对人抗辩权在行政听证过程中的保障》，《广州大学学报》（社会科学版）2013 年第 3 期。

龚向田：《论行政程序抗辩权的法治行政价值》，《湖南警察学院学报》2011 年第 6 期。

龚向田：《论行政程序抗辩权的和谐行政价值》，《湖南科技大学学报》（社会科学版）2012 年第 2 期。

龚向田：《论行政执法程序抗辩权的概念》，《时代法学》2012 年第 1 期。

龚向田：《行政程序法之人本精神略论》，《求索》2012 年第 12 期。

龚向田：《行政执法程序抗辩权之内在制度构建探析》，《行政与法》2011 年第 8 期。

关保英：《论公众听证制度的程序构建》，《学习与探索》2013 年第 9 期。

关保英：《论行政不歧视义务》，《法律科学》（西北政法学院学报）2016 年第 2 期。

关保英：《论行政相对人的陈述权》，《环球法律评论》2010 年第 2 期。

关保英：《论行政相对人的程序权利》，《社会科学》2009 年第 7 期。

关保英：《论行政相对人权利的平等保护》，《中国法学》2002 年第 3 期。

关保英：《论行政主体的社会关切回应义务》，《甘肃理论学刊》

2013 年第 6 期。

关保英：《论行政主体义务的法律意义》，《现代法学》2009 年第 3 期。

关保英：《论行政主体义务在行政法中的地位》，《河南省政法管理干部学院学报》2006 年第 1 期。

关保英：《权责对等的行政法控制研究》，《政治与法律》2002 年第 1 期。

关保英：《行政相对人申辩权研究》，《东方法学》2015 年第 1 期。

关保英：《行政主体的义务范畴研究》，《法律科学》（西北政法学院学报）2006 年第 1 期。

关保英：《政主体信息义务的行政法理析解》，《法律科学》（西北政法学院学报）2003 年第 2 期。

关保英、张淑芳：《行政主体义务设定的失衡及价值选择》，《求是学刊》2001 年第 3 期。

桂步祥：《行政裁量的正义：一个听证程序的视角分析》，《金陵法律评论》2006 年秋季卷。

郭道晖：《论作为人权和公民权的表达权》，《河北法学》2009 年第 1 期。

郭道晖：《人权的国家保障义务》，《河北法学》2009 年第 8 期。

郭立新：《法律义务释义》，《中央政法管理干部学院学报》1995 年第 2 期。

郝铁川：《权利实现的差序格局》，《中国社会科学》2002 年第 5 期。

赫然：《行政相对方权利研究》，博士学位论文，吉林大学，2005 年。

胡建淼、邢益精：《公共利益的法理之维》，《法学》2004 年第 10 期。

胡峻：《我国现行听证制度之缺陷及其完善》，《衡阳师范学院学报》（社会科学版）2003 年第 4 期。

胡峻：《行政听证制度的价值冲突及其整合》，《衡阳师范学院学报》（社会科学版）2007 年第 5 期。

胡平仁：《法律义务新论——兼评张恒山教授〈义务先定论中的义务观〉》，《法制与社会发展》2004 年第 6 期。

胡延广：《现代社会中的行政裁量》，《理论月刊》2005 年第 9 期。

黄明娣：《肯定人的主体性是马克思在哲学上实现革命变革的实质》，《求实》2004 年第 7 期。

季涛：《行政权的扩张与控制》，《行政法学研究》1997 年第 1 期。

季卫东：《程序比较论》，《比较法研究》1993 年第 1 期。

姜明安：《公众参与与行政法治》，《中国法学》2004 年第 2 期。

姜明安：《我国行政程序立法模式选择》，《中国法学》1995 年第 6 期。

姜明安：《新世纪行政法发展的走向》，《中国法学》2002 年第 1 期。

姜明安：《行政程序：对传统控权机制的超越》，《行政法学研究》2005 年第 4 期。

姜明安：《行政的现代化与行政程序制度》，《中外法学》1998 年第 1 期。

蒋润婷：《行政法视阈下的行政参与权研究》，博士学位论文，南开大学，2010 年。

蒋银华：《两权博弈与国家义务论》，《宁夏社会科学》2010 年第 3 期。

蒋银华：《论国家义务的理论渊源：社会契约论》，《云南大学学报》（法学版）2011 年第 4 期。

蒋银华：《论国家义务的理论渊源：现代公共性理论》，《法学评论》2010 年第 2 期。

蒋银华：《论国家义务对国家正当性的证成》，《湖南社会科学》2012 年第 3 期。

李步云：《科学发展观与人权保障》，《人权》2006 年第 5 期。

李步云：《论人权的本原》，《政法论坛》2004 年第 2 期。

李步云：《社会主义人权的基本理论与实践》，《法学研究》1992 年第 4 期。

李步云、刘士平：《论行政权力与公民权利关系》，《中国法学》

2004 年第 1 期。

李牧：《论公民信息申请权的实现障碍及其克服途径》，《法学评论》2010 年第 4 期。

李牧：《行政主体义务的法律内涵探析》，《武汉大学学报》（哲学社会科学版）2011 年第 4 期。

李牧：《行政主体义务的设定模式探究》，《理论月刊》2010 年第 9 期。

李牧：《行政主体义务设定问题探究》，《学术交流》2010 年第 8 期。

李琦：《论法律上的防卫权——人权角度的观察》，《中国社会科学》2002 年第 1 期。

李树忠：《表达渠道权与民主政治》，《中国法学》2003 年第 5 期。

李思梅：《程序正义与行政相对方权益的保护》，《人大研究》2001 年第 8 期。

李卫华：《行政参与主体研究》，博士学位论文，山东大学，2008 年。

李伟迪：《论程序正义的人性标准》，《文史博览》2005 年第 2 期。

李伟迪：《论人本法律观中的人》，《中南林业科技大学学报》（哲学社会科学版）2008 年第 1 期。

李伟迪：《涂尔干法律的社会团结功能评析》，《吉首大学学报》（哲学社会科学版）2011 年第 6 期。

李伟迪：《我国法治的三大难题及其化解》，《时代法学》2008 年第 2 期。

林喆：《权利补偿：现代法治社会的基本要求》，《中国法学》1997 年第 2 期。

刘广登：《论政府的宪法义务》，《江海学刊》2004 年第 6 期。

刘宗盛：《论抗辩与抗辩权》，《河北法学》2004 年第 10 期。

刘作翔：《法治社会中的权力和权利定位》，《法学研究》1996 年第 4 期。

刘作翔：《公平问题和权利的平等保护》，《中国社会科学院研究生院学报》2008 年第 1 期。

刘作翔：《权利的平等保护》，《云南大学学报》（法学版）2008 年第 5 期。

刘作翔：《权利平等保护的几个理论问题》，《甘肃政法学院学报》2010 年第 1 期。

刘作翔：《权利平等的观念、制度与实现》，《中国社会科学》2015 年第 7 期。

柳砚涛：《授益行政的义务主体及义务属性》，《政法论丛》2006 年第 2 期。

柳砚涛、刘宏渭：《论无效行政行为防卫权及其矫正机制》，《行政法学研究》2003 年第 2 期。

吕尚敏：《行政相对人的抗辩困境与出路》，《河南社会科学》2010 年第 6 期。

罗豪才：《人权保障的“中国模式”》，《人权》2009 年第 6 期。

罗豪才：《推进人权保障制度现代化　努力践行中国梦》，《人权》2014 年第 5 期。

罗豪才：《中国以民生为重的人权建设》，《人权》2013 年第 3 期。

孟鸿志：《关于完善我国参政议政权制度的思考》，《中央社会主义学院学报》2002 年第 1 期。

孟鸿志：《论部门行政法的规范和调整对象》，《中国法学》2001 年第 5 期。

孟鸿志：《行政规划裁量与法律规制模式的选择》，《法学论坛》2009 年第 5 期。

钱福臣：《西方宪政思想中的人民主权与限权政府》，《云南大学学报》（法学版）2002 年第 2 期。

沈福俊：《立法本意与行政执法实践的冲突与协调——以行政处罚听证范围的理解与适用为分析对象》，《法商研究》2007 年第 6 期。

沈岿：《法治和良知自由——行政行为无效理论及其实践之探索》，《中外法学》2001 年第 4 期。

施建辉：《行政执法中的协商与和解》，《行政法学研究》2006 年第 3 期。

石红心：《从“基于强制”到“基于同意”——论当代行政对公民

意志的表达》，《行政法学研究》2002 年第 1 期。

石佑启：《论平等参与权及其行政法制保障》，《湖南社会科学》2008 年第 8 期。

石佑启：《行政听证笔录的法律效力分析》，《法学》2004 年第 4 期。

苏元华、原永红：《行政处罚申辩权三题》，《山东法学》1997 年第 3 期。

孙力：《表达权的社会和谐价值考量》，《政治与法律》2007 年第 3 期。

孙世彦：《论国际人权法下国家的义务》，《法学评论》2001 年第 2 期。

孙祥生：《论自然正义原则在当代的发展趋势》，《西南政法大学学报》2006 年第 2 期。

孙笑侠：《法律程序设计的若干法理——怎样给行政行为设计正当的程序》，《政治与法律》1998 年第 4 期。

孙笑侠：《论法律程序中的人权》，《中国法学》1992 年第 3 期。

孙笑侠：《论新一代行政法治》，《外国法译评》1996 年第 2 期。

孙英：《关于权利与义务概念的学说》，《上海师范大学学报》（哲学社会科学版）2005 年第 6 期。

谭元满：《论行政相对人的程序权利》硕士学位论文，湘潭大学，2003 年。

童之伟：《公民权利与国家权力对立统一关系论纲》，《中国法学》1995 年第 6 期。

王桂源：《论法国行政法中的均衡原则》，《法学研究》1994 年第 3 期。

王克稳：《略论行政听证》，《中国法学》1996 年第 5 期。

王立勇：《论正当程序中的说明理由制度》，《行政法学研究》2008 年第 2 期。

王锡锌：《公共决策中的大众、专家与政府——以中国价格决策听证制度为个案的研究视角》，《中外法学》2006 年第 4 期。

王锡锌：《公众参与：参与式民主的理论想象及制度实践》，《政治与法律》2008 年第 6 期。

王锡锌：《规则、合意与治理——行政过程中 ADR 适用的可能性与妥当性研究》，《法商研究》2003 年第 5 期。

王锡锌：《利益组织化、公众参与和个体权利保障》，《东方法学》2008 年第 4 期。

王锡锌：《行政过程中相对人程序性权利研究》，《中国法学》2001 年第 4 期。

王锡锌：《正当法律程序与“最低限度的公正”——基于行政程序角度之考察》，《法学评论》2002 年第 2 期。

王锡锌：《自由裁量与行政正义——阅读戴维斯〈自由裁量的正义〉》，《中外法学》2002 年第 1 期。

王锡锌、章永乐：《专家、大众与知识的运用——行政规则制定过程的一个分析框架》，《中国社会科学》2003 年第 3 期。

王振亚、铁锴：《人的主体性建构：社会主义政治文明的人本规定》，《科学社会主义》2007 年第 4 期。

韦光菲：《以公民权利制约行政权》，《行政与法》2004 年第 12 期。

魏迪：《基本权利的国家保护义务——以德、中两国为审视对象》，《当代法学》2007 年第 4 期。

魏林钦：《依法保障公民的表达权》，《人民政坛》2008 年第 2 期。

吴爱娟：《完善我国行政许可听证制度的思考》，《江苏警官学院学报》2007 年第 3 期。

吴忠希：《论权利与义务》，《江西社会科学》2005 年第 6 期。

肖泽晟：《论权利外行为自由的规制》，《法学论坛》2012 年第 3 期。

肖泽晟：《论行政法上的连带责任》，《行政法学研究》2012 年第 1 期。

谢生华：《论行政处罚中当事人的申辩权——对行政处罚听证程序的几点思考》，《甘肃政法学院学报》2003 年第 10 期。

徐钢：《论宪法上国家义务的序列与范围——以劳动权为例的规范分析》，《浙江社会科学》2009 年第 3 期。

徐继敏：《试论行政处罚证据制度》，《中国法学》2003 年第 2 期。

徐秀霞：《建立和完善公民表达权的法律保障机制》，《行政与法》2007年第12期。

许跃辉、张兄来：《论行政许可中的听证制度》，《国家行政学院学报》2005年第2期。

薛德震：《知情权和表达权是我国公民的基本权利》，《学习时报》2008年8月25日。

闫丽彬：《行政程序价值论》，博士学位论文，吉林大学，2005年。

艳佳华：《当代中国社会转型期政府权力运行机制重塑研究》，博士学位论文，华东师范大学，2004年。

羊琴：《行政相对方权利制约行政权的若干思考》，《法商研究》2000年第2期。

杨成铭：《受教育权的国家义务研究》，《政法论坛》2005年第2期。

杨海坤：《行政法的理论基础——政府法治论》，《中外法学》1996年第5期。

杨海坤：《行政法哲学的核心问题政府存在和运行的正当性——兼论“政府法治论”的精髓和优势》，《上海师范大学学报》（哲学社会科学版）2007年第6期。

杨建顺：《行政裁量的运作及其监督》，《法学研究》2004年第1期。

杨解君：《从多维视角看契约理念在行政法中确立的正当性》，《江海学刊》2003年第2期。

杨解君：《论契约在行政法中的引入》，《中国法学》2002年第2期。

杨解君：《行政法的义务、责任之理念与制度创新——契约理念的融入》，《法商研究》2006年第3期。

杨解君：《行政法平等理念之塑造》，《理论法学》2004年第7期。

杨解君：《行政法平等原则的局限及其克服》，《江海学刊》2004年第5期。

杨解君：《行政法上的义务责任体系及其阐释》，《政法论坛》（中国政法大学学报）2005年第5期。

杨解君、张治宇：《论行政立法中的沟通与协商》，《行政法学研究》2006 年第 3 期。

杨炼等：《从参政权的视角看社会弱势群体的利益表达》，《黑龙江社会科学》2009 年第 1 期。

杨小军：《怠于履行行政义务及其赔偿责任》，《中国法学》2003 年第 6 期。

杨小军：《试论行政机关的告知义务》，《国家行政学院学报》2003 年第 1 期。

叶必丰：《公共利益本位论与行政程序》，《政治与法律》1997 年第 4 期。

叶必丰：《论公务员的廉洁义务》，《东方法学》2018 年第 1 期。

叶必丰：《论规范性文件的效力》，《行政法学研究》1994 年第 4 期。

叶必丰：《人权、参政权与国家主权》，《法学》2005 年第 3 期。

叶必丰：《现代行政行为的理念》，《法律科学》1999 年第 6 期。

叶必丰：《行政合理性的比较与实证研究》，《江海学刊》2002 年第 2 期。

尹腊梅：《民法抗辩权论》，博士学位论文，厦门大学，2007 年。

应松年：《行政救济制度之完善》，《行政法学研究》2012 年第 2 期。

应松年：《行政诉讼法律制度的完善、发展》，《行政法学研究》2015 年第 4 期。

应松年：《中国行政程序法立法展望》，《中国法学》2010 年第 2 期。

于立深：《程序的多重视角》，《法制与社会发展》2003 年第 2 期。

于立深：《行政立法过程的利益表达、意见沟通和整合》，《当代法学》2004 年第 2 期。

张恒山：《义务、法律义务内涵再辨析》，《环球法律评论》2002 年冬季号。

张江河：《对权利与义务问题的新思考》，《法律科学》2002 年第 6 期。

张庆福、冯军：《现代行政程序在法治行政中的作用》，《法学研究》1996年第4期。

张淑芳：《规范性文件行政复议制度》，《法学研究》2002年第4期。

张淑芳：《论规章制定中听证程序的完善》，《法律科学》（西北政法大学学报）2010年第3期。

张淑芳：《论行政决策听证》，《社会科学家》2008年第5期。

张淑芳：《论行政立法的价值选择》，《中国法学》2003年第4期。

张淑芳：《行政法治视阈下的民生立法》，《中国社会科学》2016年第8期。

张淑芳：《行政主体义务设定的法律规则研究》，《法商研究》2001年第6期。

张翔：《基本权利的受益权功能与国家的给付义务——从基本权利分析框架的革新开始》，《中国法学》2006年第1期。

张翔：《基本权利双重属性》，《法学研究》2005年第3期。

张翔：《论基本权利的防御功能》，《法学家》2005年第2期。

张晓光：《行政相对人在行政程序中的参与权》，《行政法学研究》2000年第3期。

张兴祥：《〈行政许可法〉有关听证规定之反思》，《上海政法学院学报》2006年第3期。

张永开、关心：《论认真对待公民表达权问题——以“彭水诗案”和“厦门PX事件”为例》，《山东行政学院山东省经济管理干部学院学报》2008年第3期。

张泽想：《论行政法的自由意志理念——法律下的行政自由裁量、参与及合意》，《中国法学》2003年第2期。

张泽想：《论行政法的自由意志理念》，《中国法学》2003年第2期。

章剑生：《论行政程序法上的行政公开原则》，《浙江大学学报》（人文社会科学版）2000年第6期。

章剑生：《论行政相对人在行政程序中的参与权》，载浙江大学公法与比较法研究所编《公法研究》（第二辑），商务印书馆2004年版。

章剑生：《论行政行为说明理由》，《法学研究》1998 年第 3 期。

章剑生：《现代行政程序的成因和功能分析》，《中国法学》2001 年第 1 期。

章剑生：《知情权及其保障——以〈政府信息公开条例〉为例》，《中国法学》2008 年第 4 期。

章志远：《行政相对人程序性权利研究》，《中共长春市委党校学报》2005 年第 1 期。

赵颂平：《论行政作为义务》，《行政法学研究》2000 年第 3 期。

赵振华：《刍议行政相对人的程序对抗权》《法学论坛》2000 年第 3 期。

郑春燕：《程序的价值视角——对季卫东先生〈法律程序的意义〉一文的质疑》，《法学》2002 年第 3 期。

钟会兵：《论社会保障权实现中的国家义务》，《学术论坛》2009 第 10 期。

周叶中：《宪政中国道路论》，《中国法学》2004 年第 3 期。

周永坤：《论宪法基本权利的直接效力》，《中国法学》1997 年第 1 期。

周佑勇：《公民行政法权利之宪政思考》，《法制与社会发展》1998 年第 2 期。

周佑勇：《关于行政法的哲学思考》，《现代法学》2000 年第 3 期。

周佑勇：《和谐社会与行政法治研究》，《武汉大学学报》（哲学社会科学版）2007 年第 4 期。

周佑勇：《论行政裁量的利益沟通方式》，《法律科学》2008 年第 3 期。

周佑勇：《行政裁量的均衡原则》，《法学研究》2004 年第 4 期。

周佑勇：《行政裁量的治理》，《法学研究》2007 年第 2 期。

周佑勇：《行政法的正当程序原则》，《中国社会科学》2004 年第 4 期。

周佑勇：《行政法基本原则的反思与重构》，《中国法学》2003 年第 4 期。

周佑勇：《行政法上的平等原则研究》，《武汉大学学报》（哲学社会科学版）2007 年第 4 期。

周佑勇：《行政法中的法律优先原则研究》，《中国法学》2005 年第 3 期。

周佑勇：《依法行政的观念、制度与实践创新》，《法学杂志》2013 年第 7 期。

朱芒：《论我国目前公众参与的制度空间——以城市规划听证会为对象的粗略分析》，《中国法学》2004 年第 3 期。

朱芒：《行政程序中正当化装置的基本构成——关于日本行政程序法中意见陈述程序的考察》，《比较法研究》2007 年第 1 期

朱芒：《行政立法程序基本问题试析》，《中国法学》2000 年第 1 期。

朱维究、胡卫列：《行政行为过程性论纲》，《中国法学》1998 年第 4 期。

四　外文著作

C. Edwin Baker, *Human Liberty & Freedom of SPeeeh*, Oxford: Oxford University Press, 1989.

D. J. Galligan, *Due Process and Fair Procedures*, Oxford: Clarendon Press, 1996.

David Van Wyk and John Dugard, *Rights and Constitutionalism: the New South African Legal Order*, Oxford: Clarendon Press, 1995.

Hebert N., Foerstel, *Freedom of Information and the Right to Know*, New York: Greenwood Press, 1999.

Henry Shue, *Basic Right - Subsistence, Affuence and U. S. Foreign Policy*, Princeton: Princeton University Press, 1996.

Jerry L. Mashaw, *Due Process in Administrative State*, New Haven: Yale University Press, 1985.

Kenneth Davis Culp, *Discretionary Justice, A Preliminary Inquiry*, Baton Rouge: Louisiana State University Press, 1969.

Larry Kramer, *The People Themselves: Popular Constitutionalism and Ju-*

dicial Review, Oxford: Oxford University Press, 2004.

Michael Harris and Martin Partington, *Administrative Justice in the 21st Century*, Oxford: Hart Publishing, 1999.

R. Dwokin, T*aking Right Seriously*, Cambridge: Harvard University Press, 1978.

Schwartzs and H. W. R. Wade, *Legal Control of Government: Administrative Law in Britain and the United States*, Oxford: Clarendon Press, 1972.

William Cohen & David Danelski, *Constitutional Law*, *Civil Liberty and Individual Rights*, Westbury: Foundation Press, 1974.

William Felice, *Taking Suffering Seriously: the Importance of Collective Human Rights*, New York: State University of New York Press, 1996.

Zechariah Chafee Jr., *Free Speech in the United States*, Cambridge: Harvard University Press, 1941.

后　记

本书是我主持的司法部国家法治与法学理论项目“行政抗辩权保障的行政主体义务研究”的主要结项成果。创作本书的初衷源自相对人行政抗辩权的存在与运行之于人权保障、法治行政以及和谐行政等的实现有着不可或缺的意义，但实践表明，行政主体忽视或侵犯相对人行政抗辩权的情形时有发生，其主要原因在于传统行政局限于“行政权力保障相对人权利”的思维窠臼。如果我们从行政主体义务视角对待行政抗辩权的保障，则更有利于行政抗辩权的保障，因为行政主体义务直接渊源于并以相对人行政抗辩权为目的，而行政主体权力需要通过行政主体义务的中介才能服务于相对人行政抗辩权。而且，从保障技术看，法律作为控制、规范社会的手段，要想达到行政抗辩权保障目的，主要通过义务性规范，而非权力性规范；从保障效果看，行政主体权力运用不当极易侵害相对人行政抗辩权，而行政主体义务尤其是授益性的促进义务，不仅限定行政主体权力，而且直接保障相对人的行政抗辩权。

然而，我国当下的现状是“行政抗辩权保障的行政主体义务”理论的贫困与制度的缺陷。故本书对“行政抗辩权保障的行政主体义务”这一重要问题从行政主体义务——行政抗辩权的根本保障、行政抗辩权保障的行政主体规定义务、尊重义务、促进义务以及行政抗辩权保障与行政主体违反义务之救济等方面展开了系统、深入之研究，意欲为行政抗辩权保障的实践指导、理论与制度的进一步完善与发展开创新的局面。

当然，虽然本人坚忍了创作中的无数艰辛与困苦，但因创作素材的匮乏、自身的才疏学浅，故而，本书仍缺失颇多、不尽如人意。如对于“作为程序权利的行政主体义务保障与作为实体权利的行政主体义务保障”的区分还语焉不详；对于“行政主体违反规定义务侵犯相对人行政抗辩权之救济”的论证还有失缜密与充分；对于当前“行政主体违反促进义务侵犯相对人行政抗辩权还不能获得法律救济”的阐述还过于简单粗糙、苍白无力，故而，本书的重要意义在于抛砖引玉，祈望法学界，尤其是行政法学界专家、学者共同关注与认真对待“行政抗辩权保障的行政主体义务”问题之探究。

本书能在长时间的煎熬中得以最终完成，实穷众人之力，在此，本人对指导、关心与帮助我的老师们、朋友们、学友们及亲人们表示最诚挚的谢意与敬意！

首先，我要特别感谢的是我的导师周佑勇教授，本书从选题、构思、写作直至最后完成的每一步都凝结着恩师的智慧、心力和汗水。恩师不仅在学术上给予了我富有成效的引领与教诲，而且在生活、工作上对我充满着无限的人文关怀。恩师做人、做学问堪称楷模：在做人方面，恩师胸怀宽广、为人朴实、乐于助人；在做学问方面，恩师求真务实、精益求精，而且科研成果之丰盛、学术造诣之深厚，堪称行政法学界新的脊梁。恩师的人格魅力与学术精神将永远激励着我奋发图强、永不停顿。在此，我谨向尊敬的恩师致以最诚挚的谢意与敬意！

其次，在创作、完善本书期间，湖南怀化学院马克思主义学院李伟迪教授、东南大学法学院孟鸿志教授、南京大学法学院肖泽晟教授、中南大学法学院敖双红教授、湖南衡阳师范学院胡峻教授、中南大学出版社社长王飞跃教授、广州大学人权研究院陈佑武教授、中国社会科学出版社梁剑琴博士、《湘潭大学学报》副主编饶娣清女士、湖南省委党校法学部杨炼博士、《湖南警察学院学报》编辑邓志博士等给我提出了许多宝贵的修改意见，在此，我谨对他（她）们表示由衷的感谢！

最后，在创作本书期间，我的胞兄龚向和教授对我的科学研究一直表示高度理解与支持，在学术上给我指点迷津，在精神上给我慰藉，在物质上给予了我应有的扶持。此外，我的妻子刘目兰女士、女儿龚丁、龚丽以及岳父刘主成、岳母胡玖玲大人等为了使我能安心及潜心研究，也付了太多的牺牲，在此，我谨向我的亲人们致以最诚挚的谢意！

龚向田

2018年5月18日

谨识于怀化慎思、敏行书斋